四川师范大学学术著作出版基金资助

从道尔顿到杜郎口

百年来中国学校自学思想的演进研究

刘秀峰　著

中国社会科学出版社

图书在版编目（CIP）数据

从道尔顿到杜郎口:百年来中国学校自学思想的演进研究/刘秀峰著. —北京:
中国社会科学出版社，2015.6
ISBN 978 - 7 - 5161 - 6114 - 2

Ⅰ.①从… Ⅱ.①刘… Ⅲ.①自学—教学思想—思想史—研究—中国—
近现代 Ⅳ.①G40 - 092.5

中国版本图书馆 CIP 数据核字(2015)第 099809 号

出 版 人	赵剑英
选题策划	罗 莉
责任编辑	刘 艳
责任校对	陈 晨
责任印制	戴 宽

出 版	中国社会科学出版社
社 址	北京鼓楼西大街甲 158 号
邮 编	100720
网 址	http://www.csspw.cn
发 行 部	010 - 84083685
门 市 部	010 - 84029450
经 销	新华书店及其他书店

印 刷	北京市大兴区新魏印刷厂
装 订	廊坊市广阳区广增装订厂
版 次	2015 年 6 月第 1 版
印 次	2015 年 6 月第 1 次印刷

开 本	710×1000 1/16
印 张	15.75
插 页	2
字 数	225 千字
定 价	58.00 元

目　　录

序　言

　　自学本是中华民族的优良教育传统，我们从小耳熟能详的各种勤学典故，凿壁借光、高凤流麦、囊萤映雪……无不是古人勤奋自学的典范，那种"头悬梁，锥刺股"的精神曾鼓舞了一代又一代中国人。但是制度教育下的我们却将学习过多地依赖于教师的"教"而忘却了自己的"学"。有感于此，在读本科时，我就在思考这样一个问题：是什么导致了自学精神的失落，我们又该如何寻回日渐消逝的自学精神？

　　在硕士期间，我将注意力放在对传统自学精神的倡导上，发表了《倡导自学风气，建设学习型社会》《弘扬社会教化传统，建设学习型社会》《古代自学风气形成原因探析》等文章，试图探究中国古代教化社会的机理，提出了中国古代社会是一个"国家重教化、科举作桥梁、人民勤自学"三位一体的教化社会的观点。进入博士阶段学习后，正适学界对新课改理念的争鸣进入白热化，而新课改中最大的变革就是倡导学生的"自主学习"，这不由得让我将对自学的思索从普遍意义上的社会自学转到学校内的学生自学上来，我将学校内学生的自学现象定义为"学校自学"。学校自学思想在中国是如何兴起并发展的？成为我博士学习期间思考的一个问题。这就是本书思想脉络的来源。

　　经过对教育史的梳理，本书认为中国传统教育是一个以"学"为中心的教育体系，重"学"大于重"教"是中国传统教育的核心思想。但是，当西方现代学校制度嵌入中国社会之时，学校教育制度本身的重"教"性，致使中国传统的以"学"为中心的教育体系被取代，教育体系由重"学"向重"教"发生了转换。由此，在学校内部兴起了倡导学生自学的思潮，这股思潮犹如一股暗流，一直潜伏在由"教"所掌控的学校制度的潜层。当教育开始尊重学生主体地位之时，学校自学思潮就汹涌而起，激荡于中国的教育思想之流。从中国教育史发展的历程看，20世纪20年代、20世纪60年代、20世纪80年代、2000年以来的教学改革运动就是这一思潮发展的很好的注脚。

"教"与"学"的关系如同钟摆一样，一直在教育思想领域"晃荡"。但是，这种"晃荡"并非永远停留在同一高度，而是不断向有利于学生"学"的方面发展。教育体系由"学"到"教"，再由"教"到"学"的转变，是历史的潮流，未来的教育将回归它的"原点"——学习。学校教育唯有将学生作为其中心，由此进行变革，将学校变为真正的"学"校，而非陶行知先生所批判的"教"校，才更有可能成为学生学习的乐园。

本书主要内容虽是我在西南大学读博期间所写，但我一直深信一个人的思想总是延续的。我思考自学问题的根源来自对多年学校教育效甚或无效的反思。我们的学习被绑架到考试的"车轮"上，以致发生"异化"，变得不自主——即使形式自主，精神亦不自主。梁漱溟先生的一段话很值得我们深思：

> 学问必经自己求得来者，方才切实有受用。反之，未曾自求者就不切实，就不会受用。俗语有"学来底曲儿唱不得"一句话，便是说：随着师傅一板一眼地模仿着唱，不中听底。必须将所唱曲调吸收融会在自家生命中，而后自由自在地唱出来，才中听。学问和艺术是一理：知识技能未到融于自家生命而打成一片地步，知非真知，能非真能。真不真，全看是不是

自己求得的。一分自求，一分真得，十分自求，十分真得。

我们的学习有多少是自求的，又有多少与"自家生命"打成一片？我想这正是我国教育用功不少却又收效不大的症结所在。希望此书对"自学"的研究，能够起到抛砖引玉之效，引起更多的人由关注教育而关注学习，由关注学习而关注自学。

刘秀峰

谨识于蓉城望江楼公园

2014 年国庆

前　言

　　本书所讲的自学，既包括学习者完全没有教师指导的绝对独立自主的学习活动，也包括在教师指导下学习者所进行的相对独立自主的学习活动。从某种意义上讲，任何离开学习者自学的教育活动都是低效和无效的，"自我教育是体现本质、真正生效的教育"①，因此，在学校教育制度内，培养学生的自学能力，倡导学生自学具有重要的意义。自学是我国优良的教育传统，我国古代学习者多以自学为主，然而随着现代学校教育制度在我国的建立和普及，传统的以"学"为中心的教育体系被以"教"为中心的教育体系所取代，学生的自学没有得到足够的重视，学习自由得不到彰显。因此，自近代以来就有人不断倡导学生自学，学校自学思想由此兴起。那么，在过去的一百多年间，人们对学生自学有着怎样的看法和主张？百年来中国学校自学思想有着怎样的演进历程？对当前和未来的学校教育又有着怎样的启示？这就是本书所要探讨的问题。

　　本书在广泛搜集整理相关史料的基础上，通过理论分析，将百年来中国学校自学思想演进的历程分为八个阶段：

　　第一阶段是从中华民国成立至五四运动前学校自学思想的兴起阶段。这一时期随着现代学校教育制度的建立，"教"取代"学"成为教育体系的中心，学习者的自学精神日益式微，现代学校教育

---

　　① 钟秉林：《自我教育是体现本质、真正生效的教育》，《中国教育学刊》2013 年第 1 期。

制度因此而不断遭到批判。受西方自动主义教育思潮的影响，在教育民主化、个性化的推动下，自动、自学思潮在我国逐步兴起。

第二阶段是从五四运动至新中国成立前学校自学思想的分化阶段。这一时期在传统与现代教育思想的交相激荡下，学校自学思想发生了分化：一些人受欧美新教育运动的影响，改革班级授课制度，推广西方特别重视自学的课堂教学模式；一些人眷恋中国传统书院的自学之风，试图用书院的自学精神改造现代学校教育制度；另外，在共产党的革命根据地，将自学作为教学法的最高原则，学校自学思想具有很强的实践性。

第三阶段是从新中国成立至教育大革命开始前学校自学思想的沉寂阶段。这一时期随着新中国的成立，国家意识形态发生改变，在苏联凯洛夫教育学的影响下，教师在教学中的主导作用得到强化，学生的自学相对受到贬抑。民国时期各种强调学生自学的教学思想遭受批判和清理，我国学校自学思想整体处于沉寂阶段。

第四阶段是从教育大革命至"文化大革命"爆发前学校自学思想的复苏阶段。这一时期受教育大革命和中苏关系变化的影响，我国开始反思教学领域中"少慢差费"的问题，对制约学生自学的某些教学思想进行了批判。20世纪60年代中期毛泽东关于自学的谈话发表后，进一步促进了人们对学生自学的重视，倡导学生"生动活泼地主动地学习"成为这一时期的主题。

第五阶段是"文化大革命"期间学校自学思想的畸变阶段。"文化大革命"期间的教育革命深受毛泽东自学思想的影响，"要自学，靠自己学"成为"文化大革命"期间的流行语。受此影响，学校自学思想向脱离学校教育、脱离教师指导的极端化方向发展。学生的主体性被无限夸大，教师的主导作用遭到否定，学校教育制度遭受严重削弱。

第六阶段是从"文化大革命"结束至20世纪80年代末学校自学思想的勃兴阶段。"文化大革命"结束后我国恢复了正常的教学秩序，重新确立了教师在教学中的主导地位。随着改革开放后各种新的教育理念的涌入，尤其是受终身教育思想的影响，培养学生的自学能力开始受到重视，各地在教学改革实践中探索出不少强调学生自学的教学模式。

第七阶段是 20 世纪 90 年代学校自学思想的转型阶段。20 世纪 90 年代随着素质教育和主体性教育思想的提出，学生在教育中的主体性越来越受到重视。由此，20 世纪 80 年代以知识学习为导向的自学观逐步向以人的整体素质发展为导向的自学观转变。

第八阶段是新课程改革（以下简称新课改）以来学校自学思想的蜕变阶段。新课改将推进学生学习方式的转变作为重要内容，强调学生自学成为新课改的重要标志，各地涌现了不少以特别重视学生自学为特色的教学模式。但是由于其背后理论基础的偏激和执行上的偏差，教师在教学中的主导地位没有受到足够重视，课堂教学出现"唯自主化"的倾向，学术界由此展开了学术争鸣。

通过对百年来中国学校自学思想的演变的整体分析，文章认为，百年来中国学校自学思想的演变呈现出螺旋式递进的发展形态，这一发展形态是"教"与"学"两者博弈过程的反映，体现了教育理念从重"教"向重"学"的转变。认为学校教育制度重"教"轻"学"的痼疾是百年来中国学校自学思想发生演变的根源，知识观的变迁是影响学校自学思想演变的重要因素。文章对学校自学的相关问题进行了理论反思，认为倡导学校自学应深刻反思知识观与自学、教师主导与自学、制度化教育与自学这样三对关系，树立辩证的知识观，坚持教师的有效指导，建设学习型学校。提出应继承传统，树立"著乎心"和"随事学"的学校自学观；区分自学的两个不同层次；把握自学的适宜度；不断改革课堂教学模式；实施小班化教学；推进教材的"学材化"；重视信息化对学校自学的影响；辩证看待学生负担与自学的关系等建议。

导　　论

　　自学是终身教育的根基和灵魂，是学习型社会的最基本元素。随着信息化的高速推进，终身学习已成为时代所趋，而学习者的自学精神也将越来越受到重视。学校自学即学习者在学校教育制度内，在教师一定程度的指导下，较为独立的、自觉主动的学习活动。可以说，任何教育活动若离开学习者自学的支撑，终将是低效甚至是无效的，因此，学校教育尤当重视学习者的自学。古代社会由于教育条件的限制，使学习者养成了自学的精神，自学也成为我国教育的优良传统。但是，一百多年前随着现代学校教育制度在我国的建立，制度化教育"重教轻学"之弊使得学生的自学精神没有得到足够的重视，由此，倡导学生自学的思想开始兴起并不断演进。直至目前，在新课程改革热潮的推动下，自学又成为整个教育界关注的热点，教育领域掀起"杜郎口旋风"，这让我想起20世纪二十年代曾盛极一时的道尔顿制、设计教学法，这些以自学为特色的教学思想虽然相隔近一个世纪，但其倡导自学的精神却是一致的。那么百年来人们对学校自学有着怎样的看法和主张？学校自学思想在我国有着怎样的演进历程？通过对百年来中国学校自学思想演进历程的总结，我们又能从中得到怎样的启示？这些问题都深深地吸引着我，让我开始了学校自学思想演进这样一个课题的研究。

第一节　研究缘起

一　对我国传统教育中自学精神的眷恋

我国素有文明古国、礼仪之邦的美称，可以说这与我国古代的重学精神不无关系。我国古代教育形成了"以学为本，因学论教"的教育格局。在古代教育体系中，重"学"大于重"教"，学生的"学"是古代教育体系的中心。古代社会由于生产力发展的限制，学校教育制度不健全，无书、无师，甚至连一般的学习条件都不具备，但正是这种艰苦的学习条件造就了宋濂借书苦学、杨时程门立雪、匡衡凿壁借光、车胤囊萤读书的美谈。① 可以说，自学是我国优良的教育传统，我国古代的书院制度更是以学生自学自修为特色。但是，在近代欧风美雨的洗礼中，现代学校教育制度逐渐在我国建立。以班级授课制为基础的现代学校教育制度虽有利于教育的普及，但对学生学习主体性的尊重和学生自学精神的关照方面却显得不足，我国传统的以"学"为中心的教育体系被以"教"为中心的教育体系所取代。这曾引起"亦新亦旧一代人"对学校教育制度重"教"轻"学"之弊的批判，如章太炎在《救学弊论》中批判现代学校教育制度太重"耳学"，而忽视传统的"眼学"②。对此章太炎主张建立"学会"以抵制学校教育制度；胡适在1924年《书院制史略》中指出"书院之废，实在是吾中国一大不幸事。一千年来学者自动的研究精神，将不复现于今日了"③。毛泽东也批判

---

① 刘秀峰：《学校教育制度下的我们当如何学习？——重读宋濂〈送东阳马生序〉》，《教育科学研究》2012年第9期。

② 章太炎：《论中国近三百年学术史》，上海古籍出版社2005年版，第135页。

③ 白吉庵：《胡适教育论著选》，人民教育出版社1994年版，第193页。

学校教育制度"钟点过多，课程过繁。终日埋头于上课，几不知上课以外还有天地，学生往往神昏意怠，全不能用他们的心思为自动自发的研究"①，并于1921年创办湖南自修大学，以取古代书院与现代学校二者之长。时人已看到现代学校教育制度的弊病并试图对学校教育制度进行改良，以更好地凸显学生的自学精神，在学校教育制度近乎普及的当下，我们更应该吸取传统教育中重学的精神，弘扬优良的自学传统，走出一条具有中国特色的教育道路。

二　对当前学生自学能力不足的反思

随着学校教育制度的普及，学习者逐渐形成了对学校教育制度的依赖，自身的学习能力却在不断下降，正如伊里奇在《非学校化社会》一书中所揭示的，人与自己创造出来的制度之间存在某种异化的关系。人创造了制度，赋予制度以价值，结果制度成了价值的化身，而却丧失了人自身的价值。譬如，人创造了医院，医院具有了保障健康的价值，结果人将自己的健康交给了医院，而自己却不再相信自己的保健能力；又如，人创造了学校，人把自己的学习托给了学校，学校成了与教育直接同一的价值，从而丧失了自学的能力。"他们都把个人自行诊治视为不负责任的行为，都把个人自学视为不可靠的学习途径。"② 现实的教育中正发生着这样的事情，我们将学习过多地依赖于学校教育、依赖于教师，形成了"考试必经培训，高分必由指导"的思维定势，学习者自身的学习能力却被忘却了，优越的制度化教育反而造成学生自学能力的下降，如据相关调查显示，"目前我国高校大学生学习方式单一，还有相当多的高

---

① 陈谷嘉、邓洪波：《中国书院史资料》（下册），浙江教育出版社1998年版，第2590页。
② ［美］伊万·伊利奇：《非学校化社会》，吴康宁译，桂冠图书股份有限公司1994年版，第7页。

校学生持记忆知识的学习观，使用表层的学习方式"①。另外一些学者的调查也表明，"大学生自主学习能力普遍不高，大学生在学习动机和学习策略分量表上得分显著低于常模"②。大学生如此，中小学生的自学情况就更不容乐观了，在升学压力的挤迫下，学生很少有自学的空间与时间，自主学习的情况就更差了。这些状况让我们不得不思考在学校教育制度下如何实现学习者学习能力的提升这样一个问题，我们应如何走出教育越普及、自学能力越下降的怪圈。可以说，这是我思考学校自学思想演进的线索之一。

三　对新课改以来的"自主学习热"的省思

新一轮课堂教学改革自 2001 年启动以来，已有十余年的时间，此轮课堂教学改革将转变学生的学习方式作为重要的内容。在新课改中涌现出了一批以自学为特色的教学改革模式，如洋思中学的"先学后教，当堂训练"、杜郎口中学的"10 + 35 自学模式"、东庐中学的讲学稿，等等，有人将新课改以来涌现出来的较为著名的自学模式总结为"九大教学范式"③。在教育实践界如火如荼地探寻学校学生自学之道的同时，我国教育理论界开始反思此轮新课改的理论基础，一些学者认为这种自学式的课堂造成了对传统教师讲授的轻视，使我国出现"讲授法危机"，一些学者认为新课改以来提

---

① 史秋衡、郭建鹏：《我国大学生学情状态与影响机制的实证分析》，《教育研究》2012 年第 2 期。

② 周炎根、桑青松：《大学生自主学习能力的差异性分析》，《黑龙江高教研究》2007 年第 1 期。

③ 这九大教学范式分别是：山东杜郎口中学的"10 + 35"模式、山东昌乐二中的"271 模式"、山东兖州一中的"循环大课堂"模式、江苏灌南新知学校的"自学·交流"模式、河北围场天卉中学的"大单元教学"模式、辽宁沈阳立人学校的整体教学系统和"124"模式、江西武宁宁达中学的"自主式开放型课堂"、河南郑州第 102 中学的"网络环境下的自主课堂"、安徽铜陵铜都双语学校的"五环大课堂"。具体详见《九大"教学范式"解读》，《中国教师报》2010 年 4 月 14 日。

倡"让学生自主建构"的认识论有着"轻视知识"的嫌疑，学术界就此形成学术争鸣。那么，我们应当如何正确地看待这些与自学相关的理论和实践问题呢？我想也许通过对百年来中国学校自学思想演进的研究，我们会得出一些有益的历史经验，正如一些著名的学者提出在新课改中"要学一点教育史"①。弄清楚我国历史上学校自学思想发展的历程，有利于我们观照现实中正发生着的与学校自学相关的问题，正如美国道尔顿学校校长理查德·布卢姆索于2000年在北京大学附属中学所作的题为《道尔顿计划在21世纪的角色》一文中所指出的，"道尔顿制的历史和可能出现的将来，从总体意义上可以考虑向未来教育提供启发"②。

正是基于以上几方面的思考，我开始了百年来中国学校自学思想演进的研究。

第二节　概念界定

一　核心概念界定

（一）自学

自学是人类最原始、最基本的学习方式，自学活动伴随人类社会发展的始终，但是在古代却很少使用"自学"一词，而多用"学"、"习"、"研"、"修"等词汇来代表自学的含义。近代以来，随着现代学校系统的形成和教育制度化的发展，面对现代学校教育制度"重教轻学"之弊，强调学生自学成为一种趋势，"自学"一

---

① 吕型伟：《要学点教育史——关于教育创新的一次谈话》，《课程·教材·教法》2003年第11期。

② ［美］海伦·帕克赫斯特：《道尔顿教育计划》，陈金芳、赵钰琳译，北京大学出版社2005年版，第181页。

词才成为较为流行的用语。

对于"自学"一词，学术界有不尽相同的界定。

《现代汉语词典》中将自学界定为"没有教师指导，自己独立学习"①。即认为自学是学习者不依赖教师指导的绝对独立的学习，这是对"自学"所作的最狭义的界定。

《教育大辞典》中将"自学"界定为"在没有教师直接帮助下，个人依靠教材或学习材料，有目的地获得知识和技能的一种学习方法"②。这一界定与《现代汉语词典》的界定已有一定区别，即虽然认为自学没有教师的直接帮助，但没有排除教师的间接帮助。

另外有一些专门研究自学的学者，进一步明确地将学习者在教师指导下相对独立自主的学习活动也列入自学范畴。如叶忠海先生在其《自学学概说》一书中认为，"自学，顾名思义，靠自己学"。认为"自学有广义和狭义两种理解。广义的理解，自学是泛指人的自学活动。它既包括个人的自学，也包括在学校中，在教师指导下的自学。狭义的理解，自学仅指并无专人指导的自己学"③。也就是说，叶忠海先生认为，自学不仅包括学生在没有教师指导下的独自的学习，也包括学生在教师指导下的相对独立自主的学习。唐坚在他的《自学学——自学的规律与艺术》一书中同样将自学的外延划分为"独立条件下的自学"和"帮助条件下的自学"，并认为研究广泛意义上的自学更有意义，因为"如果只研究独立的无人指导的自学，那就否认了自学的社会性特征，使自学活动孤立起来，这样的自学只是闭门造车，不能适应社会的发展"④。从他的论述中可以

---

① 中国社会科学院语言研究所词典编辑室：《现代汉语词典》，商务印书馆2002年版，第1669页。

② 顾明远：《教育大辞典》（第一卷），上海教育出版社1990年版，第204页。

③ 叶忠海：《自学学概说》，江苏科学技术出版社1988年版，第18页。

④ 唐坚：《自学学——自学的规律与艺术》，四川科学技术出版社1991年版，第67页。

看出，他非常明确地把学生在教师指导下的相对独立自主的学习也纳入自学的范畴。

综合以上学术界对"自学"所作的有代表性的界定和描述，自学（self-study）这一范畴有狭义与广义之别。狭义的自学，是指学习者完全没有教师指导的绝对独立自主的学习活动。广义的自学，既包括学习者完全没有教师指导的绝对独立自主的学习活动，也包括在教师指导下学习者所进行的相对独立自主的学习活动。本文所使用的自学这一范畴是广义的，它不仅包括学习者完全没有教师指导的绝对独立自主的学习活动，也包括在学校各种形式的教学活动中，学习者在教师指导下所开展的相对独立自主的学习活动，但不包括教师引领下的被动的师传生受的学习活动。再进一步说，自学的本质特征是学习者的学习活动具有较大程度的独立性（independence）和自主性（autonomy），由此，自学无非有两种形式，一种是学习者绝对独立自主的学习活动，另一种是学习者在教师指导下相对独立自主的学习活动。

（二）学校自学

一般而言，若按自学者是否接受正规的学校教育划分，我们可以将自学分为学校自学和校外自学。学校自学是学生在学校教育制度内相对独立的、自觉主动的学习活动，这种活动既包括学生绝对独立的自学活动，也包括学生在教师指导下进行的相对独立的自学活动，而且后一种情况更是主要的。虽然现代学校教育制度为学生的学习提供了很大的便利，但是若离开学生自学的支撑，任何学校教育都是低效甚至无效的，因此，学校中的自学不容忽视。

（三）学校自学思想

学校自学思想就是一定历史时期人们对学校教育内学生自学这一现象的看法、观点、建议和主张。虽然我国的自学思想自古就存在，但是学校自学思想却是在现代学校教育制度在我国建立后才兴起的，与古代自学思想不同的是，学校自学思想主要针对的是在现代学校教育制度下如何变革学校教育制度以突出学生在教育教学中的主体地位，更好地调动学生学习的积极主动性。学校自学思想主要有两方面的内容：第一是关于为什么要自学的思想，即对自学重要性的认识；第二是怎样自学的思想，主要针对的是如何通过变革教育制度来促进自学的问题。学校自学思想属于教学思想的范畴，是教学关系的一种反映，是教学思想中重"学"的一种思想。因此，在研究中，本文将考察百年来中国教学思想中"教"与"学"两者关系的变迁作为线索。

二　自学与自主学习关系辨析

自学与自主学习虽然有一定区别，但也有密切关系。下面对两者的关系做一辨析。

自主学习（Autonomous Learning）最先是一个心理学的概念，是指学习者自己能够主导学习过程的一种学习方式。如国外专门研究自主学习的美国学者齐莫曼（Zimmerman）认为，"当学生在元认知、动机、行为三个方面都是一个积极的参与者时，其学习就是自主的。在元认知方面，自主学习的学生能够对学习过程的不同阶段进行计划、组织、自我指导、自我监控和自我评价。在动机方面，自主学习的学生把自己视为有能力、自我有效和自律者。在行为方面，自主学习的学生能够选择、组织、创设使学习达到最佳效果的环境"①。我国学者庞维国也同样认为："如果学生本人对学习的各个方面都能自觉地做出选择和控制，其学习就是充分自主的。""如果学生在整个学习过程中完全依赖教师或他人的指导和调控，

---

① Zimmerman B. J, "Becoming a self-regulated learner", *Contemporary Education*, Vol. 4, 1986.

其学习就不是自主的。"① 但庞维国同时指出，我们平时所讲的自主学习仅是一种理想的状态，因为学生的学习不可能是完全自主的。

"自主学习"一词从心理学引入到教育学领域后，最先多被应用到英语的教学活动中。2001 年新课改实施后，"自主学习"一词已扩展到教育学的多个研究领域，研究者多将"自主学习"界定为在一定教学条件下学生在教师指导下的独立自主的一种学习方式，如靳玉乐认为，"自主学习是一种学习者在总体教学目标的宏观调控下，在教师的指导下，根据自身条件和需要自由地选择学习目标、学习内容、学习方法并通过自我调控的学习活动完成具体学习目标的学习模式"。认为"自主学习具有能动性、独立性和异步性"②。余文森认为，"自主学习是对学习本质的概括，是指学生自己主宰自己的学习，与自主学习相对立的他主学习则是他人（教师）为学生做主的一种学习。自主学习与他主学习的根本分水岭是学生主体性在教学中的确立与否"。认为自主学习具有"能动性、超前性、独立性、异步性的特点"③。

综合学术界对自主学习的界定，我们认为，自主学习是一个既有教师参与，又有学生参与的完整的教学双边活动。它与自学有一定区别。但是，在这一双边的教学活动中，更多地强调学生在教师指导下相对独立自主地开展自己的学习活动，强调学生学习的独立性和能动性，从这层意义上说，它又属于自学范畴。由此，学术界通常把自主学习也归为自学的范畴，如余文森也认为"自主学习通常称为自学"④。因此，本书将自主学习中的学生相对独立自主的学习活动也纳入自学的范畴。与此相应，其他的各种教学模式中所强

① 庞维国：《自主学习——学与教的原理和策略》，华东师范大学出版社 2003 年版，第 4 页。

② 靳玉乐：《新课程改革的理念与创新》，人民教育出版社 2003 年版，第 117 页。

③ 余文森：《让学生发挥自学潜能，让课堂焕发生命活力——福建省中小学"指导—自主学习"教改实验研究总结》，《教育研究》1999 年第 3 期。

④ 同上。

调的学生相对独立自主的学习活动也属于本文所讲的自学范畴。

　　本书将百年来中国学校自学思想的演进历程作为主要研究对象，这里的百年指从 1912 年中华民国建立到 2012 年这一百年的时间。之所以从 1912 年开始研究是因为学校自学思想的兴起大致就在中华民国成立后。本书所要研究的学校自学思想主要是指基础教育阶段的学校自学思想。本书主要研究百年来中国学校自学思想的整体演进历程，对各个历史时期人们关于学校自学的方法、自学的策略的思想则不予关注。

第 一 章

民国成立至五四运动前学校
自学思想的兴起

我国传统教育体系是以"学"为中心的，学生的学习主要以自学为主。清末以来，随着"废科举、兴学堂"，使得我国传统的教育体系逐渐被打破，西方学校制度逐渐在我国建立，1902 年我国第一个现代学制《钦定学堂章程》（壬寅学制）颁布，标志着我国现代学校体系开始形成，我国教育从此走上制度化的道路，以"教"为中心的现代学校体系取代了以"学"为中心的传统教育体系，传统的自学精神日渐式微，学生在学校中处于受动地位，这引起了中国"亦新亦旧一代人"的不适和对学校教育制度的批判。1912 年中华民国的建立，使得教育上追求民主、个性成为风尚，受欧美自动主义教育思潮的影响，我国兴起了自动主义的教育思潮，学生的自学受到了重视，学校自学思想就此兴起。

第一节 以"学"为中心的传统教育体系

如何处理好学生的"学"与教师的"教"两者的关系是教育史上永恒的命题，古代社会由于教育制度尚不发达，制度化教育尚不成体系，由此，整个传统教育体系是以"学"为中心的，重

"学"大于重"教"。这不仅体现在传统教育话语体系上，从传统教育思想的特点和古代教育的实践来看，也都是以学生的"学"为中心的，自学是我国古代教育的一个优良传统。

一　从古代教育话语体系看，传统教育是以"学"为中心的

在教育话语体系上，我国古代教育是以"学"为中心的，如古代的教育机构多冠以"学"之名，而非现在的"校"，如太学、国子学、府学、州学、县学、乡学、社学、学堂、学馆、学舍等。与教育相关的一些活动也都冠之以"学"，如兴办教育事业称为"兴学"、与教育相关的事务称为"学务"、学校教育的日常规章制度称为"学规"、管理教育事务的官员称为"学官"或"学政"。古代论述教育的文章著作也多以"学"命名，如最早的关于教育的专著称为《学记》、倡导教化的文章称为《劝学诗》《劝学文》等。即使到了 19 世纪末 20 世纪初，人们依然用"学"表达着教育的意思，如维新运动期间张之洞撰成并进呈的《劝学篇》，仍以"劝学"为名，以扶正教育。在 19 世纪初的清末"新政"中，仍未丢掉以"学"为特色的话语体系，如将统辖全国"学务"的中央教育行政机关称为"学部"，而非现在所讲的"教育部"，地方教育管理机关为"劝学所"，而非"教育厅"、"教育局"。

二　从古代教育思想体系的特征看，传统教育是以"学"为中心的

古代教育思想体系的特征也是以"学"为中心的。我国古代教育思想史更像是一部关于学生"学"的思想史，华中师范大学周洪宇教授在为申国昌著作《中国学习思想史》所作的"序言"中指

出，"中国古代教育史在某种意义上是一部学习史，因为中国古代的教学形式单一，教师仅仅起着引导和监督的作用，学生绝大部分时间是在自我学习和独自钻研"①。也有学者将我国古代教学思想史概括为"以学为本，因学论教"② 八字，教师的"教"是基于学生的"学"，是为学生的"学"服务的。我们现在所讲的一些教学原则，其实在古代就是一些学习的原则，如《学记》中所讲的"教学相长"原则，笔者认为并非我们现在所理解的教师的"教"和学生的"学"相互促进，也并非教师在教学的过程中得到长进，"教学相长"所指向的主体应该是学生，是指学生的自觉而学和效师而学这两种学习方式对学生的成长有着同样的益处。③

我国古代教育家对学生的自学也相当重视，提出了不少关于自学价值的论述，如先秦时期的孟子指出，"君子深造之以道，欲其自得之也。自得之，则居之安；居之安，则资之深；资之深，则取之左右逢其原。故君子欲其自得之也"。强调"自得"之学的重要性。孟子认为，教师只能教给学生一定的方法，至于所能达到的学习效果，完全靠学生自己，"梓匠轮舆，能与人规矩，不能使人巧"④。宋代程颐说："学莫贵于自得，非在外也，故曰自得。""义有至精，理有至奥，能自得之，可谓善学也。"朱熹在强调自学的重要性时，形象地描述说，"道不能安坐等其自至，只待别人理会，来放自家口里"，"读书是自家读书，为学是自家为学，不干别人一

---

①　申国昌：《中国学习思想史》，科学出版社 2006 年版，"序言"。

②　乔炳臣：《以学为本，因学论教——"学本论"的教学指导思想》，《黑龙江高教研究》1993 年第 3 期。

③　人们对"教学相长"一词的理解历来存在分歧，主要有"教学关系观"和"教师成长观"两种，前者针对师生两个主体，后者仅针对教师一个主体。笔者认为这两种认识都未尊重《学记》的本意，是对"教学相长"一词望文生义的误解，"教学相长"所指向的主体是学生，意为学生的自觉而学和效师而学这两种学习方式对学生的成长都有益处。详见刘秀峰《"教学相长"新解》，《教育科学研究》2013 年第 2 期。

④　转引自毛礼锐、沈灌群《中国教育通史》（第一卷），山东教育出版社 2005 年版，第 312—317 页。

线事，别人助自家不得"。① 朱熹还提出了对后世具有深远影响的朱子读书法，即"循序渐进、熟读精思、虚心涵泳、切记体察、着紧用力、居敬持志"，对学生自学的要领进行了概括。陆九渊也指出，学生要"自立自重，不可随人脚跟，学人言语"，要"自得，自诚，自道，不依师友载籍"。并强调学生要具有独立思考的能力——"善疑"，"为学患无疑，疑则有进"，"小疑则小进，大疑则大进"。② 明清时期的教育家也非常看重自学，如王守仁说，"学问要点化，但不如自家解化者，自一了百当。不然，亦点化许多不得"③。在他看来，做学问虽然需要教师的点拨，但不如由学生"自己解化"，学生"自己解化"才可达到"一了百当"的境地。王廷相也认为，"自得之学可以终身用之，记闻而有得者，衰则忘之矣。不出于心悟故也。故君子之学，贵于深造实养，以致其自得焉"④。"记闻"之得，得之一时；"心悟"之得，得之永远，学贵以"心悟"求"自得"。王夫之也很重视学生的自学，他认为学习关键在"自悟"，"学，觉也"，教师应启发学生的自觉性，"进之之功，在人之自悟"。如果学生没有"自修之心"，则"虽教无益"，"有自修之心则来学，而因以教之。若未能有自修之志而强往教之，则虽教无益"。⑤

三　从古代教育的实践看，传统教育是以"学"为中心的

从我国古代教育的实践看，也是以"学"为中心的。古代社会由于学校教育的匮乏，能够进入学校学习的人少之又少，因此，就

---

① 转引自毛礼锐、沈灌群《中国教育通史》（第三卷），山东教育出版社 2005 年版，第188 页。

② 同上书，第 216 页。

③ 同上书，第 425 页。

④ 同上书，第 450 页。

⑤ 转引自孙培青《中国教育史》，华东师范大学出版社 2000 年版，第 274 页。

大部分人而言是以自学为主的。现在所流传下来的不少勤学典故就
是古人勤奋自学的典范，古人在艰苦的条件下将学习融入生活、劳
动中，如负薪读书、带经而锄、挟策读书、高凤流麦、牛角挂书、
凿壁借光、苏秦刺股、闻鸡起舞、悬梁苦读、囊萤映雪等，这些典
故都是古人刻苦自学的例子。20 世纪 80 年代有人曾做过统计，认
为"从我国晋朝以来，在历史上作出杰出贡献的 9997 名人物中靠
自学成才的占 67.7%"[1]。

　　即使能够进入学校教育制度的部分学习者，其学习也是以自学
为主的。我国古代学校，不管是官学还是私学，都以学生的自学为
主。在官学中，多通过课程的考试来监督检查学生修学的进度和程
度，重课考而轻教学，倡导学生个人自学。古代私学，如书院等，
更是以学生自学为主，书院的山长虽然也有讲课，但一个月也就固
定的几次，大多数时间是靠学生自己来完成功课的，不过古代书院
为了指导学生的自学，制定了较为详尽的《学规》和《学程》，在
《学规》中会对学生求学的意义、程序和要点等作出指导，如著名
的《白鹿洞书院学规》，对学生学习的目的、为学之序、修身之要、
处事之要、接物之要等做了规定，对于指导学生的自学具有重要的
意义。在《学程》中会对具体的进学程序作出说明，多数书院会列
出学生应该攻读的书目清单，并指示读书的门径。如很多书院往往
会仿照程端礼的《读书分年日程》制订具体的读书计划。对于学生
的疑难，山长会定期举行讲课，来解答学生的疑难，但一般不会做
全面的讲述，只是点到为止，随时点拨，期于学生自悟。古代私塾
虽然以知识灌输为主，不重启发，但正是这种不重学生兴趣的教学
法促使学生养成了刻苦自学的习惯，正如俞子夷在《小学教学法上
的新旧冲突》一文中所指出的，"旧法由于不注重学生的兴味，因

---

[1]　刘宇庆：《自学学初探》，《江海学刊》1982 年第 1 期。

此，也迫使学生养成了一种刻苦求学和自力研究的好习惯。"①

表 1 – 1 　　　　　　　　传统教育与现代教育的优劣比较

	传统学校制度	现代学校制度
形式	个别教学	集体班级授课
教法	灌输、讲演	启发、引导
学法	自学、眼学	枯坐、耳学
优点	重学大于重教，因材施教	适宜于普及教育
缺点	不适于普及教育	重教大于重学，不能因材施教

　　重"学"精神是我国传统教育的重要特色，在制度化教育尚不完备之前，学生的"学"成为教育的中心。随着我国教育体系由传统转向现代，制度化教育逐渐在我国形成，传统的以"学"为中心的教育体系被以"教"为中心的教育体系取代。学生"学"的积极性、主动性受到压制，学生成为了教育的"受众"，成为了一个被动的受教育者，传统的自学精神在我国日渐式微。

第二节　现代学校教育制度的建立
与自学精神的式微

　　我国教育现代化的过程始自 1862 年京师同文馆的成立，直到 20 世纪初，由于时势所迫，清政府才认识到"世有万古不易之常经，无一成不变之治法"，开始施行"新政"，主动对教育进行革新，以政府为主体开启了教育现代化的进程。1901 年清政府发布上谕，下令全国各地书院分别改为大中小学堂，"除京师已设大学堂，

---

　　① 俞子夷：《小学教学法上的新旧冲突》，载董远骞、施毓英《俞子夷教育论著选》，人民教育出版社 1991 年版，第 54 页。

应行切实整顿外，着所有书院，于省城均改设大学堂，各府及直隶州均改设中学堂，各州县均改设小学堂，并多设蒙养学堂"①。1902年我国历史上第一个现代学制《钦定学堂章程》颁布，1904年我国第一个正式实施的学制《奏定学堂章程》颁布。尤其是1905年科举制的废除，彻底埋葬了士人走科举功名之路的梦想，为新式学堂在我国的普遍设立扫清了障碍，加速了现代教育体系在我国的建立进程，宣告了我国社会与传统教育体系的彻底决裂。

一　教育体系的转换及其传统自学精神的陨落

现代学校教育制度在我国的建立及其制度化教育在我国的形成②适应了我国普及教育的需要，但是现代学校教育制度"重教轻学"的弊病也使得我国传统教育中的自学精神遭受了遗弃。现代学校教育制度最明显的特征是以班级授课制度取代传统的个别教学，但是集体集中式的班级授课制度，不可能像我国古代传统的个别教学那样能够顾及每个学生的学习情况，这就使教学变成了一种工厂式的知识传授的过程。在班级教学中盛行的赫尔巴特的五段教学法虽然相对于我国传统教育中只重记诵不重讲解的教学方式有了很大的进步，但是由于五段教学法过度强调教师的主导和将课堂教学模式化，使得课堂变得呆板机械，教师的"教"反而压制了学生的"学"，学生成了一个接受教师讲授知识的"受教育者"，成为了一个"被动的学习者"。"在传统教育制度下，教学重个人努力。传

---

① 朱有瓛：《中国近代学制史料》（第1辑，下册），华东师范大学出版社1986年版，第453页。

② 我国教育学者陈桂生将人类教育演变过程概括为：从非形式化教育到形式化教育（教育形式化的过程），从形式化教育的出现到教育实体的形成（教育实体化的过程），从古代教育实体的发生到近代学校的兴起（教育制度化的发端），从学校的诞生到学校系统的形成（教育制度化的发展），从学校系统的形成至今，教育制度化达到了成熟的程度，它开始成为反思的对象。详见陈桂生《"制度化教育"评议》，《上海教育科研》2000年第2期。

统教学采用个别教学形式，就效率而言，确实不如团体教学；但新教育制度以团体教学为本位，集贤与不肖于一堂，以同一的方法讲解讨论，抹杀了个性的自由发展。"[①] 俞子夷在《小学教学法上的新旧冲突》一文中对新旧教学法上的分歧做了比较详备且中肯的说明，俞子夷认为新的教学法是"有头无尾"的，只重教师的讲授而忽视学生自己的练习，以致造成"读书不能成诵，写字别字太多，算法既缓慢又错误"，因此，"新法学校往往为父兄所不欢迎，一般保守的家庭还要送子弟入私塾，或自己请塾师，或用塾师来补学校的不足"。而旧法（即传统的个别教学）虽然教师的讲解甚少，不注重学生的兴味，但是这也迫使学生养成了一种刻苦求学和自力研究的好习惯。他批判"新法把兴味看得太肤浅了，只在引动学生有趣、开心上着想，没有想法利用学生心底里的本能的兴味，所以学生的依赖性很大，弄得没有刻苦用功与自力研究的习惯了"[②]。此外，俞子夷还指出新法和旧法还存在因材施教和整齐划一的不同。旧教育"学生各得其宜，愚笨的循序渐进，没有欲速不达的弊病，聪明的也尽可勇往上进，绝没有要他们迁就等别人的举动"。"新法输入了，学级教法替代私塾教法了，程度要划一了，升级有年限了，毕业有限制了，于是把因材施教那句老套话也丢在九霄云外了。这样，学生苦了。愚笨的，天天在那里追赶……"俞子夷认为这是由于新法从根本上是"蔑视个性差异的"[③]。正是由于这些方面的差异，使得现代学校教育制度在"嵌入"我国社会的时候遭到了抵制，这也可以为我国教育早期现代化过程中遭遇"毁学风潮"[④] 作一注脚。

---

① 林良夫：《20 世纪前叶新教育中国化道路的回顾与反思》，《社会科学战线》2000 年第 5 期。

② 俞子夷：《小学教学法上的新旧冲突》，载董远骞、施毓英《俞子夷教育论著选》，人民教育出版社 1991 年版，第 54 页。

③ 同上。

④ 田正平：《清末毁学风潮与乡村教育早期现代化的受挫》，《教育研究》2007 年第 5 期。

现代学校教育制度及其班级授课制的建立，使得教师的"教"成为教育体系的中心，学生围着教师转，传统的自学精神在强势的制度化教育的"胁迫"下日渐式微，那么处于新旧教育体系转换的那一批人对于现代学校教育制度有着怎样的感受呢？

二 "亦新亦旧的一代"① 对新教育的种种不适与批判

"从以'学'为核心的话语体系向以'教'为核心的话语体系的转换，有某种历史的必然，但转换变成了取代，中国传统教育思想中重'学'的特点及其合理因素也一起被抛弃了。"② 教育体系从重"学"向重"教"的转换，使得学习者的学习自由受到限制，自学精神得不到彰显，这给处于时代交替的那一代人带来了诸多心理上的不适，他们对现代学校教育制度束缚学生学习的弊病进行了批判。如毛泽东1912年考入湖南省立第一中学后，认为"课程太少而规则繁琐"③，于是便退学寄居在湘乡会馆，订了一个自修计划，每日到湖南省立图书馆读书。后来在湖南省立第一师范学校读书期间，毛泽东也同样对当时的学校制度提出了批评，指出"新校中有许多规则，只有极少几条我是同意的。例如，我反对自然科学中的必修课程，我希望专攻社会科学，自然科学在我并无特别兴趣，我不读它们，于是这些课程的分数大都很坏。我最讨厌的就是必修的静物描生，我以为这是透底的愚笨，我总想画简单的东西，

---

① 此语出自国学大师南怀瑾的一部著述的名称，南怀瑾认为，20 世纪末期的中国青年，身受古今中外思潮的交流、撞击，思想的彷徨与矛盾，情绪的郁闷与烦躁，充分显示出这个时代的冲突与不安，因此形成了青少年们的病态心理。南怀瑾：《亦新亦旧的一代》，复旦大学出版社 2009 年版，第 1 页。

② 杜成宪：《以"学"为核心的教育话语体系——从语言文字的视角谈中国传统教育思想的重"学"现象》，《华东师范大学学报》（教育科学版）2010 年第 3 期。

③ ［美］埃德加·斯诺：《毛泽东自传》，载刘统《早年毛泽东》，广西人民出版社 2005 年版，第 14 页。

快快画完就离开课室"①。在 1915 年《致黎锦熙信》中说道，"此非读书之地，意志不自由，程度太低，俦侣太恶，有用之身，宝贵之时日，逐渐催落，以衰以逝，心中实大悲伤"②。于是毛泽东仍以自学为主，在萧三的回忆中提到："入学以后，他仍是非常好学的。但还是以自修为主，经常读书不倦。""毛泽东同志在学校里虽然也照例上课，但他有自己的读书计划。"③ 杨贤江于 1915 年在浙江第一师范读书时曾有《学生自动之必要及其事业》的演讲，他指出"在学校中，读校中选定之书籍，听校中师长之演述，闻铃上课，闻铃退班，有受动无自动"④。叶圣陶在 1919 年《小学教育的改造》一文中指出，"教室是一种特异的拘束的境界"，学生在教室里"所占的地位不过一桌一椅，所见到的东西不出于一室之外，所接触的事物就是某某科目"，他认为："在教室里进行教授，教师即使能注意启发，引起旧观念，授予新事物，然而为什么一定要在规定的时间内，提出儿童没有预想到的事物来讨论呢？对于没有预料到的事物即使认真去讨论，哪里及事物当前，自己用思想去应付它那样亲切有味呢？即使有实现教育，得以验证，哪里及在实际生活中遇到事物，自己设法去试验它证实它那样有兴趣呢？"⑤ 他对现代教育制度所造成的学生"枯坐听讲"现象极为不满，甚至认为"不应受这样的教育"，他说："每见儿童们少年们青年们上学去，想到一十六年的枯坐听讲，替他们难受极了，甚至想起了消极的念

---

① ［美］埃德加·斯诺：《毛泽东自传》，载刘统《早年毛泽东》，广西人民出版社 2005 年版，第 15 页。

② 中共中央文献研究室：《毛泽东早期文稿（1912·6—1920·11）》，湖南出版社 1990 年版，第 30 页。

③ 萧三：《毛泽东的青少年时代和初期革命活动》，载刘统《早年毛泽东》，广西人民出版社 2005 年版，第 65 页。

④ 杨贤江：《学生自动之必要及其事业》，载中央教育科学研究所、厦门大学《杨贤江教育文集》，教育科学出版社 1982 年版，第 2 页。

⑤ 叶圣陶：《小学教育的改造》，《叶圣陶集》（第十一卷），江苏教育出版社 1991 年版，第 33—39 页。

头：何必受教育呢?"① 舒新城在《我和教育》的自传中也写到：
"我对读书乃是发生问题，上课究竟干些什么？每天不问你喜欢不
喜欢，只是照例去上那规定的课程，于是我又不高兴起来。因为湖
南高等师范是以历史上有名的岳麓书院为校址，里面藏书甚多，我
便常到图书馆去翻书。那里的书籍，真是诸子百家，非常之多，我
最喜欢庄子，所以上课呢，我喜欢便去，不喜欢就不去，这样也混
到毕业，成绩倒也不错，然而因此我对教育便怀疑：教育这东西，
究竟有用无用?"②

　　"亦新亦旧一代"对现代学校教育制度的不适和批判除了学校
教育制度本身的制度缺陷外，更多地夹杂着对传统教育自学精神的
眷恋。这种对现代教育"拘束制度"的不适与对传统教育自学精神
的眷恋使得他们改革教育制度的意愿异常强烈，正如陈桂生先生所
说，"从学校系统的形成至今，教育制度化达到了成熟的程度，它
开始成为反思的对象；随着制度化教育弊端的暴露和非制度化教育
的崛起，人们像是返璞归真，开始对非形式化、非实体化和非制度
化教育刮目相看"③。1912 年民国伊始，教育上追求民主化与个性
化成为可能，学生的自学开始受到重视，我国掀起一股倡导学生自
动、自学的思潮。

第三节　自动、自学思潮的兴起

　　"如果说，洋务教育开始了向西方教育的学习过程，引进了班

---

① 叶圣陶：《枯坐听讲》，《叶圣陶集》（第十一卷），江苏教育出版社 1991 年版，第 157
页。

② 舒新城：《我和教育》，《舒新城教育论著选》（下），人民教育出版社 2004 年版，第 746
页。

③ 陈桂生：《"制度化教育"评议》，《上海教育科研》2000 年第 2 期。

级授课制度和学科课程，开始了中国教育由传统向现代的转变；维新教育则进一步提出普及教育主张，在教育作用、教育宗旨、教育目标、教育制度等方面都作出了更具现代意义的阐述；而民国教育则开始改变中国教育的性质。"① 1912 年中华民国的建立不仅预示着我国专制帝制向民主政体的转变，也使我国教育由专制性转向民主性和个性化。随着西方自动主义思想的传入和人们对学校教育注入式教学的鄙弃，倡导自动、自学成为教育思潮。

一　自动、自学思潮兴起的背景

（一）民国的成立为自动、自学思潮的兴起提供了契机

中华民国的成立，使得培养具有独立、自治精神的公民成为必要，学生的自学属于一个人自治力的一部分，因此，在民国建立后，学生的自学受到重视。"今日的学生，就是将来的公民；将来所需要的公民，即今日所应当养成的学生。专制国所需的公民，是要他们有被治的习惯；共和国所需的公民，是要他们有共同自治的能力。中国既号称共和国，当然要有能够共同自治的公民。想要能够共同自治的公民，必先有能够共同自治的学生。"② 在 1912 年中华民国成立后召开的第一次中央教育会议上，蔡元培就说，"君主时代之教育方针不从受教育者本体上着想，用一人主义或用一部分人主义，利用一种方法驱使受教育者迁就他之主义。民国教育方针应从受教育者本体上着想，有如何能力方能尽如何责任，受如何教育始能具如何能力"③。1914 年颁布的《教育部整理教育方案草案》

---

① 杜成宪：《寻找到表达现代教育概念的方式——民国建立在教育上的一项重要建树》，《河北师范大学学报》（教育科学版）2011 年第 9 期。

② 陶行知：《学生自治问题之研究》，《陶行知教育文集》，四川教育出版社 2005 年版，第 74 页。

③ 蔡元培：《全国临时教育会议开会词》，载高平叔《蔡元培教育论著选》，人民教育出版社 1991 年版，第 15 页。

中也指出，"凡一国政治之改革不可不随以教育之革新，政治在于整理现在、教育在于整理未来，此定例也"①。该《草案》中对国民自动力的培养也极为重视，指出"自动力为人间才智之本原，共同习惯为社会生活之要素；国家必有自立之民，而后元气充实，精神盛强，亦必有共济之民而后团结坚固，足以御外侮而伸国威。今国人于此二者实为最乏，故学校教育尤不可不加之意；养成之法，一宜废除注入教授，再引其自行观察及追求之兴趣；一宜使之尊重共同道德及秩序，以生其公共心，庶将来立身有所贡献于社会"②。即使是倒行逆施，试图复古的袁世凯政府也对培养学生的自治力加以重视。1915 年发布的《颁定教育要旨》中，也将自治力作为七条教育要旨之一，指出"今人皆知地方自治，不知地方者，受治之客体，其主体仍在乎人；未有人人不能自治，而地方可以自治者。欲求人之能自治，必先求人人各有自治力。其力维何？一曰自营，一曰自助，要莫不皆由教育养成之"③。在随后发布的《特定教育纲要》中也提出"各学校教员宜注意学生之个性陶冶，奖掖其良知良能，并养成其自动力暨共同习惯"。指出"宜励其自动力，为将来自进深求之先机，故养成自动力，亦属教育要道"④。虽然这种重视更多的是出于其维护社会秩序的需要和培养逆来顺受良民的需要，但其重自治力的宗旨仍不失其进步性。

（二）欧美自动教育思潮的传入是自动、自学思潮兴起的外因

中华民国的建立使得清末以来我国向日本学习的风气逐渐转向欧美等国家，随着民国初期我国对西方教育的学习带有"调和"和

---

① 舒新城：《中国近代教育史资料》（上册），人民教育出版社 1961 年版，第 229 页。
② 同上书，第 233 页。
③ 同上书，第 250 页。
④ 同上书，第 258 页。

"过渡"的味道①，但是不管是直接从欧美引入还是间接从日本译介，这一时期的欧美教育思想，尤其是欧洲的新教育思想对我国影响尤为巨大。19世纪末的欧洲兴起了对以"教"为中心的教育制度的批判思潮，主张建立以儿童为中心的教育制度。如瑞典教育家爱伦凯于1900年发表声讨传统教育的檄文《儿童的世纪》，并竭力倡导自由教育，主张废除班级制度，而代之以宽松自由的环境，以使儿童在独立自主的活动中获得经验，发展自我；比利时德可乐利创立"德可乐利教学法"，主张重视儿童的本能和兴趣，为儿童的发展提供适宜的有刺激的环境；意大利教育家蒙台梭利创立"蒙台梭利教育法"，将儿童的生长看成是儿童内在生命力的自在发展，认为"环境无疑在生命的现象中是第二位的因素，它能改变，包括助长和抑制，但它从来不能创造"②，强调儿童在教育中自由活动，教师作为指导者和环境的创设者而存在。

民国建立后，欧洲新教育的思想不断传入我国，如卢梭、裴斯泰洛奇、福禄贝尔、蒙台梭利等强调儿童自动学习的思想纷纷传入我国，尤其是蒙台梭利教育思想的传入，为我国改革学校教育"重教轻学"之弊带来了源头活水，为我国教育思想由传统向现代转变起了很重要的纽带作用。不少学者将蒙台梭利的教育思想作为自动主义教育的代表，如范琦所著的《教育哲学》认为，"蒙台梭利对于自己教育学说虽未明言属何主义，但曾极力鼓吹尊重儿童之自由活动，人称其为提倡自动教育之先鞭，信不诬也"③。王璧如在《现代教育概观》（1930）一书中也指出，"此所谓自动教育法，系由意大利的蒙台梭利女士所倡导，而以诉诸儿童的自己活动，藉使

---

① 周谷平认为，中国近代的教育理论，从以日本为媒介转而直接从欧美尤其是美国输入，并不是骤然完成的，其间有一个发展和过渡的时期。参见周谷平《近代西方教育理论在中国的传播》，广东教育出版社1996年版，第129页。

② 马荣根：《蒙台梭利方法述评》，《外国教育动态》1984年第1期。

③ 范琦：《教育哲学》，世界书局1973年版，第66页。

有机的诸势力，得以充分的练习为基础的教育方法"①。蒙台梭利的教育思想与当时盛行的自动主义哲学，如德国哲学家倭铿、法国哲学家柏格森强调生命冲动和直觉的思想汇聚成了自动主义教育思潮。杨贤江在《现代教育主张与现代哲学》（1919）一文中也指出，"现代教育主张中，其最惹人注目者，自动教育是也。蒙台梭利女士，即主张此种教育。以儿童之自发的进步，为其中心观念，以为儿童内部，有潜在之活动性，欲使之完全发达，不可有外部之拘束，此其尊重个性，使以自动完成其个性者，盖与现代哲学有相一致之处"，而蒙台梭利的教育思想又与当时倭铿精神生活之哲学、柏格森创造的进化之哲学等一致，"自动教育主张，更与现代哲学之主意倾向，相为一致"②。这股强调自动的教育思潮对我国民国初期的教育产生了广泛的影响，孙世庆在《中国之初等教育》中指出，"因儿童自动主义学说传来，小学教员之思想为之一变。往日之教授法以教员之说明为教授之中心，此时则以儿童之动作为教授之中心"③。

（三）学校教育"重教轻学"之弊是自动、自学思潮兴起的根本原因

当然，自动、自学思潮的兴起除了受政治环境、国外教育思想等外部因素的影响外，最重要的还是我国教育改革的需要。虽然新教育在我国建立尚没有多少年，但是已经暴露了一些问题，据林砺儒等说，"中国自有学校教育，其教授法即通用演讲式之注入主义，非惟中学然也。大抵文学、历史、地理等科，专赖教师之取材与说

①　王璧如：《现代教育概观》，北新书局1930年版，第139页。
②　任钟印：《杨贤江全集》（第六卷），河南教育出版社1995年版，第8页。
③　孙世庆：《中国之初等教育》，载舒新城《中国新教育概况》，中华书局1928年版，第71页。

明；即理科之实验，亦由教师行之，作为说明一种，学生旁观而已"①。志厚在《新开发教授论》（1912）一文中批判了"注入式的教学"，提倡要重视学生学习的兴趣，"以儿童自动之情意为教授进行之基址"，"必俟儿童知力自能发展之时，而后兴味之花可得而出焉，教授者之责任仅在辅助与保护而已"。并提出开发教授的教学程序应为"准备"、"自修"、"发表"、"订正"、"温习或应用"。②其所谓"开发教授"与我们现在所讲的"先学后教"思想已大同小异。署名"天民"的作者也发表了不少批评注入式教育的文章，如天民在《中学校亟须改革之点》一文中指出："从来之教授法皆置教授之中心于教室，设活动之本位于教师。今则当移教授中心于自习室，置活动本位于学生。""首宜减少教授时数，次宜编辑学生自习书。"③ 他认为，"吾侪日日从事学校教育，而于儿童身心之内部绝无正确之知识，以故距离教育之正轨乃愈趋而愈远……教育也者，当基于儿童之能力，决非可自外部注入，不过为启发天赋能力之辅助而已"④。恽代英也对现代学校教育制度提出了批评，认为现在的学校教育制度存在 8 种弊病：1. 上课时教师太劳，学生太逸。2. 学生因无事可做，反而脑筋退化，活动力减少。3. 教材既不能于一时间传习太多，教师只好做许多不必要的解释参考功夫，糟蹋有用光阴。4. 学生因依赖教师，功课反是模糊笼统。5. 既有书本，又用口说，本为重复功夫，而因学生既无自己求学的心，精神亦不聚集，所以上课时间无异虚掷。学生并易假寐。6. 既以一教师同时讲授功课于全班学生，自然无法注意个性，优等生劣等生程度，亦无法调剂。7. 学生要求能了解功课，必须下课后自己用一番自

---

① 林砺儒、程时煌：《中国之中等教育》，载舒新城《中国新教育概况》，中华书局 1928 年版，第 95 页。

② 志厚：《新开发教授论》，《教育杂志》1912 年第 5 期。

③ 天民：《中学校亟须改革之点》，《教育杂志》1918 年第 9 期。

④ 天民：《今后之学校》，《教育杂志》1918 年第 1 期。

习功夫，因此上课以外做功课的时间太多，没时间做其他课外的事。8. 学生太重看了教师。自己不能养成好学研究思考的习惯，所以离了学校，离开教师，便求不成学问。① 可以说，恽代英所揭露的学校教育制度的弊病是相当中肯的，学校教育制度造成了重教授而轻自学、教师太劳而学生太逸的问题。"近代建立新学校采取班级授课制后，才出现了重教授轻自学的情况，因此不少教育家一直在纠偏。"② 正是由于班级授课制度"重教轻学"、"有教无学"的弊病，使得其在教育实践过程中，不断遭受批判，我国教育界逐渐形成一股倡导学生自动、自学的思潮。

二　倡导自动、自学成为教育思潮

在批评注入式教学法的同时，受西方自动主义教育盛行的影响，我国学术界形成了一股倡导学生自学、自动的风潮，自动、自学充斥于当时的各种报刊，一些学者陆续在《教育杂志》《中华教育界》等杂志上发表文章介绍自动、自学的教授法或学习方法，例如：杨鄂联《自学辅导主义之教授法》（《教育研究》，1913）；天民《自学自习之方法》（《教育杂志》，1914）；太玄《动的教育学之建设》（《教育杂志》，1916）；杨祥麟《算术科之自学辅导法》（《教育杂志》，1916）；天民《自主的学习法》（《教育杂志》，1916）；梁家畦《自动主义国文教授法》（《中华教育界》，1916）；吴家煦《自动主义之理科教授法》（《中华教育界》，1916）；蒋梦麟《职业教育与自动主义》（《教育与职业》，1918）。这些文章竭力宣扬学生自动、自学的好处，如杨祥麟在《算术科之自学辅导法》一文中指出："昔日之教授法，儿童呆若木鸡，不假思索，任

---

① 中央教育科学研究所：《恽代英教育文选》，湖北教育出版社1991年版，第138页。
② 钟秉林：《自我教育是体现本质、真正生效的教育》，《中国教育学刊》2013年第1期。

凭教师讲授及处理而已，今则由儿童自行思索，自为处理，教师不过处于辅导之地位。即往昔以教授为主，教师中心之教育也，近顷以学习为主，儿童中心之教育也。"[1] 一些学者还对实施自动教育的必备条件进行了研究，提出了较为新颖的思想，如隐青指出，要实施自动教育有三个问题先要解决。第一是教材的整理，自动教育在于能够自己发明、自己发现、自己创造，不在于从外面多注入知识，重在教材的质，不重教材的量。从前注入主义的教育，它的教材未免过多。第二是学校内容的改组，自动教育注重自发，注重个性的发展，凡从前那种机械的平凡的划一的教育，都应该破除，学校内的编制设备都应该替儿童个性的发展谋便利。第三是师资培养的改良，自动教育并不是放任主义，并不是专靠儿童自己活动，再没有教员活动的余地的。其实自动教育法可以说是教员学生协同活动的教育法，但是这种和学生协同活动的教员，断不是从前那种奉行旧法的教员所能够当的，所以教员的修养要特别地改良。"旧教育法偏重于教员的活动"，"新教员法偏重于学生的活动"。"所谓自动教育，所谓自己发现，还是要有教员在背后替他辅导的。"[2]

在教学方法上，受自动主义教育思潮的影响，自学辅导法较为盛行，这种教学思想最初酝酿于单级教学（后世称之为复式教学）中，由于在单级教学中一个教师同时面对着几个不同的年级，所以除对某一年级进行直接教学外，其余年级须自学，进行"自动作业"。因此，对学生的自学能力及其教师的自学辅导提出了更高的要求。1910—1911 年间，俞子夷受江苏教育总会委托，赴日考察单级教学法期间，在日本最先接触、了解到自学辅导法的一些情况。1913 年，他又与郭秉文、陈容组成考察团赴欧美考察教育，对国外的自学辅导教学有了更深的了解，回国后，他将这种教学思想带到

---

① 杨祥麟：《算术科之自学辅导法》，《教育杂志》1916 年第 10 期。

② 隐青：《实施自动教育的先决条件》，《教育杂志》1920 年第 1 期。

国内，并开始宣传和实验。所谓自学辅导法，其要义有两点：一是强调学生的自觉性，突出学生的自学；二是在学生自学的同时，教师要给以必要的辅导。具体来说，包括 4 个相互关联的阶段。1. 指定作业。指定作业的目的在于引发学生的学习兴趣，明确学习目标，为学习新知做好准备。指定作业时要清楚、明白，要考虑到学生的个性差异、学习基础情况，做到因人而定。2. 指导自学。这一阶段是自学辅导法的关键阶段，它对学生自学能力的养成、知识技能的获得都有直接的影响。在这一过程中，学生自定步调进行自学，教师根据情况相机辅导。教师的辅导主要体现在阅读教材方法的指点，培养学生自读教材的能力；完成各类作业的指点，培养学生实际解决问题的能力；组织分组或全班讨论，旨在提高学生的认识水平；试验方法的指点，旨在培养学生自己动手的能力。3. 检查。测定学生自学的效果，并根据情况决定是否顺利进行下一段的学习。4. 总结。总结的目的，一是将知识系统化，二是布置作业，巩固知识，三是为制订下一步学习计划做准备。我们看到自学辅导虽然打破了教师对教学的垄断，将学生的"学"置于重要的位置，但是此时的自学辅导法"仅是一种补偏救弊的办法"①，是为救复式教学缺乏教师"教学"之急，强调的自学多为形式上的自学，对学生学习的自主性强调并不多，正如吴研因等人的比喻，学生自学与教师辅导，"好像工程师和工徒在一起建屋，工程师能明了一切，计划一切，工徒们不过做他的手足罢了"。"自学不过将现成的材料，受教师的辅导后，设法去学习。可说是部分的自学，是形式的自学，是受支配的学习，不是自己支配的学习。"②

自动、自学的教育思潮在 1912—1919 年间对我国影响较为广泛，杨贤江曾指出，"现代教育主张中，其最惹人注目者，自动教

---

① 俞子夷：《现代我国小学教学法演变一斑》，载董远骞《俞子夷教育论著选》，人民教育出版社 1991 年版，第 480—485 页。

② 吴研因、沈百英：《小学教学法概要》，《教育杂志》1924 年第 1 期。

育是也"[1]。陈青之在《中国教育史》中曾指出，"前期（清末——笔者注）的教育，虽然改成了讲堂制，但教授方法多半采用注入式，教师在讲台上口讲指画，学生在座位上抄写静听；国文及读经等科，有时还须背诵。革命以后，方法才逐步改良。在民国元、二年间，始由注入式改为启发式，这个时候，以能采用海尔巴特的五段教授法者最为时髦。三四年以后，一般人觉得五段教授法太呆板了，于是有自学辅导法和分团教授法的运动；到民国五年又有自动主义、自治主义、自习主义等名目，与上项运动其实是一个途径。这种运动所历时间较久，自设计教学法从美国搬进中国来以后，才渐渐消沉下去"[2]。可见，自动主义教育思潮在设计教学法等自学式课堂教学思想传入我国前较为盛行，五四运动开始后随着美国进步主义教育运动思潮的影响，设计教学法、道尔顿制等倡导学生自学的具体教学改革思想的传入，我国教育界也转向对具体的自学式课堂教学改革的探讨。

本章小结

我国传统教育是以"学"为中心的，在教育中十分重视学习者"学"的精神，自学是我国传统教育的重要特征。现代学校教育制度建立后这种重"学"的教育体系被打破，教师的"教"成为教育教学的重心，学习者"学"的精神旁落，因此，一些有识之士开始批判新教育制度中忽视"学"的弊病，1912 年中华民国的建立，为我国革新建立不久的"新教育"创造了契机，在欧美自由主义教育思想引领下，倡导学生自动、自学成为一时风尚。

---

[1]　任钟印：《杨贤江全集》（第六卷），河南教育出版社 1995 年版，第 7 页。
[2]　陈青之：《中国教育史》（下），岳麓书社 2010 年版，第 660 页。

这些以儿童为中心的教育思想为五四运动后西方自学式课堂教学改革思想的引入与传播奠定了思想基础，开启了百年来中国学校自学思想的先河。

第 二 章

五四运动至新中国成立前学校
自学思想的分化

　　五四新文化运动时期，东西方各种思潮在中国大地激荡，各种西方思潮涌入我国，同时，受到第一次世界大战的影响，西方出现反科学主义思潮，梁启超在游欧之余，将这种思潮引进国内，在中国学术界掀起一股"回归传统"的风潮，并形成了中西文化论争。正是在这种中西文化的交汇碰撞中，我国学校自学思潮也开始走向分化，一些学者吸纳了自动主义教育思想，积极引入西方新教育运动的成果，逐渐开始探索本土化的学校自学思想；另有一些学者以弘扬中国传统教育为己任，面对以"教"为主导的现代学校教育制度，试图运用传统的自学式书院制度来改造现代学校教育制度。另外，在共产党创建的革命根据地，结合革命战争的实际，也十分重视自学，形成了具有实践性的学校自学思想。

第一节　中西教育思想交汇杂糅的
特殊时代背景

　　五四运动促成了新文化运动的高涨，倡导民主的与个性的教育成为这一时期教育的主流，中西文化的碰撞交流成为这一时期特有的时代背景。在教育上，这一时期各种西方教育思潮纷至沓来，尤其是美国进步主义教育运动的思想被介绍到中国，在中国国内形成新教育运动的潮流，儿童中心主义教育思想成为我国教育的主导思想，学生从被动的地位转向主动、主体的地位。与此同时，在反思西方教育制度重教轻学之弊的背景下，我国传统教育中重学的精神重新得到提倡，儿童本位的教育思想与传统的自学精神在五四运动后杂糅交汇，形成这一时期特殊的教育背景。

一　西方自动教育思潮继续影响我国

进入 20 世纪，兴起于美国的进步主义教育运动后来居上，成为世界新教育运动的主体，与欧洲的新教育运动一样，美国的进步主义教育也对以赫尔巴特为代表的传统教育进行了批判，并提出了各种以儿童为中心的新教学思想，如帕克创立的"昆西教学法"、华虚朋创立的"文纳特卡制"、帕克赫斯特创立的"道尔顿制"、克伯屈倡导的"设计教学法"，如隐青在《英法自动教育之趋势》一文中指出，"近代自动教育的学说，随着'人本主义''德谟克拉西'等潮流，渐渐流行遍全世界了，现在欧美各国，已经由鼓吹时代，进到实行时代"①。这些教学改革思想虽然具体做法不同，但都强调尊重儿童自由活动的本能和兴趣，试图废除传统的班级授课制度，由以往教师主导的教学转向以儿童自动、自学为主的教学。进步主义的教育思潮随着中外教育的频繁交流被引入中国，一方面，一些留学海外的教育学者学成归来，把欧美新教育的成果带入我国，尤其是美国哥伦比亚大学的一批学者，如陶行知、陈鹤琴、蒋梦麟等人，积极参与教育的改革；另一方面，欧美新教育运动的一些主导者相继访华（杜威 1919、孟禄 1921、推士 1922、麦柯

---

① 隐青：《英法自动教育之趋势》，《教育杂志》1920 年第 5 期。

1922、帕克赫斯特 1925、克伯屈 1927），也推动着我国新教育运动的发展。尤其是杜威的访华，进一步促进了自动主义教育思想在我国的影响。

杜威从 1919 年 4 月 30 日到 1921 年 7 月 11 日在中国访问两年多的时间，给中国教育界以深刻的思想洗礼，胡适曾说，"自从中国与西洋文化接触以来，没有一个外国学者在中国思想界的影响有杜威先生这样大的，在最近的将来几十年中，也未必有别个西洋学者在中国的影响可以比杜威先生还大的"[1]。杜威在教育理论上最大的贡献就在于他颠覆了赫尔巴特的传统教育三中心，确立了儿童在教育中的核心地位，他认为旧的教育"消极地对待儿童，机械地使儿童集合在一起，课程和教法划一"。"学校的重心在儿童之外，在教师，在教科书以及其他你所高兴的地方，唯独不在儿童自己即时的本能和活动之中。"[2] 他批判班级授课制度是一种"静听"的教育："几何图形排列着一行一行的简陋的课桌，紧紧地挤在一起，很少有移动的余地。""一个讲台，一些椅子，光秃秃的墙壁。"这一切只有利于学生"静听"，学生"单纯地学习书本上的课文"，丧失了思维的独立性，"静听"式的教育标志着"一个人的头脑对别人的依赖性"[3]。因此，杜威主张教育重心应该由教师转向学生，"现在，我们教育中将引起的改变是重心的转移。这是一种变革，这是一种革命，这是和哥白尼把天文学的中心从地球转到太阳一样的那种革命。这里，儿童变成了太阳，而教育的一切措施则围绕着他们转动，儿童是中心，教育的措施便围绕他们而组织起来"[4]。杜威在华游历了湖北、湖南、广东、福建和山东等 14 个省 78 个市，

---

① 胡适：《杜威先生与中国》，载白吉庵、刘燕云《胡适教育论著选》，人民教育出版社 1994 年版，第 128 页。

② ［美］杜威：《学校与社会》，载赵祥麟、王承绪《杜威教育论著选》，华东师范大学出版社 1981 年版，第 32 页。

③ 同上书，第 30 页。

④ 同上书，第 32 页。

发表 150 多次演讲。杜威的中国之行进一步宣传了自动、自学的精神，为我国的新教育运动注入了强劲的动力。杜威在中国的不少讲演均涉及"自动"，如《自动的研究——杜威在福州青年会讲演》《自动道德重要之原因——在广州国立高等师范学校的讲演》《自动与自治——在福建第一中学的讲演》《"自动"的真义——在扬州的讲演》等。杜威于 1921 年在广州国立高等师范学校的讲演《自动道德重要之原因》中指出："中国现在是过渡和变迁的时代，从前养成一种静的或被动的道德，在专制时代尤显而易见。惟我觉得现世应将那权力交还给人，且我以为欲民治主义成功，必养成一种公民自负责任，维持社会治安，积极建设。""昔日教授的方法，注重注入的及被动的教育，只养成一种记忆力，专吸收他人印象及意象。此种记忆如映片然，但能吸收物像，其所引入的印象惟能保持不变而已。""又如教师将瓶倾斜，学生以碟承之，学生之心恰如空碟，所有教师给的讲义及教材满载其上。"①

　　受欧美自动主义教育思想的影响，我国教育思想界对学生的自学十分重视，如著名的教育家蔡元培在新加坡南洋华侨中学演说时曾言，"我们教书，并不是像注水瓶一样，注满了就算完事。最要是引起学生读书的兴味，做教员的，不可一句一句，或一字一字的，都讲给学生听。最好使学生自己去研究，教员竟不讲也可以，等到学生实在不能用自己的力量了解功课时，才去帮助他"②。民国中后期的教学理论也多认为儿童天生具有自动的能力，教育只需创设各种环境，给予儿童充分自动的机会，让儿童的自动能力得到发展。教师的作用只是对儿童的活动进行指导。"儿童天性既为自动者，若与充分活动之机会与自由，而不妄加干涉与限制，则自能向

---

① 单中惠、王凤玉：《杜威在华教育讲演》，教育科学出版社 2007 年版，第 401 页。

② 蔡元培：《普通教育和职业教育（在新加坡南洋华侨中学校的演说辞）》，《教育杂志》1920 年第 13 期。

前发展。"① "教学为一种刺激和指导儿童的学习的活动"②，儿童的学习"完全是儿童自己对于动境积极反应的结果，所以学习完全是儿童自己的事情，教师的教学不能够用来代替儿童的学习。在教学上，教师的任务，仅在于刺激和指导，至于儿童是否学习，完全要看他们作怎样的反应"③。

二 中国的传统教育思想开始受到重视

五四前后，随着第一次世界大战给人类社会造成的巨大破坏，西方资本主义的各种危机暴露，引起国内知识界对继续走西方富强之路的疑虑，国内思想界掀起了一股"回归传统"的思潮，1919年梁启超在欧洲目睹了大战后的残败不堪，回国后，他发表了著名的《欧游心影录》，文章描述了欧战后西方的萧条和种种危机，向国内知识界宣告了西方"科学万能"的破产，"欧洲人做了一场科学万能的大梦，到如今却叫起科学破产来"④。梁漱溟在 1921 年著的《东西文化及其哲学》《中国民族自救运动之最后觉悟》等文章中，透过对中、印、西三种文化的比较，认为"世界未来文化就是中国文化的复兴"⑤，先前主张全盘西化的胡适也开始提倡"整理国故"。这种对传统文化的重视和宣扬风潮也影响着教育界，当时的一些倡导教育改革的学者也开始对传统教育精神重新进行评估："在五四时期，人们开始回顾中国几千年的教育史，检讨自清末新学制实行以来教育成败的经验教训，以史为鉴，重新制定中国教育

① 陈科美：《新教育纲要》，开明书店 1931 年版，第 57 页。
② 赵廷为：《教材及教学法通论》，商务印书馆 1944 年版，第 7 页。
③ 同上。
④ 梁启超：《欧游心影录》，《梁启超全集》，北京出版社 1999 年版，第 2974 页。
⑤ 梁漱溟：《东西文化及其哲学》，《梁漱溟全集》（第一卷），山东人民出版社 1993 年版，第 525 页。

发展的方向、重点和学科、教材、教法等方面的改革规划。"① 进入
20 世纪 30 年代，随着日本侵华步伐的加紧，民族矛盾上升为国内
的主要矛盾，面对着亡国灭种的危机，中华传统文化日益受到重
视，"复兴民族传统文化"成为强势话语和时代思潮。国民党也发
起中国文化建设运动，提倡发扬固有文化，吸收西方文化来建设新
的文化体系。1935 年上海王新命等十位教授联名发表《中国本位
的文化建设宣言》，提倡要以中国为本位，"检阅过去的中国，把握
现在的中国，建设将来的中国"。加之我国 30 余年学习西方新教
育，忽视传统教育的精神，其弊端也一直为社会所诟病，如在著名
的国联教育调查（1931）中就指出，中国教育之主要危机"即在
对于外国文化与实质，徒为形式上之慕傲而已"。"中国新时代之知
识分子，自革命以还，咸努力于依照某种舶来之思想，以改造中国
之教育制度。而中国几千年以来之传统文化，则认为不合时宜。中
国高度之文明，其源泉大抵已告涸竭矣。"② 由此，汲取中国传统教
育中的精华，以弥补现代学校教育制度之缺失就成为这一时期我国
学校自学思想的一大背景。

三　传统与现代教育思想的交汇杂糅

在传统与现代教育思想交汇杂糅的特殊时代背景下，我国学校
自学思想发生了分化，部分倾向于西学的学者，主张运用西方新教
育运动的成果来改造现代学校教育制度，在中国推广设计教学法、
道尔顿制等自学式教学模式，我们可以将这种思想称为"以西摄
中"；另外一些倾向于中国传统文化的学者，主张恢复传统的书院，
运用书院制度来改造现代学校教育制度，以救现代学校教育制度之

① 刘琪：《书院研究与学校教育改革——五四时期教育界的一个热门话题》，《辽宁教育学
院学报》（社会科学版）1991 年第 2 期。

② 国联教育考察团：《中国教育之改进》，国立编译馆 1932 年版，第 14 页。

偏，我们可以将这种思想称为"以中摄西"。但不管是"以西摄中"还是"以中摄西"，西方新教育思想与中国传统教育思想杂糅相交，分不清彼此。正如舒新城对道尔顿制的倡导一样，虽然这种倡导是出于对现代学校教育制度的不满，但也饱含着舒新城对传统书院制度的特殊情结，"对于传统教育方式的留恋，使他对道尔顿制一见钟情"①。舒新城在他的自传体教育著作《我和教育》中对他所受的传统书院教育和现代学校教育进行了不同感情的描绘。如他在讲述当时接受现代学校教育的时候这样写道：

> 从（开学）那天晚上起，我便在起床、排班、点名和上课、下课，又排班、点名、就寝的铃声中生活。早起夜睡的两次铃声，固然给我以许多不快之感，但还没有什么大不了……就是就寝的铃声往往把我读书或做事的兴趣打断，但我还可等舍监查过了斋以后，暗中点起灯来继续我的工作。只有那上课下课的铃声，真使我厌恨不过：它好像铁面无私的魔王一般，操着"命里注定三更死，不能留人到五更"的大权，一声叮当，不问你什么有趣味的事情和最努力的工作都得放弃去上讲堂，而非得它再叮当几声，更绝不能离开讲堂。我厌它、恨它，然而又无法不服从它。这真所谓矛盾的人生了。②

而当他在追念自己以往所就读的书院时，对书院的教与学却有着别样的感情：

> 在书院中除了课诗文与讲经史外，其余的工作，山长很少干涉，听凭个人自由努力。而讲学的时候，大概要先讲一段进

---

① 于述胜：《学术与人生——解读舒新城和他的道尔顿制研究》，《北京大学教育评论》2007 年第 4 期。

② 舒新城：《我和教育——三十五年来教育生活史》，中华书局 1945 年版，第 55 页。

德修业的经训。山长自己也很注意于德性及学业的修养，除在讲学时发挥心得外，并常常将自己读书的札记公布于众以助模仿而资鼓励。学生相习成风，无不努力自学，而尤注意札记。[①]

正是基于对传统书院自学精神的眷恋与对现代学校钟点制度的不满，"素日不满意于年级制"的舒新城才对道尔顿制的实验倍加用心。不仅是舒新城，当时很多人的思想都受这种传统与现代教育思想杂糅的特殊时代背景的影响，缘是之故，当道尔顿制传入中国的时候，一些人认为它是"传统私塾精神的复活"（余家菊），也有人认为它的精神与古代书院自学精神相一致[②]。

第二节　西方自学式教学模式在我国的盛行与本土化探索

在美国进步主义教育思潮的引领下，我国也兴起了革新传统教育的新教育运动，这一运动在 20 世纪 20 年代达到高潮，美国新教育运动特别重视学生自学的课堂教学理论传入我国，如设计教学法、道尔顿制、文纳特卡制等。由于这类教学理论或教学模式特别重视学生自学，故本文概括为自学式教学模式。这些自学式教学模式的传入契合了我国革新班级授课制的需要，使得其在我国盛极一时，各地纷纷试验，但由于这些思想与我国的国情民性不相适宜，以致昙花一现，终以失败告终。在"新教育中国化"的潮流下，我国教育界反思学习西方教育的失误，并开始自觉探索适合中国实际

---

①　舒新城：《我和教育——三十五年来教育生活史》，中华书局 1945 年版，第 45 页。
②　如胡适于 1923 年 12 月在南京东南大学作《书院制史略》的演讲时，就强调他之所以要重提书院是由于"古时的书院与现今教育界所倡的'道尔顿制'精神大概相同"。胡适：《书院制史略》，《东方杂志》1924 年第 3 期。

的教学思想。

一　西方自学式教学模式在我国的盛行

班级授课制度在我国建立以来就一直饱受诟病，如舒新城指出："学生的智力不同，我们一定要他们按部就班，个性能得到发展吗?""钟点制度之下，每点钟的铃子一响，学生教师都要到教室里去，下课铃响的时候又要出教室"这种制度"足以减少学生的兴味"。① 班级授课制容易造成学生被动学习，容易忽视学生差异，对学生的个性发展不宜。因此，在中西文化大交流的背景下，欧美以学生自学为特色的教学改革思想传入我国，并对我国教育产生了广泛的影响。这些自学式教学模式主要有设计教学法、道尔顿制和文纳特卡制。

（一）倡导学生自己研究的设计教学法

设计教学法是美国教育家克伯屈（Willian Heard Kilpatrick）在杜威实用主义教育学与桑代克机能主义心理学的基础上创造出来的，克伯屈认为人的任何有目的的活动都是一种"设计"（Project），"我希望由儿童自己研究，自己找资料，自己比较，自己思索，最后由他自己作出决定"②。克伯屈根据杜威的"思维五步法"——"确定疑难情境→提出疑难问题→设计假设方案→寻找解决方法→验证修改假设"，提出了设计教学法的四步骤：确定目的→拟定计划→实行计划→评定结果。设计教学法主张废除班级授课制，打破学科界限，摒弃教科书，根据儿童的兴趣和需要，自发地决定学习目的和内容，在学生自己设计、自己负责实行的单元活

① 舒新城：《什么是道尔顿制》，《教育杂志》1925 年第 11 期。
② ［美］克伯屈：《教育方法原理》，王建新译，人民教育出版社 1991 年版，第 184 页。

动中获得有关的知识和解决实际问题的能力，是一种激进的儿童中心主义。我国于 1919 年秋正式开始设计教学法的试验，著名的试验有：由俞子夷主持的南京高师附小的实验和沈百英等主持的江苏第一师范附小的实验。据沈百英回忆当时试行设计教学法的情形："我拿个小闹钟带着，可以掌握时间。没有上课、下课，也没有课内、课外，也不分科目。似乎很原始的，像没有学校的样子。进了课堂，我对学生第一句话就说：今后你们要学什么就学什么，你们要学什么我就教什么。比如说，学生要我讲一个故事，我就讲一个故事；学生要我讲什么样的故事，我就讲什么样的故事。没有法子准备，只能多看一点故事书，还要临时随机应变，即兴创作。有时学生意见不同了，好在课堂里的布置分好几种，可以一个角落讲故事，一个角落放些书供儿童阅读，另一个角落做游戏，再一个角落做手工。结果给学生讲故事，儿童做游戏、唱歌的机会很多，而计算不多。半年以后，调查一下，学生的能力还是不差的。因为他自己喜欢学，学的效果也就比较好。"① 俞子夷和沈百英的成功实验，在当时中国的小学教育界引起轰动，参观二校的学习访问者络绎不绝。在这种情况下，1921 年 10 月，第七届全国教育会联合会召开，会上通过了《推行小学校设计教学法案》，倡议在全国小学推行设计教学法，1924 年设计教学试验在全国范围内达到高潮，此后设计教学法逐渐走向低潮。

设计教学法在尊重儿童兴趣和需要的前提下开展教学，意在培养学生的自主创新能力，设计教学法的引入和传播对于我国教学思想的转变有着积极的意义。李建勋在《设计教学法辑要》"序言"中指出："自此法出后，教授上起一大革命，向之以教科为本位，强儿童以必习者，今改为以儿童为本位，化教科为动作矣；向之以

---

① 1982 年丁证霖访沈百英笔录，转引自瞿葆奎、丁证霖《设计教学法在中国》，《教育学文集：教学》（上），人民教育出版社 1988 年版，第 342 页。

编制三段、五段之教案，输入预备之材料为正规者，今改为以配置适当环境，唤起欲得反应为能事矣；向之以教师之机能为教授者，今乃以教师之机能为指导矣。"① 但仔细想来，该法在实施过程中取消课本，取消课堂，也几乎取消教师的做法实属过于激进，它忽视了教育规律的特殊性，一味听任儿童的兴趣，使得教学失去了系统性，使教育退回到一种纯自然的状态，因为学生在教学中可以提出各种各样稀奇古怪的想法，因此，有人用"杀鸡教学法"作为对设计教学法的戏称。

（二）主张独立学习的道尔顿制

道尔顿制实验室计划（The Dalton Laboratory Plan），简称道尔顿制，是美国教育家海伦·帕克赫斯特（Helen Parkhurst）最先提出并在美国马萨诸塞州道尔顿市立中学实验后提出的，道尔顿制要求废除班级授课制度，提倡学生自主学习。"在道尔顿制下，没有班级、没有课程表、没有上下堂的分别，只是按各科设置若干作业室，教员在每一个月之初，把全月应当学习的功课指定好了，告诉学生，学生在规定作业的时间之内，可以随自己的高兴，自由到各作业室里学习，愿意先学什么就先学什么，不愿意学什么了就可以改做旁的功课，不受教员、课程表等的丝毫拘束，等到学习终了，教员考查成绩及格，便算完了这一个月的功课，再重新学习第二个月的功课。"② 道尔顿制约于 1921 年传入中国，1922 年"素来怀疑于现行的教育制度"的舒新城在上海吴淞中学③开始试验道尔顿制，中国公学国文科沈仲九在《国文科试行道尔顿制的说明》（1922）一文中对当时道尔顿制在中国公学实施时的场景进行了描写，让我

---

① 李建勋：《设计教学法辑要》"序言"，载许椿生、陈侠《李建勋教育论著选》，人民教育出版社 1993 年版，第 22 页。

② 许兴凯：《道尔顿制的实际》，《晨报副刊》1925 年 7 月 27 日。

③ 吴淞中学在 1922 年前是中国公学中学部，1922 年改名为吴淞中学。

们一睹当时从班级授课制转向道尔顿制后教师和学生的变化。

　　1922 年秋季开学的第一天，中国公学中学部的一间教室里，一改往日班级授课制的常规布置：教室四壁挂满文学家的画像，依墙而立的书架上摆满了语文工具书和各种文学著作，用课桌拼成的一张大会议桌置于教室中央，会议桌四周以课椅围之，面对进入教室的满脸疑惑的学生，国文教员沈仲九向学生解释：你们今天到这里来，有怎样的感想？你们以为这是大菜间，今天教员请酒吗？以为这是会议室，今天开教员学生联合会吗？以为这是会客室，教员会许多学生吗？不是，都不是，这是你们的图书室，是你们的研究室。现在虽然没有把教室这名字取消，但已经不是教员"教"的地方，是你们自己"学"的地方了。①

中国公学附属中学道尔顿制实验——学生工作室

---

① 沈仲九：《国文科试行道尔顿制的说明》，《教育杂志》1922 年第 11 期。

　　此后人们逐渐对道尔顿制熟悉起来，1922 年《教育杂志》辑出 "道尔顿制专号"，1923 年第九届全国教育联合会还通过了《新学制中学及师范学校宜研究试行道尔顿制案》，全国各地开始仿行道尔顿制，"道尔顿制的空气弥漫于教育界"①。但由于道尔顿制在中国实验的结果并不理想，如道尔顿制在东南大学附中的实验表明，虽然不同学科和不同年级施行道尔顿制和班级制各有优劣，但总体而言，道尔顿制和班级授课制的实际效果不相上下，实施道尔顿制反而暴露了不少问题，如一些学生容易养成偷懒的习惯，教师需要对学生的同一问题做重复的解释，从而造成负担加重，图书、实验设备不敷应用，作业室内的秩序不好管理等。道尔顿制实验的失败不断抵消了人们试行道尔顿制的热情，虽然随着 1925 年帕克赫斯特的访华，道尔顿制的研究有再兴之势，但道尔顿制已如落日余晖，随着其自身各种问题的暴露，对道尔顿制的批评声也多了起来，如在 1926 年以《新教育评论》为平台，邱椿与高仁山等人展开了学术争鸣，邱椿对道尔顿制的原则自由和合作进行了批判，认为道尔顿制虽标榜自由，实质却是教师专制，"道尔顿制下，一切问题都由教师拟定"，学生只能机械地完成任务；"道尔顿制完全建筑于个人主义之上，完全谈不上合作"。因此，"道尔顿制不但没有实现这两种理想，有时还和这两种理想背道而驰"②。虽然高仁山等人竭力为道尔顿制辩护，但已挡不住道尔顿制在中国的衰落。帕克赫斯特女士访华归国后，道尔顿制便开始悄无声息地淡出了历史的舞台。

　　道尔顿制过分夸大儿童的主观能动性，忽视教师的主导作用，完全让儿童自主地去学习，未免高估了儿童的学习能力，"聪明的

---

　　①　舒新城：《今后的中国道尔顿制》，《舒新城教育论著选》（上），人民教育出版社 2004 年版，第 521 页。

　　②　邱椿：《评道尔顿制》，《新教育评论》1926 年第 4 期。

学生，有的做完单程就算了事，顽皮的学生时常偷跑，所以有的人说笑话，说道尔顿制是'逃而遁之'"①。

（三）强调学习个别化的文纳特卡制

文纳特卡制是由美国教育家华虚朋（C. W. Washburne）于1919年在芝加哥市郊文纳特卡镇公立学校实行的一种个别化教学制度，其指导思想与"道尔顿制"大致相同，具体做法则不完全一样。文纳特卡制将课程分成2个部分：1. 学科课程。这类课程涉及儿童将来生活必需的知识和技能，如阅读、拼写、习字、写作、计算、社会等，这类课程主要由学生个人自学。2. 活动课程。这类课程主要是团体与创造的活动，如音乐、文学欣赏、时事讨论和各种创造表演等，这类课程由学生通过集会、开办商店、组织自治会等来培养和发展学生的"社会意识"。前者通过个别教学进行，与道尔顿制相似，后者通过团体活动进行并吸收了"设计教学法"的因素。在美国，文纳特卡制几乎与道尔顿制同时诞生，但是传入中国却是在道尔顿制实验已接近尾声之时，1928年7月李宏君在《教育杂志》上发表《文纳特卡制的大要》一文，开始向中国介绍文纳特卡制，此时，我国教育界已经对20世纪20年代初盲目、冒进地试行外国的"新教学方法"进行了反思，因此，对文纳特卡制的传入与实验始终保持着一种谨慎的态度。文纳特卡制也没有像设计教学法和道尔顿制那样全面铺开，仅在少数几个学校进行了短期的实验，其中以河南省立开封第二小学1933年的实验最为著名。实验结果同道尔顿制等的实验结果一样，效果并不十分突出，利弊兼有，因此，文纳特卡制于20世纪30年代末期由于我国社会的动荡，湮没于历史的长河中。

---

① 廖世承：《中学实施道尔顿制的批判》，《廖世承教育论著选》，人民教育出版社1992年版，第224页。

这些自学式教学模式都打破了传统的班级授课制度对学生自学的束缚，大力倡导学生进行自主学习、自由探究，虽然这些实验在我国昙花一现，可谓"其兴也勃，其亡也速"，但这些实验给我们留下了许多启示，告诫我们虽然班级授课制度有不少缺陷，但我们在改革班级授课制的时候要谨慎而行，学生在学习中是否自觉主动与一定的制度并无必然的关联。东大附中校长廖世承对道尔顿制实验的总结颇有深意，值得我们认真省思。廖世承认为，"班级教学虽然有缺点，但也有它的特色"，班级授课制不注重学生的差异，但是道尔顿制反而会使差异更大，优的更优，差的更差。"道尔顿制虽许各学生自由进行，然做完各段工作时的成绩，依然参差不一。差异之大，不减于班级教学。""班级教学与被动的学习并无绝对的关系。分团教学、设计教学、社会化教学，何尝非班级教学，何尝不注意自动。并且自动的意义很难解释，如指形式的自动，道尔顿制固远班级制。如指精神的自动，两制优劣，殊难断言。尝见学生在道尔顿制班作业时，潜心研究者固不乏人，而或作或辍，精神散漫者，也不在少数。在班级教学中，有时全体学生，自始至终，精神异常活泼。所以认道尔顿制为完全自动，班级教学为完全被动，也属皮相之论。"①

二 学校自学思想的本土化探索

道尔顿制、设计教学法等西方学校自学思想在我国实验的失败，进一步刺激了中国教育界探索改革的敏感神经，他们开始认真反思"新教育"在中国的进程与命运，如舒新城在《今后的中国道尔顿制——并将两次参加道尔顿制实验失败的经验呈读者》（1925）中指出道尔顿制在中国失败的两大原因，其中最重要的就

---

① 廖世承：《东大附中道尔顿制实验报告》，商务印书馆1925年版，第170页。

是中国教育界"不事抉择的趋新"，从全盘抄袭日本的班级授课制到实验道尔顿制都没有考虑中国的"国情民性"，他认为一切教育改革都应以中国的国情民性为根本，"一切制度与学理均可采用，但必得以国情民性为本"①。大致从 20 世纪 20 年代中期开始，我国教育界开始了"新教育学中国化"的思考和探索，如 1925 年李璜在《中华教育界》发表《本国化的教育与外国化的教育》的文章，对新教育本土化问题进行了思考。1927 年庄泽宣发表《如何使新教育中国化》一文，他批评道，"现在中国的新教育不是中国固有的，是从西洋和日本贩来的，所以不免有不合中国的国情与需要的地方"②。正是在这样的背景下，一些接受了西方新教育思想的教育家，不再盲目迷信西方的学校自学理论，而是开始探索适合中国国情的学校自学思想，这其中最著名的是陶行知"教学做合一"思想的提出。

（一）陶行知对现代教育制度"重教轻学"之弊的批判

陶行知认为中国旧教育是一种"死的"、"不死不活的"教育，旧教育让学生"读死书、死读书、读书死"③，而中华民国这个新国家需要新的教育来培养新的人民，这种新教育的目的就是要"养成'自主'、'自立'和'自动'的共和国民"④。这就要求对旧教育作出改革，陶行知提倡学生应积极主动地学习，他说，"'学'字的意义，是要自己去学，不是坐而受教。先生说什么，学生也说

---

① 舒新城：《今后的中国道尔顿制——并将两次参加道尔顿制实验失败的经验呈读者》，载吕达《舒新城教育论著选》（上），人民教育出版社 2004 年版，第 523 页。
② 庄泽宣：《如何使新教育中国化》，民智书局 1929 年版，第 23 页。
③ 陶行知：《新旧时代之学生》，载胡晓风《陶行知教育文集》，四川教育出版社 2005 年版，第 412 页。
④ 陶行知：《新教育》，载胡晓风《陶行知教育文集》，四川教育出版社 2005 年版，第 65 页。

什么，那便是学戏，又如同留声机器一般了"①。由此他提倡新时代
之学生要"用活书、活用书、用书活"②。而教师也应转变观念，
"新教员不重在教，重在引导学生怎么样去学"③。陶行知对旧教育
中教师只重教而不重视学生学的弊病进行了批判，提出"教学合
一"的思想。"在学校里做先生的为教员，叫他所做的事体为教书，
叫他所用的法子为教授法，好像先生是专门教学生些书本知识的
人。他似乎除了教以外，便没有别的本领，除书以外，就没有别的
事教。而在这种学校里的学生除了受教之外，也没有别的功课。先
生只管教，学生只管受教，好像是学的事体，都被教的事体打消掉
了。论起名字来，居然是学校；讲起实在来，却又像教校。"他认
为，"因为重教太过，所以不知不觉地就将他（教）和学分离了；
然而教学两者，实在是不能分的，实在是应当合一的"。所谓教学
合一，一方面要求"好的先生不是教书，不是教学生，乃是教学生
学"。另一方面也要求"教的法子必须根据学的法子"，"学生怎么
学就怎么教"④，使学生在教学过程中从被动受教的地位，转变为自
觉主动学习的地位。使学生在教学过程中成为认识的主体，成为主
动去认识事物的"活人"，而不是死读书的"书架子"、"字纸篓"。
陶行知的教学合一思想虽然将学生的"学"置于重要的位置，使教
师的"教"服从于学生的学，对中国传统教学思想的改进起了重要
的作用，但是这一思想并未走出欧美儿童中心教育思想的窠臼，只
是欧美儿童自动学习观的一种翻版而已。

---

① 陶行知：《新教育》，载胡晓风《陶行知教育文集》，四川教育出版社 2005 年版，第 65
页。
② 陶行知：《新旧时代之学生》，载胡晓风《陶行知教育文集》，四川教育出版社 2005 年
版，第 412 页。
③ 同上。
④ 陶行知：《教学合一》，《陶行知全集》（第一卷），四川教育出版社 1991 年版，第 21
页。

（二）从生活中学：陶行知学校自学思想的形成

随着陶行知对我国教育实际认识的进一步深入，结合我国教育中"知"和"行"严重脱节、"劳心"与"劳力"严重脱节、教育与生活严重脱节的现象，陶行知逐渐形成了生活教育理论。他认为虽然杜威强调"教育即生活"、"学校即社会"，有利于弥补教育与生活脱节的裂痕，但是这样也仅仅是"为教育而教育"，"他们把社会里的东西，拣选几样，缩小一下搬进学校里去，……这样，一只小鸟笼是扩大而成为兆丰花园里的大鸟笼。但它总归是一只鸟笼，不是鸟世界"①。在"教育即生活"思想的影响下，仅仅是将以往学校中重视教师"教"转为重视学生"学"——教学生学。但是"先生教而不做，学生学而不做"，仍然不脱知行分离的窠臼。因此，陶行知将杜威的"教育即生活"的思想翻了个跟斗，提出"生活即教育"的思想，指出，过什么样的生活就受怎么样的教育。由此在教学上形成了与之相应的"教学做合一"的思想："事该怎样做便该怎样学，该怎样学便该怎样教。教而不做，不能算是教；学而不做，不能算是学。教与学都以做为中心，在做上教的是先生，在做上学的是学生。"②突出做（行动）的作用，强调学生要自己动手做事情，从做中学。并于 1927 年创办晓庄师范学校，践行其"教学做合一"的思想，在"一无校舍，二无教员"的晓庄，由学生亲自动手修建校舍，把各种实践活动当成学习活动，变"学宫"为"犁宫"。

陶行知的"教学做合一"的思想与当时所盛行的道尔顿制和设计教学法有着明显的不同，道尔顿制和设计教学法是在"教育即生活"的理论下形成的，而"教学做合一"是在"生活即教育"的

---

① 陶行知：《教育的新生》，载胡晓风《陶行知教育文集》，四川教育出版社 2005 年版，第 482 页。

② 同上。

理论下形成的，道尔顿制和设计教学法均局限于学校制度领域，其中道尔顿制过多地专注于"书本知识"，而"教学做合一"的"所有的问题，都是从生活中发出来的"①。至于设计教学法，虽然陶行知在早年曾提倡过②，但是从陶行知创立生活教育理论后，就意识到"教学做合一"与设计教学法的不同。陶行知曾指出："设计教学法比'道尔顿制'好些。就精神说，它与教学做合一的道理也很相近。但既称为教学，往往把'做'字忘掉，便与教学做合一不符。行这个方法的学校，往往从先生脑袋里设出计划来，也有时与学生的生活渺不相关。"③

因此，我们可以看到，陶行知所强调的学校自学是以其生活教育理论为基础的，强调的是从生活中学习、从行动中学习，即使"设计"也是在生活中设计，为生活而设计，这样就冲破了传统学校教育所说的"学习"的范畴。虽然这一思想的提出较为切合我国教学条件落后而且大多数人无法上学这样的实际，有利于在生活中实现教育的普及和教育的平民化，但是这一思想也隐含着轻视知识教育的危险，在一定程度上否定了学校教育存在的价值，使学校自学不再是我们现在所讲的自学，而仅仅是一种融于生活的学习方式。

第三节　对传统自学精神的
眷恋与书院复兴

清末的私塾改良与书院改制，使得我国传统的以"学"为中心

---

① 陶行知：《教学做合一讨论集》，《陶行知全集》（第二卷），四川教育出版社1991年版，第10页。

② 如1921年陶行知在金陵大学演讲《活的教育》时，曾倡导过设计教学法。

③ 陶行知：《教学做合一讨论集》，《陶行知全集》（第二卷），四川教育出版社1991年版，第16页。

的教育体系被以"教"为核心的现代学校教育制度所取代，但教育体系的这种转换并非一蹴而就，由于现代学校教育制度是建立在西方工业化大生产基础上的，这与我国实际的国情民性不相适宜，尤其是在现代学校教育制度下，我国传统的自学精神遭受蒙蔽，"自清季近代式教育施行以来，历载三十，因专事效颦，不顾国性，朝东莫西，不衷一是，纯至新学未静，故步已废"①。受 20 世纪 20 年代我国文化保守主义思潮兴起的影响，一些学者主张用传统私塾的个别化教育精神和书院的自学精神来改造现代学校教育制度，甚至一些学者主张恢复传统的书院。

一　对传统自学精神的眷恋

在经历了清末和民初的社会重建后，在中西文化的交织中，中国传统教育中的重学的精神才得以重拾，并对我国民国中后期学校教育制度的改革产生了重要的影响。面对现代学校教育制度"重教轻学"的弊病，人们对重学生自学的传统书院给予了眷顾，对传统书院中的自学精神给予了褒扬，如章太炎在《救学弊论》中将传统教育中的学习方式概括为"眼学"，将现代学校教育的学习方式概括为不重自己的探究的"耳学"，他批判现代学校教育制度太重"耳学"，而忽视传统的"眼学"，② 对此章太炎主张建立"学会"以抵制学校教育制度；梁启超曾于 1921 年发表《自由讲座制之教育》一文，批判现代学校教育制度重统一教学而不重差别化自学。"近世所谓学校教育者，其形式若军队然。军队之进也，怯者固勿得独怯，勇者亦勿得独勇，千万人若一机之动也，科目求备，而各科皆悬一程准，课其中程不中程。虽智力、体力较劣下者，非勉及

---

① 时评：《书院制度之复活》，《浙江图书馆馆刊》1935 年第 5 期。
② 章太炎：《论中国近三百年学术史》，上海古籍出版社 2005 年版，第 135 页。

于程焉不可。其优异者亦及程而止，程以上弗授也。夫其程既通于全社会以求彻上彻下，则不得不以中材为鹄。劣下者勉而就，或勤苦伤生，而终浅尝无所获也。优异者精力有余于所课，而旅进旅退焉。则或以仅中程而自满，虽不自满，而其少年之最适宜求学之光阴，已有一部分焉未尽其用，此种'水平线式'的教育，实国家主义的产物。国家为大匠然，需楹则斫材为楹，需桷则斫材为桷，楹桷大小若一，所斫就矣，而戕贼亦多矣。固，此种教育法，适于群众教育，而不适于天才教育。"他主张"参采前代讲学之意愿变通之"，在高等教育中设"自由讲座"。① 处于同一时期的毛泽东也曾试图取传统书院之所长来弥补现代教育之不足，于 1921 年创办湖南自修大学。在《湖南自修大学创立宣言》中，毛泽东指出现代学校教育制度存在三个方面的坏处：第一，师生间没有感情。第二，"学校用一种划一的机械的教授法和管理法去戕贼人性"。"自有划一的教授，而学生无完全的人性；自有机械的管理，而学生无完全的人格。"第三，"钟点过多，课程过繁，终日埋头于上课，几不知上课以外还有天地，学生往往神昏意怠，全不能用他们的心思为自动自发的研究"。而书院除了研究的内容已不合时宜外，尚有三点好处："一来，是师生的感情甚笃；二来没有教授管理，但为精神往来，自由研究；三来，课程简而研讨周，可以优游暇豫，玩索有得。"② 因此，自修大学就是合书院之形式与学校之内容为一体的一种新型组织，在自修大学里学生的学习以自学为主。当这种独具创意的组织成立后，引起了不同的反响。著名教育家蔡元培在读到《湖南自修大学组织大纲》后欣喜若狂，说"吾实在觉得他们自修大学的组织可以为各省的模范"③。胡适在这一时期也对传统书院褒奖有加，对现代的学校教育制度予以了批评，如在 1924 年所写的

① 梁启超：《梁任公近著（下）》，商务印书馆 1923 年版，第 147 页。
② 陈谷嘉、邓洪波：《中国书院史资料》（下册），浙江教育出版社 1998 年版，第 2590 页。
③ 高平叔：《蔡元培教育文选》，人民教育出版社 1980 年版，第 162 页。

《书院制史略》中说:"光绪变政,把一千年来书院制度完全推翻,而以形式一律的学堂代替教育。""书院之废,实在是吾中国一大不幸事,一千年的学者自动的研究精神,将不复现于今日了。"① 他在《书院的教育》一文中对清末书院改制进行了激烈的批判。

这一千年来的中国教育史,可说是书院制度的沿革史。这是我深信而不疑的。二十年前的盲目的革新家不认得书院就是学堂,所以他们毁了书院来办他们的所谓"学堂"!他们不知道书院是中国一千年来逐渐演化出来的一种高等教育制度;他们忘了这一千年来造就人才,研究学问,代表时代思潮,提高文化的唯一机关全在书院里。他们不知道他们所谓"学堂"——那挂着黑板,排着一排一排的桌凳,先生指手画脚地讲授,学生目瞪口呆地听讲的"学堂"——乃是欧洲晚近才发明的救急方法,不过是一种"灌注"知识的方便法门,而不是研究学问和造就人才的适当方法。他们不知道这一千年演进出来的书院制度,因为他注重自修而不注重讲授,因为他提倡自动的研究而不注重被动的注射,真有他独到的精神。可以培养成一种很有价值的教育制度。二十年前的革新家因反对八股的科举而一并废除了文官考试制度;因反对书院的课程不合时势而一并废除了一千年艰难演进出来的教育制度!没有历史眼光的革新家的流毒真不浅啊!②

---

① 胡适:《书院制史略》,载陈谷嘉、邓洪波《中国书院史资料》(下),浙江教育出版社1998年版,第2593页。
② 胡适:《书院的教育》,载季蒙、谢泳《胡适论教育》,安徽教育出版社2006年版,第28页。

二 不可忽视的书院复兴潮流

在重估传统文化的思潮中，面对现代学校教育制度"重教轻学"之弊，恢复书院在 20 世纪 20 年代之后成为一股不可忽视的潮流，尤其是抗日战争开始后，一些热衷于传统教育的学者更把复兴书院作为保存民族文化、救学校之弊的"堡垒"在各地建立起来，著名的有马一浮的复性书院、梁漱溟的勉仁书院、张君劢的民族文化书院和钱穆的新亚书院等。这里我们仅以梁漱溟的自学思想与勉仁书院的创办为例来对这一时期的书院复兴一窥。

表 2 - 1　　　　　　　1920—1949 年我国成立的著名书院一览

书院名称	成立时间	主持者	地点
无锡国学专修馆	1920 年	唐文治	无锡
湖南自修大学	1921 年	毛泽东	长沙
支那内学院	1922 年	欧阳竟无	南京
文化学院	1923 年	梁启超	天津
天游学院	1926 年	康有为	上海
萃升书院	1929 年	张学良	沈阳
学海书院	1934 年	张君劢	广州
章氏国学讲学会	1935 年	章太炎	苏州
复性书院	1939 年	马一浮	四川乐山
天目书院	1939 年	张天方	浙江临安
民族文化书院	1939 年	张君劢	云南大理
勉仁书院	1940 年	梁漱溟	重庆北碚
西山书院	1943 年	伍非百	四川南充
灵岩书院	1945 年	李源澄	四川灌县（今都江堰）
五华书院	1945 年	于乃仁	昆明
鹅湖书院	1948 年	程兆熊	江西铅山
新亚书院	1950 年	钱穆	香港

梁漱溟（1893—1988 年），祖籍广西桂林，出生于北京，我国著名的思想家、哲学家、教育家、社会活动家、爱国民主人士，现代新儒家的早期代表人物之一，被誉为"中国最后一位儒家"。梁漱溟作为"亦新亦旧一代人"的代表，对我国传统教育和西方教育进行了反思，他认为中国传统教育重视情志，西方现代教育重视知识，两者各有长短，中国传统教育失之于知识，西方教育失之于情志，在揭示中西教育的不同后，梁漱溟认为情志对于人的生活是第一位的，知识作为生活的工具，"固是必要，无论如何，不能不居于第二个问题"[①]。除揭示传统教育与西方教育在教育中心上之差别外，梁漱溟还对传统教育中的自学精神大为赞扬，认识到了从西方引进的学校教育制度的弊病，并试图借鉴中国传统教育的一些优良传统来革新现代学校教育制度。

（一）梁漱溟的自学经历与对自学的青睐

出身清末社会大变局时期，在梁漱溟读书期间我国的学制体系才刚刚建立，新旧教育并立，以致其在"小学时代前后经历两个私塾、四个小学"。可以说这种情况不止发生在梁漱溟身上，身处社会大变革的那一代人都有着相似的经历，如胡适在 1904—1910 年间也换了四所学校（梅溪学堂—澄衷学堂—中国公学—中国新公学），奔波和艰辛的求学经历，更使得梁漱溟养成了刻苦上进的精神，梁漱溟在学生时代就十分注重自学，在顺天中学堂求学期间，他就养成了自学的习惯，还和几个同学一起组成了自学小组。他在自述中这样写道："我们自学的进度，总是越过他所教的。例如，英文读本 Carpenter Reader，先生教到全书的一半时廖（自学小组成员——笔者注）已读完全书，我亦能读到三分之二。《纳氏英文文

---

① 梁漱溟：《东西人的教育之不同》，《梁漱溟全集》（第四卷），山东人民出版社 1991 年版，第 658 页。

法》，先生教第二册未完，我与廖已研究第三册了。代数、几何、三角各书，经先生开一个头，廖即能自学下去，无待于先生教了。我赶不上他那样快，但有他携带，总亦走在先生教的前边。……从当年那些经验上，使我相信没有不能自学的功课。"[①] 1942 年应《自学》月刊之约，梁漱溟写下了自传体的《我的自学小史》一文，记录了其自学成长经历，梁漱溟对他的自学经历颇为得意，在其"序言"中写道："我想我的一生正是一自学的极好实例。若将我自幼修学，以至在这某些学问上'无师自通'的经过，叙述出来给青年朋友，未始无益。于是着手来写《我的自学小史》。"他对自学之益进行了总结，认为："学问必经自己求得来者，方才切实有受用。反之，未曾自求者就不切实，就不会受用。俗语有'学来底曲儿唱不得'一句话，便是说：随着师傅一板一眼地模仿着唱，不中听底。必须将所唱曲调吸收融会在自家生命中，而后自由自在地唱出来，才中听。学问和艺术是一理：知识技能未到融于自家生命而打成一片地步，知非真知，能非真能。真不真，全看是不是自己求得的。一分自求，一分真得，十分自求，十分真得。'自学'这话，并非为少数未得师承的人而说；一切有师傅教导的人，亦都非自学不可。不过比较地说，没有师承者好像'自学'意味更多就是了。"[②] 梁漱溟其人就是一个自学成才的案例，他只有中学学历，23 岁发表代表性著作《究元决疑论》，24 岁即登上北京大学的讲台。可以说，若不是靠刻苦自学，是不可能大器早成的。

（二）梁漱溟对现代学校教育中不重自学的批判

和同时代的其他人一样，梁漱溟接受了传统的以"自修"为主的教育后，对现代学校教育制度甚是不满，除了对现代学校教育只

---

① 梁漱溟：《梁漱溟自述》，漓江出版社 1996 年版，第 12 页。

② 梁漱溟：《我的自学小史》，《梁漱溟全集》（第二卷），山东人民出版社 1991 年版，第 621 页。

重知识教育不重道德情感培养的不满外，还有就是对现代学校教育不重学生自学，只强调教师"教"的不满。"随着在北大任教时间的推移，我日益不满于学校只是讲习一点知识技能的偏向。1924年我终于辞去北大教职，先去山东曹州办学，后又回京与一班青年朋友相聚共学，以实行与青年为友和教育应照顾人的全部生活的理想。"① 1924年梁漱溟辞去北京大学职务，开始了他追逐教育梦想的旅程，梁漱溟先后在山东、广州办过学，但由于种种原因都未果。在1928年广州省立第一中学演讲《今后一中改造之方向》时，梁漱溟提出了他对当时学校教育的一些看法，他不满学校教育下学生不费"心思"的生活："我的根本主张，是要学生拿出他们的心思、耳、目、手、足的力量，来实做他们自己的生活。""我们很不满意于现代手足不勤，心思不用的教育。差不多现在学校里的一切事情，都是要学生不要操心，而由别人替他们预备好——吃的饭菜，有厨子替他预备；日常的杂务，有听差替他预备；一切的校务都有职员替他照料；所有的功课都由教员预备好了讲给他听；校内的秩序，也都由学校管理人来维持。总而言之，现在的学生，只站在一个被动和受用的地位；好像把学生时代，看作是人生一个短期的预备时代，是专门读书的时代。以为像这样有别人替他把什么事都预备妥帖，他就可以专心读书；但是所得的结果却完全不然，不仅是他的书不能读好，学问不能求得，并且还把他变成一个不能做事的废物。教育的本意是要把人们养成有本领有能力；如果要使一个人有本领有能力，就非发展他的耳、目、心思、手、足不可。"②梁漱溟提出的用"心思"生活的主张与我们现在所讲的主体性的教育有着异曲同工之妙。除此之外，梁漱溟还对班级授课制中学生被动、不重自学的问题进行了批评："现在功课的科目分得很多，上

---

① 梁漱溟：《自传》，《梁漱溟全集》（第七卷），山东人民出版社1991年版，第635页。

② 梁漱溟：《今后一中改造之方向》，载宋恩荣《梁漱溟教育文集》，江苏教育出版社1987年版，第37页。

课的钟点也多——一时上堂，一时下堂，一时又上堂，一时又下堂。而每堂总是一面讲一面听，我觉得教师和同学，都会感觉得太苦。尤其是对于学生方面，太使他们居于被动的地位了。我们应该想个方法，使上堂的钟点减少，而把自修的工夫加多加重。我以为有好多的功课，若是由学生自己去看书，一定要比上堂由先生讲课本，比较要方便，也要多得些益处。"① 但是梁漱溟的这些治校思想终因种种原因而未能如愿，给梁漱溟带来些许遗憾。

（三）勉仁书院对学生自学的重视

直到 1937 年抗战爆发后，由于其所领导的乡村建设工作被迫中止，梁漱溟与弟子退居四川后，开始将经历放到改革中学教育上来。"迩者，愚既自华北巡历战地归来，顾念大局艰难，无可尽力，将退而聚徒讲学。适在川从游诸子以兴学为请。时则中等教育之有待改善不异畴昔，而教育当局今实示其改善之机（如新颁导师制）。吾与诸友夙尝着力于是，顾不可及今之时，本其经验，并力以图，稍抒其疾痛难已之怀耶！"② 梁漱溟开始筹备创办勉仁书院的事宜，在《办学意见述略》即创办勉仁书院的缘起中，梁漱溟提出了现代学校教育的"四弊"，其中有一弊就谈及现代学校教育制度教师包办过多而忽视学生的自学的情状："若在身心活泼灵性启发之学生习之，实并不须教师全盘讲授；即讲授亦并不须长期长年之岁月，而缩短时间可以了办。如数十页之公民教本，但通文理而略有慧性者，至多可以自行阅读了之。所得印象尚可较为紧凑深入也。然而一般中学（尤其高中）课程定为一期一册，尚未能及时授毕（往往差三分之一以上）。又如国文课程，在略有思路而文字稍具基础

---

① 梁漱溟：《今后一中改造之方向》，载宋恩荣《梁漱溟教育文集》，江苏教育出版社 1987 年版，第 37 页。

② 梁漱溟：《办学意见述略》，《梁漱溟全集》（第六卷），山东人民出版社 2005 年版，第 60—67 页。

之学生习之，一学期至少可以自行阅读十卷至数十卷之书本者，今乃一学期之久，仅由教师讲得一二十篇之裁篇短文，而学生尚未尽得了解，且全不熟悉也。其他类似情形，举不胜举。要之，即此普通知识之授受，学生所得，已至寡浅。且每门功课，讲授完毕，一经试验，则遂全盘遗忘，学如未学。更不待毕业出校，始付之九霄云外也。"梁漱溟提出创立新的勉仁书院，"教学方法多主于学生自己修学，教师教授实践力求减少"①。

我们可以看到，梁漱溟创办勉仁书院的一个重要原因就是要改变现代学校教育制度教师包办过多，学生学习过度被动的状况，倡导学生自学、自修。民国中后期的书院复兴潮流是中西文化和新旧文化碰撞的历史性结果，是教育转折期两种教育制度交融的必然事件。书院制度虽然由于学习内容不合时宜而在清季被学堂取代了，但是书院以"学"为中心的制度设计和人文关怀仍值得我们后世借鉴，宜人的读书环境、融洽的师生关系、自由的学术氛围，一切以学生的"学"为中心，这些都为现代学校教育制度的变革提供了范例。民国时期重视自学精神，恢复书院的努力是我国学校自学思想史上浓重的一笔，为后世变革学校教育制度提供了一定的历史参考价值。

第四节　革命根据地重实践的学校自学思想

民国时期中国共产党领导下的革命根据地（包括中央苏区、抗日革命根据地、解放区）的学校教育中也十分重视学生的自学，将

---

① 梁漱溟：《办学意见述略》，《梁漱溟全集》（第六卷），山东人民出版社 2005 年版，第60—67 页。

自学作为革命根据地教学法的最高原则，倡导教师在教学中讲授要"少而精"和运用"启发式"。迫于战争的形势和对教学中实践经验的重视，革命根据地的学校自学具有明显的实践特色，即主张在革命实践和社会实践中自主地学习。

一　倡导自学是革命根据地教学法的最高原则

共产党领导的革命根据地受马克思主义唯物辩证法的影响，认为内因是事物变化的根据，外因是事物变化的条件，外因只有通过内因才能起作用。因此，在教学中十分重视学生学习的主动性和积极性，倡导学生自学和研究，将自学作为一条重要的教育原则。如在 1940 年陕甘宁边区《边区教育的宗旨和实施原则》的文件中指出，"集体的自动的学习是教学法最高的原则"[①]。1944 年《解放日报》发表社论《论普通教育中的学制与课程》，指出"在我们的一切学校尤其干部学校中，又应该竭力提倡和指导学生的自学，使学生能够取得方法，养成习惯"[②]。著名的抗日军政大学就以自学为主，提倡研究性学习，形成了集体研究讨论与个人自学思考的学习模式，教员只是从旁指导。"采取启发的、研究的、实验的、自学辅导的方式，以发挥学员在学习中的自动性与创造性。"[③]除了将自学作为一项教学原则外，在不少地方还进行了自学辅导的实验，如陕甘宁边区所属的绥德师范学校，在实践中认识到在传统的班级授课制下，"教员的讲解和学生的倾听仍不免是灌注式。教员一张口，学生两只耳，教员是播音机，学生是收音机。教员讲得好、动听，

---

① 陕甘宁边区教育厅：《边区教育的宗旨和实施原则》，载陕西师范大学教育研究所《陕甘宁边区教育资料（教育方针政策部分）》（上册），教育科学出版社 1981 年版，第 134 页。

② 《解放日报》1944 年 7 月 17 日社论：《论普通教育中的学制与课程》，载李桂林《中国现代教育史教学参考资料》，人民教育出版社 1987 年版，第 86 页。

③ 李桂林：《中国现代教育史参考资料》，人民教育出版社 1987 年版，第 106 页。

是好的播音机，学生静听，用心，是好的收音机。一是死板的传授知识，一是死板的听取知识"①。在这种灌注式的教学下，学生容易形成学习的惰性和依赖性。由此，他们于 1944 年提出"学生在教员的辅导下自学，教员在学生的自学中辅导"的口号，试行"新自学辅导实验"。

学生的自学离不开教师的指导，但是教师的指导又必须有利于学生的自学，因此，革命根据地在倡导学生自学的同时，又十分强调教师在教学中要运用"启发式"，在课程设置上坚持"少而精"的原则。这两项原则最早出现在 1929 年的《中国共产党红军第四军第九次代表大会决议案》中，该决议提出了著名的"十大教授法"，即启发式（废止注入式）、由近及远、由浅入深、说话通俗化、说话要明白、说话要有趣味、以姿势助说话、后次复习前次的概念、要提纲、干部班要用讨论式。虽然这"十大教授法"的提出主要是针对部队教育，但是在后来的发展中，这"十大教授法"也成为革命根据地普通教育教学中重要的原则和方法。如 1934 年颁布的苏区《小学课程教则大纲》中指出，"地主资产阶级的教育大半是灌输式的，使儿童机械地记忆教员所教授的东西。苏维埃的教育必须采取启发式，要充分发展儿童自动的能力和创造性"②。在课程方面，革命根据地提倡"少而精"，主张少在课堂上讲，多在实地操作。

另外，革命根据地在教学中十分注重贯彻群众路线，提出在教学中学生不仅要向老师学习，老师也要向学生学习，学生之间也要互相学习，也即"官教兵、兵教官、兵教兵"。这一原则最早出现在《1946 年解放区工作的方针》一文中后来这一方针在中小学教学中广为运用，成为辅助学生自学的又一教学原则。在 20 世纪 60

①　陕西师范大学教育研究所：《陕甘宁边区教育资料（在职干部教育部分）》（下册），教育科学出版社 1981 年版，第 285 页。

②　江西省教育学会：《苏区教育资料选编》，江西人民出版社 1981 年版，第 120 页。

年代，尤其是"文化大革命"中成为重要的教学原则之一。

二　革命根据地学校自学思想的实践特色

一方面，受战争形势影响，革命根据地的教育必须因地制宜、因时制宜，教育必须与生活和战争打成一片；另一方面，受马克思主义唯物认识论的影响，尤其是毛泽东实践论的影响，革命根据地的自学突出了实践的特色。毛泽东向来对学校教育制度脱离实践的现状不满，主张学习要与实践相结合，认为这样得出的认识才会对学生有用，如毛泽东在 1936 年《中国革命战争的战略问题》一文中指出，"读书是学习，使用也是学习，而且是更重要的学习"[①]。在 1942 年《整顿党的作风》一文中指出，"学生们的书本知识是什么呢？假定他们的知识都是真理，也是他们的前人总结生产斗争和阶级斗争的经验写成的理论，不是他们自己亲手得来的知识。他们接受这种知识是完全必要的，但是必须知道，就一定的情况说来，这种知识对于他们来说还是片面的，这种知识是人家证明了，而在他们则还没有证明的。最重要的是善于将这些知识应用到生活和实际中去"[②]。革命根据地重视自学的实践性还与马克思主义的实践观有着密切的关系，马克思主义认为人的认识来自于实践，受实践的检验，人的认识是一个从实践到认识再到实践的循环往复的过程，"通过实践而发现真理，又通过实践而证实真理和发展真理"[③]。这些思想不仅在革命时期对革命根据地的教育产生了重大的影响，对新中国后我国教育方针的变化影响也很大。由于革命根据地唯物论思想和实践论思想与陶行

---

① 人民教育出版社：《毛泽东论教育》（第三版），人民教育出版社 2007 年版，第 13 页。
② 北京师范学院教育理论教研室：《马克思、恩格斯、列宁、斯大林、毛主席论教育革命》，北京师范学院教育理论教研室 1976 年版，第 48 页。
③ 同上书，第 47 页。

知的"生活教育观"、"教学做合一"等思想有着极大的相似性，时任中央苏区革命根据地教育部部长的徐特立曾肯定地说"行知是一个唯物主义者"，"行知的教育学说与我们的教育事业全部一致"①，因此，陶行知的自学思想，如"教学做合一"在革命根据地很盛行。如晋冀鲁豫边区政府教育厅《关于"新教育方针"的初步意见》指出，"教学做合一"是适合"社会即学校"、"生活即教育"这一教育思想的方法，是教学法的最高度的发展，是"理论与实践相结合"在教育上的具体方法，运用"教学做合一"的具体做法就是结合实践，自动自学。②

　　革命根据地教育对自学是十分重视的，这一方面与革命根据地非正规化的教育制度有关，另一方面也与无产阶级的一些教育理念相关，如强调理论联系实际、强调贯彻群众路线等，这些共同决定了革命根据地教育中的自学具有明显的实践特色，重视实践中直接经验的取得，教学也必须联系生产生活实际，这些思想对于尚未正规化发展的教育是十分有益的，是新民主主义教育思想的重要组成部分，但是若将自学的实践性推向极端，就会消解学校教育存在的思想基础，因为学校教育必定有着它的特殊性。1958 年开始的"教育大革命"和"文化大革命"，革命根据地以实践为特色的自学思想开始泛滥，给我国教育事业带来严重的危害，这一点值得我们记取。另外，革命根据地的自学思想多源于革命干部的教育实践，因此一些自学思想不宜向所有年龄阶段的学生推广。

---

　　①　徐特立：《陶行知的学说》，载金德群、孟超《中国现代史资料选辑》（第六册，补编，1945—1949），中国人民大学出版社 1993 年版，第 621 页。

　　②　晋冀鲁豫边区政府教育厅：《关于"新教育方针"的初步意见》，《教育改革论文集》，冀鲁豫书店 1947 年版，第 59 页。

本章小结

　　这一时期，在传统与现代、中国与西方教育思想的相互碰撞下，我国学校自学思想呈现出多种取向，学校自学思想在不同的取向下走向分化，这种分化的过程也正是我国从盲目仿行西方教育思想走向反思和重建的过程，是教育传统与西方新教育制度共融的过程。但总体而言，这一时期的自学思想是建立在儿童中心主义的教育思想上的，过度地强调了儿童自身的经验对儿童的成长的作用，将儿童的活动放在第一位，由此造成轻知识授受、轻教师指导的弊病，正如常道直所言，"最近有些新学校，每变本加厉，将教育场所一变而为学生之天下，在教学上，则提倡学生之自动与合作，而教师则退居于不重要之地位，遇学生之咨询时，始进而为解说一切，解说已毕，仍退居一旁。总之，教师在今日是极力要将自己由居高临下之地位，一降而居于襄助顾问之末席"①。儿童的自学几乎成了儿童的"自由而学"，其偏失是值得我们记取的。

---

① 　常道直：《小学教学法概要》，《教育杂志》1924 年第 1 期。

第三章

新中国成立至教育大革命前学校
自学思想的沉寂

1949 年新中国的成立，拉开了我国改造旧教育、建立新教育运动的序幕。由于受冷战的影响，我国采取"一边倒"的外交政策，与苏联结盟，教育上向苏联全面学习，同时对旧的教育思想进行清算，批判资产阶级的教育思想。1949 年 12 月召开的新中国第一次全国教育工作会议上确立了以老解放区新经验为基础，吸收旧教育有用经验，借助苏联教育建设先进经验的教育改革方针。但是由于各方面的原因，在实际工作中，老解放区的教育经验和国统区的旧教育经验并未得到很好的继承，苏联的教育理论主导了新中国建国后的教育思想，民国时期重视学校自学的热情已不再，学校自学受到冷落，遭到质疑和批判，这种状况一直持续到 1958 年"教育大革命"的兴起之前，因此，我们将 1949—1957 年称为学校自学思想的沉寂阶段。

第一节　教师主导地位的过分强调
与对学生自学的贬抑

民国期间受欧美"儿童中心主义"教育思潮的影响，我国教育领域确立了促进儿童经验生长，以儿童自动发展为主，教师只起指导作用的教学认识观。新中国成立后，以苏联凯洛夫教育学为代表的苏联教育理论成为我国教育发展的指导思想，凯洛夫教育学诞生于二十世纪三十年代，是批判西方资产阶级儿童中心主义教育思想和全面表达社会主义教育思想的理论总结①，是一部马克思主义立场的教育学著作。按照苏联教育理论的指导，新中国成立后，我国迅速在教学理论领域确立了教学特殊认识论，重视学生对间接经验的学习，重视教师在教学中的主导地位，虽然这并不排斥学生学习的积极主动性，但是对于学生的自学却不予张扬，自学相对地遭到了贬抑。

一 教学中教师主导地位的过分强调

新中国成立后，我国对新中国成立前的教学理论进行了批判，认为新中国成立前的教学理论是不科学的，是建立在资产阶级唯心主义哲学思想上的，如陈侠在所编的《教育学》中指出，"新中国学校的教学原理跟半殖民地半封建国家和资本主义国家的教学原理有本质的差异，这种本质的差异表现在：我们的教学原理是建立在辩证唯物主义的哲学基础之上的，因而具有高度的科学性，而他们的教学原理却是建立在唯心论的哲学基础之上的，因而是非科学的、反科学的"②。以凯洛夫教育学为代表的马克思主义的教育理论在新中国成立后成为我国教育理论的基础，将学校教学的过程看作是一种特殊的认识过程，而掌握知识是这一认识活动的重要任务，教师的讲授在这一过程中起着重要的作用。"学生掌握知识的过程，是认识客观世界的过程，不过是在前人已有认识基础上进行的。"

---

① 受世界新教育运动潮流的影响，20世纪二十年代儿童中心主义教育思想曾在苏联风行一时，杜威的教育思想以及道尔顿制、设计教学法等都曾对苏联教育产生了一定的影响。

② 陈侠：《教育学》，人民教育出版社1954年版，第1页。

"原来人类对客观世界的认识，是全人类长期的自然历史过程，学生不可能并且也不应该重复这种复杂的、迂回曲折的过程。"学生在这种特殊的认识过程中，"不是自发地，而是在教师领导下，掌握知识的"。"在教学过程中，讲授应起主导作用，正确地安排讲授是学生顺利地掌握知识、技能和技巧的主要条件。"[①] "在教学过程中，教师有所传授，学生有所接受，在授受之间，教师总是起着主导作用的，教师的主导作用可说是一种客观存在，不容否认的。"[②] 这就在整个教学领域确立起了教师的主导作用，虽然这并不是说新的教育理论无视或忽视学生学习的主动性和自觉性，但是新中国成立初期我们所讲的学生自觉的教学原则与资产阶级教育家对儿童自动性的认识是不同的："资产阶级教育学者也曾提出过关于学生积极性的要求，说要重视学生的自动，重视学习的兴趣；可是他们把儿童当作了教育的中心，对于学习，一味追求儿童的兴趣，这就把儿童的个人经验跟经过科学的总结的人类经验对立起来了，因而不能不降低教师在教学过程中的主导作用。"而马克思主义教育学认为教师的"教"与学生的"学"是统一的，而不是对立的，"学生在学习上真正能发挥积极性，只有在教师的积极指导下才是可能的，硬把学生的积极性与教师的主导作用对立起来，是没有道理的"[③]。

可以说，新中国成立初在学习苏联教育学的过程中，我国确立起了教师在教学中的主导地位，虽然从理论上而言，当时所强调的教学理论建立在马克思主义辩证法之上，强调教师"教"和学生"学"的辩证统一，但是无疑新中国成立初期在重视教师主导作用的同时，相对地造成了对学生"学"的贬抑。

---

① ［苏］凯洛夫：《教育学》，陈侠、朱智贤等译，人民教育出版社1957年版，第130页。

② 南京师范学院教育系：《教育学》，江苏人民出版社1959年版，第102—110页。

③ 湖北人民出版社：《批判杜威的反动教育思想》，湖北人民出版社1955年版，第127页。

二　对学生自学的相对贬抑

教师在教学中必须居于主导地位，这是新中国成立初期我国教育理论的重要原则之一。民国时期在我国盛行的实用主义教育学将儿童的自动发展放在第一位，这一主张在新中国成立初期遭到了批判，"杜威企图以儿童的自发活动来代替有计划的学校教育，强调儿童的兴趣、经验和需要是决定着教育和教学的内容、形式和方法的。这种荒谬的主张是和我们以马克思主义辩证唯物论为基础的教育学关于人的全面发展的教育和教师在教学过程中的主导作用的学说，不能相容的。儿童中心主义和人的全面发展教育，是敌对的两种教育思想体系"[①]。我国教育理论家李秉德也认为，"每个教师必须制订教学工作计划，以便按计划、有步骤地进行工作；在进行教学时，必须把上课作为教学的基本形式；而在教育过程中，必须发挥教师的主导作用"[②]。李秉德批判了受儿童中心论、兴趣论等实用主义教育思想影响的教学形式，指出一些教师对于上课这个基本教学形式不严肃对待，而是在上课时乱扯，迎合学生兴趣，甚至以"开饭店者"自居，任凭学生"点菜"，把人民的讲坛当作资产阶级的布道所，信口雌黄。对于学生们则过分强调预习、自学，提倡"互助组"、"自由讨论"的办法，或实行所谓"牧羊式"的教学法，听任儿童自由活动。认为这些都是因为一些教师受了"儿童本位"、"发展个性"、"兴趣主义"、"自由主义"、"适应环境"、"尊重学生自发活动"等一类的实用主义教育思想的影响。[③] 滕大春也

---

① 滕大春：《批判杜威的教学论》，《资产阶级教育思想批判》，文化教育出版社 1956 年版，第 61 页。
② 李秉德：《清除实用主义教育思想在我国教育界的影响》，《资产阶级教育思想批判》，文化教育出版社 1956 年版，第 102 页。
③ 同上。

对儿童中心主义教育思想进行了批判，认为这种"儿童中心的教学就等于叫儿童任情闲耍而取消教育"[①]。

新中国成立初期，在苏联教育学的影响下，我国一改民国时期在教学领域重视儿童自由、自动、自学的风气，开始确立了教师在教学中的主导地位、确立了上课这一教学组织形式的地位，对于扭转"儿童中心主义"的教学弊端起到了一定的作用，对于提高教学质量起到了重要的作用，但是由于苏联教育学，尤其是凯洛夫教育学过分强调教师的作用，导致了重教轻学的弊端进一步加深，使得课堂教学模式过分呆板、机械，从而使得课堂教学形式化的倾向日益加重，在追求教学关系辩证发展的同时，却无意地使得教学的天平由偏向学生的一端倒向偏重教师的一端，教学关系再次呈现出不平衡的状态。

第二节　对以自学为特色的自学辅导教学和小组教学的讨论

新的教育思想的确立并不是一蹴而就的，在改造旧教育、建立新教育的过程中，如何处理民国时期遗留下来的一些以自学为特色的教学思想，是摆在我国教育界面前的首要问题。要建立新的教育理念就必须革除旧的教育思想的影响，为此，在新中国成立初期，教育领域对以儿童自学为特点的教学思想答疑解惑，展开了讨论，在讨论的最后，都对这些单纯地强调儿童自学的教学思想进行了否定。

---

① 滕大春：《批判杜威的教学论》，《资产阶级教育思想批判》，文化教育出版社1956年版，第61页。

一 对自学辅导教学的讨论

教学中教师应该起主导作用,但是面对以往教学中盛行的自学辅导法,一些基层教育工作者产生了疑问,应该如何看待自学辅导等突出学生自学的教学观呢?针对人们的疑问,当时的一些教育专家对此进行了辨析和解答,如在《新教育》杂志①1950 年第 3 期,刘佛年在回答"自学辅导制在小学教学中是否适用"这一问题时指出,"自学是需要指导的",在教师指导下的自学是必要的也是应当予以重视的,但是资产阶级自由主义者所倡导的自学辅导制在小学教学中却是不适用的。"资产阶级自由主义的教育家废除了'传统教学法'的上课听讲制度,教科书以及教师的领导作用,而把自学提到第一位。他们认为只有靠自学才能发展学生的个性、天才,才能发挥他们的主动性、积极性、创造性。""这样的'自学辅导制'是最有害的。它所标榜的是民主、自由等好听的名词,实际上所起的是反动的作用。降低了教师、教科书和讲解的作用以后,就不能培养学生改革旧社会和建设新社会所需要的知识、能力与品德。"②可见,刘佛年对自学辅导的评论基本是中肯的,他并没有一概否定学生自学的价值,只是指出,应该重视课堂教学,重视教师的指导作用。苏联专家阿尔辛节夫在答"自学辅导除了降低教师的作用,还有别的缺点吗"一问时,指出了以自学辅导代教师讲课,不仅降低了教师的作用,对教师是一种打击,更为重要的是对学生的学习也是很不利的,"若以学生的自学来代替教师讲课,不仅使教师蒙受打击,而且学生也受到打击。学生受到的打击更是厉害,取消了讲课,使学生无法听到按照课题的适当讲解,无法听到每课要点或

---

① 《新教育》杂志由新教育社编,人民教育出版社上海办事处出版,1950 年 3 月创刊,是新中国成立初期较有影响的教育期刊之一。

② 刘佛年:《自学辅导制在小学教学中是否适用?》,《新教育》1950 年第 3 期。

解习题原则的说明"。他认为教师毕竟比学生知道的多些，懂得的广博些、深刻些，教科书的内容如果由教师来讲，要比学生自己来摸索更好些、清楚些、易懂些。如果没有教师讲课，学生得到的知识"将比教师讲课所能得到的要不广博、不深刻、无系统和不彻底"。"教师的讲课在教学过程中起决定作用，因为讲课能解释课题的内容，能引起学生对所教学科发生兴趣，能培养学生的学习信心，不管这学科是怎样的困难。没有任何方法比得上教师生动的讲课那么可贵。"[①] 苏联专家对单纯的学生自学进行了否定，指出了教师指导对于学生知识的获得具有重要作用。还有一些学者对当时教育教学中片面强调学生自学，忽视教师的指导作用的现象进行了批评，认为"只有加强教师的指导作用，才能充分发挥学生的积极性和创造性"。"如果在教学活动中降低了教师的指导作用，使教学陷于自流，反而美其名曰'自觉、自动'，必然大大降低教学效果，而造成教学上的过错。""每一次美满而成功的教学，都有赖于教师的积极指导作用和学生的自动努力学习。在教学过程中，必须正确估计这两方面的地位和作用，把他们有机地结合起来，构成和谐而有效的教学活动。"[②]

除了对一些基层工作者的疑问进行解答，对片面强调学生自学的现象进行批评外，一些学者还从更高的理论层次对我国自学辅导制存在的理论基础进行了抨击，如葛天明认为一些自学辅导形式，虽然标榜"自由教育"，但是实质上却是对集体主义教育和民主启发的精神的误解，"没有区别教育对象、教育要求、教育内容的不同，而把适用于干部学习的方法方式，乱搬乱用到学校中来"。还有一些形式的自学辅导，反对教室授课的学习制度，实质上是"打碎了理性知识的系统性，抹杀了掌握系统知识的重要性，并且也误

---

①　［苏］阿尔辛节夫：《自学辅导除了降低教师的作用，还有别的缺点吗?》，《人民教育》1951 年第 6 期。

②　程今吾：《教师的指导作用和学生的自学》，《人民教育》1950 年第 4 期。

解了理论与实践统一的一般原则，而把狭隘的经验主义提到第一位"。认为强调学生自学实质上是"标榜虚伪的民主自由，降低教师的领导地位"①。他认为，在新中国成立的初期就应该"作思想战线上的斗争"，"一面反对填鸭式的传统教学方法，因为这是一种形式主义、教条主义的教学方法；另一方面要肃清反对资产阶级的'自由教育'理论，因为这是一种反科学的教育思想"②。

二　对小组教学的讨论

在新中国成立初期，学术界除了对自学辅导教学进行讨论外，对自学辅导的另一种形式——小组教学也进行了激烈的讨论。所谓小组教学，原是解放区对干部进行思想政治教育的一种教学组织形式。新中国成立后，各地中小学将其引入到中小学课堂中来，小组教学一般是将一个班的学生分成若干组，作为学习单位，将学员自学、小组讨论、教师指导结合起来的一种教学形式。新中国成立初期，小组教学在全国较为流行，在一些地方的试行也得到了较好的评价，如在黑嫩省（今黑龙江省北部）讷河县实施的小组教学中，认为小组教学具有"讨论研究、生动活泼、自由思想、民主作风、群众路线"、"团结互助、平均发展、集体进步、打破个人英雄主义"等优点。③一些学者也认为小组教学"在加深儿童印象，发挥儿童自由思想，培养儿童自学能力，帮助教师了解儿童思想情况与检查教学效果等方面，都有极其重要的意义"④。

但是随着我国改造旧教育、建设新教育运动的开展，教师在教

---

① 葛天民：《反对自学辅导的倾向》，《新教育》1951年第3期。

② 同上。

③ 关梦觉：《新教育的萌芽——黑嫩省教育工作考察报告》，黑嫩省政府教育厅1947年版，第1—2页。

④ 蔡子香：《学习与贯彻毛主席的教育思想的笔谈——以小组教学为例》，《浙江文教》1951年第2期。

学过程中的主导地位逐渐确立，小组教学这一突出学生自学的教学形式不可避免地遭到了怀疑和批判。对小组教学的讨论发端于1951年《新教育》第一期泰州专署《小组教学和形式主义的批判》的文章，该文是苏北人民行政公署泰州区专员公署文教科视导小组小学视导报告的一部分。文章对小组讨论的教学形式进行了批判，认为小组教学和资产阶级的自学辅导教学法一样，都降低了教师的主导作用和教学效果。指出其有四大流弊：第一是不顾学生文化程度、认识水平低以及教材内容不适于讨论等具体条件，机械搬用小组讨论方式于课堂教学，犯了形式主义的错误。第二是浪费时间，儿童厌倦。小组讨论零碎、枝节、重复，抓不住中心，不需要讨论的也提出来纠缠不清，天天讨论，形式机械，少变化，儿童厌倦是必然的结果。第三是妨害身体健康，课堂教学时间不够，侵占课外活动与休息时间补救，减少了必要的活动与休息机会，妨碍儿童身体健康。第四是优等生发言多，一般儿童发言少，容易养成少数人包办、多数人偷懒的习惯。认为"这种流弊很多的'小组教学'，应该加以纠正。课堂教学应以教师系统的讲授指导为主"①。一石激起千层浪，泰州专署对小组教学的批判引来了学术界对小组教学的广泛讨论，1951年《新教育》杂志第4、5、6期专门开辟栏目刊载讨论的文章。一些学者对泰州专署的观点表示反对，并一一做了辩驳，如育棠在《新教育》1951年第4期发表《'小组教学'是否不能采用?》的文章，认为以"水平低、教材不适宜于讨论"而否定小组教学是错误的，认为这只是教师掌握差，在高年级小组教学还是比较适宜的。况且，不能把小组教学和自学辅导混淆；"浪费时间，儿童厌倦"、"妨害身体"、"优等生发言多"这些弊端都不是小组教学所固有的，在不采用小组教学的情况下也会产生这些弊端。文章认为应把小组教学当成教学过程的一部分，并提出一些实

---

①　泰州专署：《小组教学和形式主义的批判》，《新教育》1951年第1期。

施小组教学的意见："一、高年级儿童可以采用，初级儿童一般说是不宜采用的；二、不是各科都可以采用。如音乐课、体育课就没必要采用；三、更不是每课每节都可以采用，应根据教材内容、教学进程、儿童水平等具体条件来决定；四、不能因为采用小组教学而忽视了教师的主导作用，教师只能把小组教学作为教学过程的一部分。"[①] 随后泰州专署文教科又发文进行反驳，指出适用于干部教育的小组教学不适用于中小学教育，认为"干部学校与小学，弄通思想与学习文化，在教学对象、教学内容和教学要求上，都是完全不同的，教学方式是不能机械搬用的"[②]。

《新教育》1951 年第 5、6 期《问题商讨》栏目继续对"小组教学"进行讨论，但基本上是以否定"小组教学"为基调的。如《小组教学不能采用》一文，作者从亲身实践出发，指出了小组教学的弊病，认为"小组教学，不但不要把它当作万应灵膏，而且也用不着珍视它，舍不得把它丢掉。实质上确和'自学辅导'一样，'教师放弃主导作用，放任儿童自由讨论，降低教学效果'这些话是完全和实际情况符合的"[③]。还有一些学者认为："如果采用所谓'小组教学'方式，让学生们盲目地摸索探讨，那恐不仅是错误，严格说来，也许是一种罪过了！""上课讲授是各级学校里组织教学工作的基本形式，轻视这些基本形式，反而采用所谓的'小组教学'，将教学责任委之于学生，这是极要不得的。""在课堂教学中让学生自由讨论，自己站在旁边协助，弄得什么问题都无法解决。不愿发言的人，老是不肯开口，谈来谈去，浪费时间。这种做法，和资产阶级社会里所鼓吹的以儿童为主、教师从旁辅导的'自学辅导法'，实质上没有什么不同。"[④]

---

① 育棠：《"小组教学"是否不能采用?》，《新教育》1951 年第 4 期。
② 泰州专署：《所谓"小组教学"是不能采用的!》，《新教育》1951 年第 4 期。
③ 沃连汀：《小组教学不能采用》，《新教育》1951 年第 5 期。
④ 吴自强：《所谓"小组教学"可以采用吗?》，《新教育》1951 年第 6 期。

　　1951 年 8 月，新教育社邀请刘佛年等教育专家举行座谈会，就"小组教学"问题进行了交流，最后，邀请朱觉写了《为什么要反对"小组教学"》一文，作为"小组教学"讨论的总结。该文认为，"从'小组教学'的一般过程中，从某些教师所提出来的'小组教学'的教学效果中可以清楚地看到，教学的主要任务似乎仅仅在于发挥儿童的智力，而教学任务的完成似乎只有依靠儿童自己的活动"，认为这是"'儿童本位'、'兴趣主义'、'思辨活动'、'自我满足'及放任自流、极端民主等资产阶级的唯心的教育思想的具体表现"①。认为"小组教学"、"否认教育的政治任务、否认教学的系统性、否认教师的领导作用的思想与理论"，是"反科学的，反马克思主义的"。②

　　新中国成立初期，对自学辅导和小组教学等强调学生自学的教学形式的讨论，是民国"以儿童为中心"的教学思想向新中国强调教师主导的教学思想转变过程中必然会出现的一种情况。通过对疑问的解答和对相关问题的争鸣，教育领域逐渐认识到了单纯地强调学生自学的教学思想的错误性，并确立了教师在教学中的主导地位。但是在对相关问题的讨论中，以阶级对立的思维将自学辅导、小组教学等视为资产阶级唯心主义思想的表现，不免有些极端。另外，在讨论中无视自学辅导和小组教学本身所具有的重视教师指导的一面，将自学辅导、小组教学与自学完全混为一谈，对其横加指责，这使得在很长一段时间内，教育界闻"自学"就"色变"，避而不谈学生的自学，学生学习的自主性得不到调动，教学形式日益机械化、模式化。我们应看到，不管是自学辅导还是小组教学都是对班级授课制度改良的有益尝试，这些教学形式对于发挥学生学习的积极主动性有着一定的意义。即使在新课改的今天，我们仍然十

---

① 朱觉：《为什么要反对"小组教学"》，《新教育》1952 年第 1 期。

② 同上。

分重视小组教学的作用，如一些学者就提出，"小组教学有利于培养自主学习能力"①、"小组讨论是学生自主学习的最佳途径之一"②、"小组合作学习是高校课堂的助推器"③，等等。因此，对于自学辅导教学和小组教学等以学生自学为特色的教学形式，我们不应采取简单否定的态度，而应汲取其中合理的成分，不断推进课堂教学改革。

第三节　对民国时期自学式教学模式的批判

新中国成立后，我国教育理论以苏联教育学为指导，在教学领域中逐渐确立了教师的主导作用。但是"不破不立"，新的教育思想往往是在对旧教育思想的否定中确立的。新中国成立之初，我国教育界首先对民国时期盛行一时的道尔顿制和设计教学法进行了批判，因为这两种学校自学思想一度在苏联盛行，最后遭到批判，"苏联建国初期，有些学校曾犯过错误，走了一段弯路，就是受了西欧和美国反动资产阶级教育思想的影响，不加批判地采用道尔顿制、设计教学法等之类的美国教学法，打破了学习系统，不顾目的地重复教学，这类教学法降低了学校的作用，否定了教员的作用……我们学习苏联，必须好好牢记苏联教育的这段历史教训"④。因此，学习苏联教育思想，首先就应该对这些思想进行清理。

---

① 杨长俊：《小组教学有利于培养自主学习能力》，《四川教育》2000 年第 4 期。
② 曹佩杰：《小组讨论是学生自主学习的最佳途径之一》，《中小学教师培训》1998 年第 6 期。
③ 薛丽景：《高效课堂的推动器——小组合作学习》，《学周刊》2012 年第 12 期。
④ 董纯才：《学习苏联改造我们的教育》，《河北教育》1949 年第 5 期。

一　对设计教学法的批判

新中国成立之初，对设计教学法的批判主要集中于以下三点：第一点是认为设计教学法轻视知识学习的重要性，儿童得到的知识都是些一知半解、支离破碎的东西，这严重地破坏了知识学习的系统性，容易使学生成为只会应付目前环境的鼠目寸光的事务主义者。"设计教学法的全部教学内容是要儿童掌握适应资本主义社会的生活琐碎经验，因而否定了对儿童系统科学知识的传授和由国家规定教学计划、教学大纲和教科书的必要性。""由于单元教学环节缺乏衔接，因此，设计教学无法进行系统的复习，对所学知识也无法巩固。"第二点是认为设计教学法抹杀了教学中认知活动的特点。教学活动需要教师的有效指导，然而设计教学法只强调学生的兴趣，学习过程完全变成儿童自发的活动，取消了教师的积极领导。因此，"设计教学法的过程是反科学的，徒然浪费儿童的时间和精力的盲目摸索的过程"[1]。第三点是认为设计教学法容易造成学生学习机会的不公平，有使个别学生垄断学习机会的弊端，认为这是"阶级社会中统治阶级与被统治阶级的雏形"。"在设计教学的过程中，也就是在儿童自发自由的活动过程中，个别好强的活跃的儿童垄断了学习的机会，甚至发号施令，给别的危重儿童布置工作，而大多数儿童则是被动地任凭摆布地不开动脑筋。"[2] 由于设计教学法与马克思主义教育学有着一定的相通之处，如都反对死读书本，都反对灌输知识，都强调生活经验，都重视儿童兴趣，那么两者之间到底有着怎么样的区别呢？一些学者认为设计教学法极具诱惑性，并对两者的区别做了专门的辨析。

---

① 赵敏政：《对反动的设计教学法的批判》，《开封师范学院学报》1956 年第 1 期。

② 李秉德：《清除实用主义教育思想在我国教育界的影响》，《资产阶级教育思想批判》，文化教育出版社 1956 年版，第 102 页。

　　第一，虽然两者都反对"死读书本"，但是设计教学法反对"死读书本"的办法是取消课本，叫学生在"活动"中学习所谓"活的知识"；而马克思主义教育学并不反对书本本身，只是反对"死读"。后者非常重视教科书，认为教科书是学生"知识的主要源泉之一"，非常重视教学的直观性原则，提倡课外活动，用这些方法来避免"死读"。第二，虽然两者都反对"灌输知识"，但设计教学法反对"灌输知识"是让学生自己去读书、工作、游戏，一切由学生自发自动；马克思主义教育学虽然也反对"硬灌知识"，但非常重视教学大纲，重视学生对知识的掌握，在教育工作中要求充分发挥教师的主导作用。第三，虽然两者都强调"生活经验"，强调"从做中学"，但设计教学所指的"经验"和"做"，只是"应付环境"的琐碎的事情，如怎样做菜、怎样寄信、怎样布置会场、怎样会客等，这样只能训练出为资产阶级服务的目光短浅的事务人员；而马克思主义所说的实践跟设计教学法的"经验"和"做"有根本的区别，后者的实践主要是指阶级斗争和生产斗争，因此提倡理论与实践相结合，通过实验、实习、观察和各种课外、校外活动，来认识生产规律和社会发展规律，以培养学生将来参加阶级斗争和生产斗争。第四，虽然两者都重视"儿童兴趣"，但设计教学将这一原则推到极端，认为教学内容也要由儿童的兴趣来决定。马克思主义教育学重视儿童的兴趣，所以在教学中遵守直观性原则、学生自觉性和积极性原则、通俗性和可接受性原则。马克思主义认为儿童学习兴趣的产生，主要是由于儿童感到国家、社会和家庭对儿童学习上的特别关怀，学校、教师和青年团、少年先锋队等组织对学生进步的鼓励和帮助，而不仅仅是因为教材有趣、好玩。同时对于儿童的求学，并非一切都得照着引起直接兴趣的方法去做不可，也许许多事是应当依靠对求学的必要性与责任的认识而去做的。

表 3 - 1　　　　　　　　马克思主义教育学与资产阶级教育学
对设计教学法的不同认识①

共同点	资产阶级教育学的观点	马克思主义教育学的观点
反对死读书本	取消课本，让学生在"活动"中学习	重视教科书，提倡课外活动，是为了避免"死读"
反对灌输知识	让学生自己去读书、工作、游戏，一切由学生自发自动	重视书本知识的学习，同时在教育工作中要求充分发挥教师的主导作用
强调生活经验	强调"从做中学"，但所做活动只是"应付环境"的琐碎的事情	实践主要是指阶级斗争和生产斗争，通过实践活动来认识生产规律和社会发展规律
重视儿童兴趣	教学内容由儿童的兴趣来决定	儿童学习兴趣的产生，不仅仅因为教材有趣、好玩。对于儿童的求学，许多事是应当依靠对求学的必要性与责任的认识而去做的

二　对道尔顿制的批判

对设计教学思想进行批判的同时，道尔顿制也遭到了批判，当时的学者们认为道尔顿制是杜威实用主义教育的一个支流。对道尔顿制的批评，有助于认识杜威教育学说的反动性和伪科学性，有助于扫清资产阶级教育学在思想中的残余影响，从而为更好地学习苏联的先进教育经验搞好教学服务。对道尔顿制的批判主要集中于以下两点。

其一是认为道尔顿制违背了学生认识的特殊性，夸大了学生的兴趣和自由，忽略了教师的主导作用，破坏了学生学习的系统性。如一些学者认为虽然道尔顿制从形式上较设计教学法更为重视学生的读书学习，但是"在反对班级授课制、强调学生自学、降低教师

---

① 根据蔡迪《什么是设计教学法？他的错误在哪里？》一文整理。参见蔡迪《什么是设计教学法？他的错误在哪里？》，《人民教育》1955 年第 9 期。

作用等方面还是完全一致的"①。当时的一些教育学著作认为"道尔顿制"不适当地强调"自动原则"和"适应个性原则",完全取消了班级教学的形式,让儿童根据自己的兴趣制订学习计划"自动"地学习和研究,把教室改为作业室,教师成了学生的顾问。这大大地降低甚至放弃了教师在教学中的主导作用,破坏了科学知识的系统性,使学生只能获得片断零碎的知识,降低了教学的水平。②一些学者也指出,"学生的认识过程,作为一种特殊的认识活动,具有它的特点。它必须有教师的领导而不是摸索前进,对所学要做巩固工作,要在教养的基础上进行教育,它还必须照顾学生的年龄特征。道尔顿制除了片面地强调按照儿童的兴趣和需要让其'自由'活动外,忽视教学过程中的其他一切特点,使儿童在实验室中任随自己的兴趣去选择预备,按照自己的速度去学习,其结果是使儿童走弯路,造成时间上不必要的浪费,破坏了学科的系统性。由于听任儿童自己去选择预备,于是因为专门研究某一学科,致使其他学科在较长的时间内,被放置在一边,不去过问,造成学习上的长期中断,一曝十寒,因而谈不上学习上的巩固性。至于教学的教育性,那就更加不可想象了。道尔顿制就是这样抹杀了教师的主导作用,破坏了学习上的正常更迭,违反了学习上的经常性和一贯性,使全部的教育过程具有浓厚的自发性质"③。

其二是认为道尔顿制将学习的内容局限于书本知识,局限于学校内的实验和实习,脱离了真正的社会实践。如徐特立认为道尔顿制虽然是资产阶级的民主制在教育方面的表现,它否定了封建的教师本位、教科书本位,并淘汰了注入式,转变到学生本位及生活本位主义,从这一方面讲道尔顿制具有一定的进步性,但是,"道尔

---

① 李秉德:《清除实用主义教育思想在我国教育界的影响》,《资产阶级教育思想批判》,文化教育出版社 1956 年版,第 102 页。

② 南京师范学院教育系:《教育学》,江苏人民出版社 1959 年版,第 165 页。

③ 吴再兴:《对道尔顿制的批判》,《华中师范学院学报》1957 年第 1 期。

顿制只是资产阶级有限的民主主义在教育上的反映，所以它们虽从教师本位转到学生本位，却还没有进到群众本位。道尔顿制虽然已经是自动的学习，但拘束在学校的学习，其工作拘束在研究室和实验室。附属在学校内的工厂和农场。只限于自然科学一面的实验和实习，不是社会生产的工厂和农场，缺乏经济的联系"[①]。

此外，还有一些学者认为，资产阶级本想利用班级授课制度传递庸俗的、低级趣味的、违反真理的、妨碍社会进步的知识，想花钱少并多开办这样的学校。"当班级授课制度达不到资产阶级这种自私的企图时，就有一些顺从的教育学家倡议废弃班级授课制度而代以另外一种制度。"而道尔顿制就是这样一种制度，"企图把教学变成纯粹的学生独立作业，这也是资产阶级所要求的经济的、廉价的教学方式"[②]。这种观点完全是用片面的阶级分析的方法对道尔顿制的性质作出判断，未免有失公允。

设计教学法和道尔顿制以学生的自学为特色，在民国时期曾在我国教育教学领域产生了广泛的影响，但是这与新中国成立后我国教学思想中重课堂教学、重教师主导的思想潮流相悖，故而在新中国成立之初遭到了批判。这既为在我国建立马克思主义的教育理论扫清了道路，也为新中国课堂教学迅速走向正常起到了重要的作用。但是新中国成立之初对这些以自学为特色的教学思想的批评犯了形而上学的错误，对这些思想的否定缺乏辩证的考量，使一段时期内我国课堂教学中相对地忽视了学生学习的主动性和积极性，造成课堂教学的呆板和机械。

[①]　徐特立：《教育讲座》，《河北教育》1950 年第 3、4 期。

[②]　陈元晖：《教学法原理》，湖北人民出版社 1957 年版，第 122 页。

本章小结

　　新中国成立后，在学习苏联教育学的过程中，我们试图建立辩证的教学认识论，主张教师"教"和学生"学"两者的辩证统一，对民国时期受资产阶级儿童中心主义教育思想影响的自动、自学主义思想进行了批判，倡导在教学中加强教师的主导作用。受教条主义的影响，在学习苏联教育学的时候，我们一味模仿，过度强调了教师在教学中的主导作用，在批判民国时期学校自学思想的时候，并未采取辩证的态度，而是用简单的、阶级对立的思想对民国时期的自学理念进行了否定，犯了形而上学的错误，造成我国教学关系由重"学"偏向重"教"，学生在教学过程中的自觉主动性得不到张扬，使教学呈现出"少慢差费"的状况，这也为教育大革命开始后批判苏联教育学，开展教学改革运动埋下了伏笔。

第四章

教育大革命至"文化大革命"前学校自学思想的复苏

　　1956 年我国成功完成了对国家的社会主义改造，第一个五年计划也提前完成，开始进入全面建设社会主义的新时期。1958 年，中共八大二次会议，通过了"鼓足干劲，力争上游，多快好省地建设社会主义"的总路线，"大跃进"运动开始。为配合经济领域的"大跃进"，我国教育领域也开始了"大革命"，1958 年 9 月《关于教育工作的指示》的出台，标志着"教育大革命"的开始。"教育大革命"中，我们开始反思当时教育领域存在的"少慢差费"问题，批判资产阶级的量力性教学原则，并展开师生关系的大讨论，所有这些都为这一时期学校自学思想的复苏创造了条件。1964 年后，毛泽东的几次关于自学的谈话，尤其是 1964 年的春节谈话，对我国教育教学领域影响甚大，进一步促进了我国学校自学思想小高潮的到来。

第一节　教学改革运动的兴起与对学生学习自主性的倡导

　　在 1949—1958 年的十年中，我国教育教学事业逐渐走上正规化的道路，但是，教育教学中也存在一些问题，如教育与实践的联系不够紧密、教学效率不高、学生升学压力大、学业负担重等，面对这些问题，我国开始反思新中国成立以来学习苏联教育的经验与教训，并开始探索自己的教育发展道路。1958 年《关于教育工作的指示》的出台，标志着"教育大革命"的开始，教育领域掀起了教育改革的高潮，提出了"教学必须改革"的号召，对"少慢差费"的教学进行了批判，所有这些都为此间学校自学思想的活跃创造了环境。但是由于受"左"的思想的影响，教育方针被片面化、极端化地推行，致使此间的学校自学改革一直在艰难的条件下进行。

一　学生学习自主性的不足与对学习苏联教育经验的反思

学习苏联先进教育经验对于我国教育的迅速重建起了重要的作用，但是在学习苏联教育的过程中也出现了一些教条主义的倾向，使我国教育教学呈现出机械、刻板的状况，学生的学习积极性和主动性得不到发挥，教师"满堂灌"现象严重，过度模式化的教学使得教学过程缺乏生气，这可以从苏联教育专家普希金对"红领巾"教学的点评中窥知一二。1953 年苏联教育专家普希金参加北京师大学生在北京女六中举行的"红领巾"观摩教学后，提出了批评意见。首先是课时安排太多，《红领巾》一课共 7 页，但用 6 个小时来完成授课任务，"通常研究高深的哲学，也不用这样长的时间。这样不合理地使用时间，是把宝贵的光阴浪费了"。"教师把课文逐字逐句地咀嚼得像粥一样烂，然后喂入学生嘴里"，低估了儿童的生活经验。其次是课堂上的师生讲话比例严重失调，"教师讲了 40分钟，而学生只讲了 5 分钟"，"教师是很积极的，但学生并没有积极的形式"，学生处于被动状态，其学习的主动性和积极性均未能得到有效调动。① 普希金对当时语文教学的这些批评也可以从侧面反映出新中国成立后我国教学领域学生学习自主性不足的问题。

1956 年后随着中苏关系微妙的变化，我国开始反思学习苏联教育中的教条主义倾向问题，如 1956 年《人民教育》第 9 期发表《一个值得注意的问题》的短评，指出我国在学习苏联先进教育经验时存在着教条主义问题，对老解放区教育经验总结不足，对传统教育的发掘几乎没有，等等。② 1958 年《关于教育工作的指示》的颁布标志着我国开始有意识地摆脱苏联教育学的影响，探索自己的发展道路，并对教学中"只强调教师主导"的问题进行了反思，如1958 年《人民教育》第 8 期《学习总路线，贯彻总路线》一文中对新中国成立后一段时间内"只强调教师主导作用，忽视培养学生自学的能力与习惯。只强调学习知识，忽视培养学生思维能力"的做法进行了批评。③ 种种迹象表明，此时的我国教育界已意识到教学中只强调教师主导作用的弊病，开始注意到学生学习自主性的问题。

二 教学改革运动的兴起与对学生学习自主性的重新评估

教育大革命的兴起，虽然从大的方面为我国的教育指明了方向，扭转了新中国成立后九年中教育工作脱离生产劳动、脱离实际，忽视政治、忽视党的领导的错误。但是教育要"大跃进"，必须实现教学的"大跃进"，必须解决教学"少慢差费"的问题，摆脱束缚教学"大跃进"的一些思想藩篱。正是在这种背景下，1960年我国教育领域兴起了教学改革运动，对以往教学中重教师"教"不重学生"学"的现象进行了揭露和批判，促进教学改革。1960

---

① 叶苍芩：《从〈红领巾〉的教学谈到语文教学改革问题》，《人民教育》1953 年第 7 期。
② 短评：《一个值得注意的问题》，《人民教育》1956 年第 9 期。
③ 社论：《学习总路线，贯彻总路线》，《人民教育》1958 年第 8 期。

年 4 月 9 日陆定一在第二届全国人大二次会议上做了《教学必须改革》的发言，指出 1958 年教育革命以来，虽然我国的教育事业发展得很快，但是"教育工作的发展仍旧不能满足社会主义建设各方面的需要"。"问题在于：我们的教学还有严重的'少慢差费'的现象，因此必须进行教学改革。"① 陆定一讲话不久，教育部部长杨秀峰在全国文教先进工作者代表大会上做了《做教学改革的促进派》（1960 年 6 月 15 日）的讲话，讲话中对教学改革的必要性进行了详细的说明，指出，经过 1958 年以来的教育大革命，我国的教育事业面貌一新，在各方面都发生了深刻的变化。"但是，整个说来，过去我们在教育战线上和资产阶级的斗争，主要是政治思想和教育路线、教育方针上的斗争，对教学方面还只能采取'砍、换、补、移'等局部改良的办法，还来不及进行彻底的革命，还来不及按照无产阶级的教育原则、马克思列宁主义的世界观对从旧社会留传下来的教学体系、教学内容以至教学方法等，进行根本的革命改造。经过了 1958 年以来的教育大革命，现在我们已经有足够的条件而且也必须立即着手对教学进行彻底的改革了。""事实证明，不在教学方面进行革命，必然要给资产阶级思想留下一块重要的阵地。""经济建设在多快好省地跃进，而相形之下教学工作却仍然严重地存在着'少慢差费'的现象。"② 因此，教学改革的时机已经到来，要推进教育大革命就必须掀起教学改革运动。解决教学上的"少慢差费"问题就成为教学改革的关键所在，而要破除教学上"少慢差费"问题，资产阶级的量力性原则便为众矢之的，成为批判的矛头。

量力性原则原本是教育教学中一条符合教育规律的教学原则，是凯洛夫教育学中一条重要的教学原则，是指在教学中要以学生的

---

① 陆定一：《教学必须改革》，《人民日报》1960 年 4 月 10 日。
② 杨秀峰：《做教学改革的促进派》，《人民教育》1960 年第 6 期。

学习基础和能力为前提，需要根据学生的接受能力而施教。但是在20世纪60年代的教学大革命中，这条原则因其有束缚学生学习能动性、造成教学"少慢差费"的嫌疑而饱受批判。1960年陆定一《教学必须改革》的报告中就将教学上"少慢差费"问题的根源指向量力性原则，他指出，"资产阶级教育学的'量力性原则'，有对的一面，就是主张不可以使学生负担过重和主张因材施教。我们的教育学，应该讲到这个方面。但是资产阶级教育学的'量力性原则'有错误的一面，反动的一面，这就是不把学生当作有自觉性、主动性的人看待，而当作抽象的生物的人或其他动物或植物或'瓶子'看待，主张'上帝（或自然）决定一切'的'先天论'，把劳动者的子弟当作劣等儿童看待；资产阶级教育学又主张'教师是自然的仆人，不是它的主宰'；所以，在资产阶级教育学里充满着唯心主义思想和反对劳动人民的思想，这是我们坚决反对的。资产阶级教育学的'量力性原则'，是为教学的'少慢差费'辩护的，是用来使劳动人民难以受到高等教育的"①。陆定一发出《教学必须改革》的号召后，全国各界开始了对量力性教学原则的批判，如有人认为："资产阶级的教育学者看不到人的自觉的能动性，因而在教学工作中也就不知道如何充分发挥教师的主导作用和学生的自觉学习的积极性，因而资产阶级教育学的'量力性原则'所量的'力'，不过是没有自觉性、主动性的一种动物的'力'而已。""资产阶级教育家用形而上学的观点把儿童心理特征看成是儿童本身固有的自然特点，认为这些自然特点到了一定的年龄阶段就会自发地显露出来，不会由于客观条件的影响而有所改变。因此，他们认为某一年龄阶段的儿童的心理水平是不变的，智力的发展是固定的；因此在教学上就只能根据这种不变的年龄特征，顺其自然地进行教育，教师只能作'自然的仆人'。""资产阶级教育学者认为儿

---

① 陆定一：《教学必须改革》，《人民日报》1960年4月10日。

童在一定年龄阶段的心理是天生的、固定不变的，这种观点实际上是束缚了儿童心理的正常发展，限制了儿童的求知欲望。"① 面对教学中的"少慢差费"现象，教育界掀起了"火烧教学"的运动，提出要用教改之火烧掉教学方法上的少慢差费②。可以说，对"量力性原则"的批判对于摆脱新中国成立后只提倡教师教的主导而忽视学生学的主动的教学的束缚起到了重要的作用，学生的自学能力重新开始受到重视，为教学改革运动的开展提供了理论基础。但是，总体来说，对"量力性原则"的批判超出了学术讨论的范围，成为政治运动的"替罪羊"和"靶子"，受到了不公允的批判。

三　教师主导地位的动摇与对学生学习自主性的提倡

教学改革运动，解脱了学生"学"的束缚，突破了已有的教师占主导地位的思维框架，由此，学术界对教师和学生在教学中的地位展开辩论，在辩论中一些学者对教学中教师起主导作用的观点进行了批驳，提倡学生主导观。如刘佛年在《教学工作中的群众路线问题》一文中认为在教学工作中强调教师的主导作用"必然会压抑学生的积极性"，"教学计划、教学大纲的制订是由部分教师讨论出来的，教科书的编写也是由少数教师执笔的，因此对于学什么的问题学生是没有发言权的。教学方法是由教师决定的，学生不能置一词……在整个教学过程中特别强调教师讲，学生听；教师灌输，学生接受；只有教师的积极性，没有学生的积极性"。认为这样的教学"只能是少慢差费，不能是多快好省"③。有部分学者直接提出学生是教学活动主导的观点，认为在教学中起主导作用的是学生而

---

① 张焕庭：《批判资产阶级教育学的"量力性原则"》，《江海学刊》1960 年第 9 期。
② 潘以明：《火烧教学方法上的少慢差费》，《福建教育》（初等教育版）1960 年第 15 期。
③ 刘佛年：《教学工作中的群众路线问题》，《文汇报》1958 年 10 月 14 日。

不是老师，因为学生的思想品德和学习成绩的好坏都取决于学生自己。[①] 但是多数学者仍坚持教师在教学中起主导作用，1959 年 3 月 21 日《文汇报》发表社论《论教师的主导作用》为这场教学关系大讨论总结，指出"应该肯定教师的主导作用"，"尽管'教育者必先受教育'，但并不因此而改变其教育者的地位和职能。尽管'青出于蓝而胜于蓝'，但学生在校学习时间，并不因此而改变其受教育者的地位和职能。在教学过程中，教师有所传授，在授受之间教师总是起着主导作用的。不论教师所传授的是正确的还是错误的，教师的主导作用总是一种客观存在。不承认教师的主导作用，是不符合实际情况的"。同时又指出，肯定教师的主导作用，并不会妨碍学生学习的积极性。但是"否定或夸大教师的主导作用都是不对的"[②]。

尽管当时教育界的主流思想仍是教师在教学中起主导作用，但是经过对"量力性原则"的批判使得这一思想已不稳固，学生学习的自主性在这一时期开始受到重视，如上海市市东中学理化教研组在《创造性的教，创造性的学》一文中指出，当"市委发出跃进再跃进的号召以后"、"全组同志热情很高，都要做促进派"。通过对教学效果的分析，认为"学生最大的毛病在独立思考大胆设想方面还很不够"。认为造成这种情况的原因是"我们把教师的指导作用曲解为包办代替，而不是把教师的指导作用和学生的积极性结合起来，更好地发择教师的指导作用；同时有一个迷信思想就是教师总应比同学知道得多，学生只能是个受教育者，教师总是个教育者，不相信学生，不走群众路战"。最后通过在教学上革新取得了一定的效果，在教学中首先由教师制定题目，放手发动学生独立思考，发表自己的意见，大胆设想；第二步是根据学生发表的意见，

---

① 徐福康：《在教学活动中起主导作用的是学生》，《文汇报》1958 年 12 月 10 日。

② 社论：《论教师的主导作用》，《文汇报》1959 年 3 月 21 日。

整理分析，提出中心问题和主要的分歧，组织学生讨论争辩；第三步是总结和实践。① 由此，我们可以看出，这种学习方式已经大胆地突破了新中国成立后凯洛夫教育学指导下的教学模式，学生的自学被重新重视起来。

第二节　毛泽东关于自学的谈话及其影响

1960 年兴起的教学改革运动已经注意到了学生学习的自主性问题，对束缚学生学习自主性的"量力性原则"进行了批判，但是仍不足以改变教学领域灌输式盛行、学生学习被动的状况，这引起了毛泽东的重视。毛泽东向来倡导一种从实践中自学的教育观，因此，他对教学改革运动中"教育与生产劳动相结合"方针的贯彻及其教学中学生学习的自主性不足的问题仍不是很满意②。在这种背景下，毛泽东于 1964—1966 年间，多次就教育问题发表谈话，批判了学校教育不重视学生自学的弊病，表达了他对学校教育的理想，毛泽东关于自学的这些谈话对当时的教育界产生了很大的影响，进一步促进了教育界对学生自学的重视。

一　毛泽东关于自学的若干谈话

毛泽东向来不满于学校教育制度，从小就坚持以自学为主，如早在 1912 年他考入湖南省立第一中学后，就认识到学校"课程太

---

① 上海市教育与生产劳动相结合展览会：《教育大跃进丛书"跃进中的教学工作"》（第三辑）——中学教法革新的经验》，上海教育出版社 1958 年版，第 79—82 页。

② 这一点我们可以从"文化大革命"爆发后对新中国成立后 17 年教育的全盘否定和批判看出。虽然 1958 年的教育大革命基本是按照毛泽东的教育理想进行，但是由于中央高层一些领导人对教育大革命进行了纠偏，使得毛泽东的教育理想无法实现，这也是 1964 年后毛泽东发表系列谈话和"文化大革命"后教育革命的重要理由之一。

少而规则繁琐",① 于是便退学寄居在湘乡会馆,订了一个自修计划,每日到湖南省立图书馆读书。后来在湖南省立第一师范学校读书期间,毛泽东也同样对当时的学校制度提出了批评,如在 1915年《致黎锦熙信》中说道:"此非读书之地,意志不自由,程度太低,侪侣太恶,有用之身,宝贵之时日,逐渐催落,以衰以逝,心中实大悲伤。"② 于是毛泽东仍以自学为主,在萧三的回忆中提到:"入学以后,他仍是非常好学的。但还是以自修为主,经常读书不倦。""毛泽东同志在学校里虽然也照例上课,但他有自己的读书计划。"③ 正是基于这种对自学的特殊情结,新中国成立后,他对我国教育教学中不注重学生自学的问题一直较为关注,1965 年前后发表了一系列关于学校自学的谈话,其中较为著名的谈话有 1964 年 2月 13 日的"春节谈话"④、1964 年 3 月 10 日的"三·一〇指示"⑤和 1964 年 7 月 5 日与毛远新的谈话等。这些谈话批判了学校教育制度对学生自由学习的束缚,倡导学生自学。

在这些谈话中,毛泽东首先表达了对学校教育制度内部问题的不满,认为学制、课程、教师的讲授、考试等都束缚了学生的自由学习,应当加以改革。如在 1964 年 2 月的"春节谈话"中,毛泽东指出:"现在的学制太长。""学制可以缩短。""现在课程多,害死人,使中小学生、大学生天天处于紧张状态。""课程可以砍掉一半。""现在的考试,用对付敌人的办法,搞突然袭击,出一些怪

① ［美］埃德加·斯诺:《毛泽东自传》,载刘统《早年毛泽东》,广西人民出版社 2005 年版,第 14 页。

② 中共中央文献研究室:《毛泽东早期文稿(1912·6—1920·11)》,湖南出版社 1990 年版,第 30 页。

③ 萧三:《毛泽东的青少年时代和初期革命活动》,载刘统《早年毛泽东》,广西人民出版社 2005 年版,第 65 页。

④ 1964 年 2 月 13 日,毛泽东在人民大会堂召开了教育工作座谈会,当时是甲辰年春节,所以毛泽东在这次座谈会上的讲话又被称作春节谈话。

⑤ 1964 年 3 月 10 日,毛泽东发出《对"北京一个中学校长提出减轻中学生负担问题的意见"的批示》,也被称作"三·一〇指示"。

题、偏题，整学生。这是一种八股文的方法，我不赞成，要完全改变。我主张题目公开，由学生研究、看书去做。""旧教学制度摧残人才，摧残青年，我很不赞成。"① 在"三·一〇指示"中，毛泽东也指出"现在学校课程太多，对学生压力太大，讲授又不甚得法。考试方法以学生为敌人，举行突然袭击。这三项都是不利于培养青年们在德、智、体诸方面生动地主动地得到发展的"②。1964年与毛远新的谈话中就指出："不要把分数看重了，要把精力集中在培养分析问题和解决问题的能力上，不要只是跟在教员的后面跑，自己没有主动性。""反对注入式教学法，连资产阶级教育家在五四时期就早已提出来了，我们为什么不反？""你们的教学就是灌，天天上课，有那么多可讲的？教员应该把讲稿印发给你们。怕什么？应该让学生自己去研究讲稿。讲稿还对学生保密？到了讲堂上才让学生抄，把学生束缚死了。大学生，尤其是高年级，主要是自己研究问题，讲那么多干什么？"③

其次，毛泽东对学校教育制度脱离生活、脱离社会实际的问题进行了批判，认为学生应当从实践中学习，在实践中自学成才。毛泽东一直主张"教育必须为无产阶级政治服务，必须与生产劳动相结合"、"劳动人民要知识化，知识分子要劳动化"，因此，毛泽东对学校教育制度脱离社会实际的现状很不满，他指出："学生成天看书并不好，可以参加一些生产劳动和必要的社会活动。""现在这种教育制度，我很怀疑。从小学到大学，一共十六七年，二十多年看不见稻、粱、菽、麦、黍、稷，看不见工人怎样做工，看不见农民怎样种田，看不见商品是怎样交换的，身体也搞坏了，真是害死

---

① 毛泽东：《在春节座谈会上的谈话》，《毛主席论教育革命》，人民出版社1967年版，第17页。

② 毛礼锐、沈灌群：《中国教育通史》（第六卷），山东教育出版社2005年版，第149页。

③ 毛泽东：《与毛远新谈话纪要》，《毛主席论教育革命》，人民出版社1967年版，第22页。

人。""要改造文科大学，要学生下去搞工业、农业、商业。至于工科、理科，情况不同，他们有实习工厂，有实验室，在实习工厂做工，在实验室做实验，但也要接触社会实际。"①

毛泽东认为学校教育制度并非必要，我们完全可以在实践中自学成才，如毛泽东曾在多次的讲话中运用孔子、李时珍、瓦特、高尔基、萧楚女等自学成才的例子来说明，学习要主动，个人成长要靠自学。他说："孔夫子出身没落奴隶主贵族，也没有上过什么中学、大学……明朝李时珍长期自己上山采药，才写了《本草纲目》。更早些的，有所发明的祖冲之，也没有上过什么中学、大学。美国的富兰克林是印刷所学徒，也卖过报，他是电的大发明家。英国的瓦特是工人，是蒸汽机的大发明家。高尔基的学问完全是自学的，据说他只上过两年小学。"②"萧楚女没有上过学校，不但没有上过洋学堂，私塾也没有上过。我是很喜欢他的。农民运动讲习所教书主要靠他。他是武昌茶馆里跑堂的，能写得很漂亮的文章。"③

毛泽东的这些关于教学问题的谈话发出后，对我国教育教学改革产生了重要的影响，首先，对凯洛夫教育学的批判由内部转向公开，凯洛夫教育学被划为资产阶级的教育学。对凯洛夫教育学的批判进一步解开了人们教学改革的思维束缚，教学改革中提倡学生自学。其次，革命根据地的一些注重学生自学的教学思想如"少而精"、"启发式"等重新被提及。

---

① 毛泽东：《在杭州会议上的讲话》，《毛主席论教育革命》，人民出版社 1967 年版，第 34 页。

② 毛泽东：《在春节座谈会上的谈话》，《毛主席论教育革命》，人民出版社 1967 年版，第 17 页。

③ 毛泽东：《关于教育问题的讲话》，《毛主席论教育革命》，人民出版社 1967 年版，第 21 页。

二 毛泽东的谈话为学校自学思想的复苏创造了契机

(一) 批判凯洛夫教育学，主张"从烦琐哲学中解放出来"

毛泽东发表春节谈话，对我国教育领域产生了深远的影响。在教育理论领域，接续着教育大革命中对"量力性原则"的批判，批判的矛头公开地指向新中国成立初疯狂学习的对象——凯洛夫教育学。凯洛夫教育学从人们崇拜的象牙塔顶端一落千丈成为众人批驳的对象，凯洛夫教育学从无产阶级教育学转变为资产阶级教育学。对凯洛夫教育学的批判使得束缚教学领域的"紧箍咒"被摘了下来，为我国学校自学思想的复苏创造了较为宽松的环境。1964 年 2 月《人民教育》发表了《正确贯彻教育方针，减轻学生学习负担》的社论，指出"解放以后，不加分辨地全盘学习了一种社会主义其名，资产阶级其实的教育学"①，1964 年《人民教育》第 6 期发表了许宗实的文章《社会主义教育学的一个重要问题》和漆书青《资产阶级教育观点必须批判》等文章，对凯洛夫教育学进行了不点名的批判；同年 8 月，江西省教育学会在庐山举行讨论会，逐章批判了凯洛夫教育学；1964 年 10 月教育部印发中共中央宣传部加了批语的《城市半工半读学校情况汇编》指出，以前"把苏联凯洛夫的教育思想认为是社会主义的，而实际上它是资本主义的"②，将凯洛夫教育学正式定性为资本主义教育学。1965 年《人民教育》第 2 期许宗实的《冒牌的马克思主义教学论》一文不点名地对凯洛夫的教学思想进行了批判："有一本自称为社会主义教育学的著作，实质上是披着马克思列宁主义外衣的资产阶级教育学。由于它在中

---

① 社论：《正确贯彻教育方针，减轻学生学习负担》，《人民教育》1964 年第 2 期。

② 中央教育科学研究所：《中华人民共和国教育大事记（1949—1982）》，教育科学出版社 1984 年版，第 369 页。

国的销路很广、影响很深，妨碍着我们教育方针的贯彻。"① 1965年《人民教育》第 4 期，又发表卢逸民的文章《形而上学和烦琐哲学的大杂烩》，将凯洛夫教育学概括为"形而上学和烦琐哲学的大杂烩"，认为在凯洛夫教学原则的指导下，"只讲课堂教学，不讲劳动时间；只讲书本知识，不讲实践知识；只讲满堂灌，不讲启发式"，"把我们在老解放区所创造的、自己所特有的、理论联系实际的、学以致用的好传统丢掉了。把生动活泼的课堂教学弄得机械呆板、千篇一律"。② 这里所谓的"烦琐哲学"主要针对的是凯洛夫教育学只重书本知识学习，脱离社会实践的弊端。

如何从烦琐哲学中解放出来，促进教学的改革成为 1965 年前后教育领域热烈讨论的问题。在讨论中，多数学者认为从烦琐哲学中解放出来的关键是充分调动学生学习的积极性，让学生主动地学。如 1965 年第 5 期《人民教育》李放的文章认为："我们应废除那种主观主义的烦琐的教学方法，代之以能充分调动学生学习主动性的教学方法。""教学过程是师生双方共同活动的过程，既要有教师的主导作用，又要充分发挥学生的主观能动性。我国有一句俗语'师傅领进门，修行在个人'。就是说，学生学习除了要靠老师的指导外，更重要的还在于启发学生自己主动学习、刻苦钻研。"③ 吕沙也认为，"教与学是对立的统一。在教学过程中，教师的主导性与学生的主动性应该也可以很好地结合起来。教师的主导性应该体现在培养学生的主动性上，而不是把他们对立起来，绝对化起来"④。

---

① 许宗实：《冒牌的马克思主义教学论》，《人民教育》1965 年第 2 期。
② 卢逸民：《形而上学和烦琐哲学的大杂烩——对一本《教育学》的"教学原则"的批判》，《人民教育》1965 年第 4 期。
③ 李放：《教学方法从烦琐哲学中解放出来》，《人民教育》1965 年第 5 期。
④ 吕沙：《关于教学改革的几个认识问题》，《人民教育》1965 年第 2 期。

（二）倡导学生"生动活泼地主动地学习"成为一时的思潮

毛泽东的相关谈话发表后，我国教育界开始了对减轻学生负担的讨论，进而涉及到教学过程中教师"教"与学生"学"的关系。如《人民教育》1964年第2期发表《正确贯彻教育方针，减轻学生学习负担》的社论，批判了以往教学中"重教不重学"的错误，指出，"资产阶级在教学论方面是形而上学的，他们认为只要教师多讲，讲得多些，学生就可以学得好。他们认为只要教师讲得深、讲得透，学生就可以掌握得深透。他们认为只要让学生死记硬背，就可以得到知识"①。1964年3月22日及以后一段时间内，教育部和北京市教育局为贯彻毛主席最近对教育工作的指示，邀请北京市部分中学举行座谈会，就如何贯彻党的教育方针、改进教学方法、减轻学生负担、提高教学质量，使学生生动活泼地主动地得到发展进行了座谈，全国各地也开展了相应的活动。1964年3月26日《人民日报》发表《调动学生学习的主动性》的社论，指出"人们做任何一件事情，必须有做那件事的主动性，才能把那件事做好。学习也是如此。参加教育部座谈会的一些教师根据亲身的经验，认识到要使学生学得好，就要充分启发学生的主动性，减轻学生负担，使他们学得有兴趣，有求知的欲望，才能提高教学质量"②。指出实现减负的关键在于使学生学习具有主动性。与此同时，《人民教育》1964年3月号刊发表了育才学校校长段力佩的文章《一个班级减轻学生负担的初步经验》一文，介绍了上海育才学校通过改革教学，减轻学生负担的经验，1964年4月2日《文汇报》和《解放日报》也发表了介绍上海市育才中学教改经验的文章《使学生在德智体诸方面生动活泼地主动地得到发展——育才中学改进教学方法减轻学生负担》，在学习毛泽东指示和讨论学生减负的时候，

---

① 社论：《正确贯彻教育方针，减轻学生学习负担》，《人民教育》1964年第2期。
② 社论：《调动学生学习的主动性》，《人民日报》1964年3月26日。

育才中学的教改经验成为舆论的焦点，全国各地开展了学习育才中学经验的运动，1964 年 4 月 3 日《人民日报》发表《采取启发式的教授法》的短评，指出，"废止了注入式，采用启发式，就能够提高学生的学习兴趣，调动学生的学习主动性。达到少而精、学而懂的目的，使学生在德智体诸方面生动活泼地主动地得到发展"①。"生动活泼地主动地学习"这一命题就此提出，并引起广泛探讨。1964 年 4 月 11 日《人民日报》发表社论《培养生动活泼的主动的学习风气》，指出，"要培养学生生动活泼的学习主动性，在教学工作中需要采取两个主要措施。一个是坚决贯彻执行少而精的原则。再一个是倡导启发式的教授法"②。

　　从 1965 年 9 月 8 日起，《光明日报》开设《怎样掌握启发式教学法的精神实质》的专栏，从 1965 年 9 月 24 日起，开设《怎样才能生动活泼地主动地进行学习》的专栏，希望从教和学两个方面来探讨如何促进学生自觉主动地学习。在讨论中，学者们继续对教学过程中教师和学生的地位问题进行了论争，有不少人认为在教与学两者中，学生的学是内因，教师的教是外因，内因起决定作用。因此，应该更加重视学生的学，学生应在教学关系中起重要作用，教师不宜占主导地位，如宋玉鹏的《力争学习的主动权》一文指出，"从学生的学这一点来说，教师的讲授是外因，同学的领悟是内因。外因要通过内因起作用，教师的讲授也要通过我们的积极思维才能被吸收。以往我把自己放在被动地位，就是颠倒了这个关系。要使自己学得生动活泼，学到真学问，就应该发挥自己的主观能动性，力争课堂上的主动权"③。张安国也认为，"在教学工作上，内因是决定性的，外因是辅助性的，外因通过内因而起作用。一切发展内因是根据，是主导，外因只是条件，只能起促进与助力作用。所

---

① 短评：《采取启发式的教授法》，《人民日报》1964 年 4 月 3 日。
② 社论：《培养生动活泼的主动的学习风气》，《人民日报》1964 年 4 月 11 日。
③ 宋玉鹏：《力争学习的主动权》，《光明日报》1966 年 1 月 8 日。

以，在教学工作中，必须发挥学生的创造性、主动性和积极性，使他在学习上居于主动地位，教师只能起促进与助力作用，决不能起主导作用"①。一些学者对这种反对教师主导作用的观点进行了批驳，如马言声认为虽然社会主义国家的师生关系变得民主了，但不能由此而得出取消教师主导作用的结论："教师在教学过程中，向来是起主导作用的。""教师的主导作用是为学生生动活泼地主动地得到发展服务的，而学生生动活泼地主动地得到发展，是以教师主导作用的发挥为前提的。"② 这次讨论一直持续到"文化大革命"爆发，随着"文化大革命"的爆发，关于如何使学生生动活泼地学习的讨论也戛然而止，无疾而终。但总体而言，通过这次讨论，教师在教学中的主导地位再一次动摇，教学中越来越重视学生的主动性。

毛泽东关于自学的若干谈话对我国学校教育中不重学生学习主动性的问题进行了批判，打破了新中国成立后对凯洛夫教育学的盲从，进一步促进了教学改革运动的深入发展，学生学习的自主性受到重视，为学校自学思想的复苏奠定了基础。但是毛泽东的谈话也隐含了他对学校教育脱离生产实践的担忧，比起书本知识，他更强调实践知识的学习，他所倡导的自学是一种脱离学校教育的实践性的学习，因此，纵使这一时期对学校自学思想的探索取得不少有益经验，但在毛泽东看来，这种局限于学校教育而谈学生自学的探索是徒然无益的。

第三节　自学式课堂教学改革思想的短暂探索

20 世纪 60 年代教学改革运动的兴起和毛泽东关于自学的若干

---

① 张安国：《教师主导作用思想要重新评价》，《光明日报》1966 年 1 月 12 日。
② 马言声：《取消教师主导作用将产生什么后果?》，《光明日报》1966 年 1 月 31 日。

谈话，打破了凯洛夫教育学对我国教学思想的束缚，学生学习的自主性开始受到重视，在这种背景下，全国各地开始探索促进学生自学的教学改革，其中，上海育才中学的"先讲后练"自学思想最具典型性和影响力。此外，程序教学思想虽然被冠以资产阶级的教育思想，但在 20 世纪 60 年代中期中苏关系破裂的背景下，却显现出一线生机，在我国进行了短暂的探索试验。

一　育才中学"先练后讲"自学思想的提出

1961 年学校没有教改之前，课堂上老是教师讲、学生听，空气沉闷。学生的课业负担十分严重，严重地影响了学生在德、智、体诸方面生动活泼地、主动地发展。因此，在全国教育教学改革潮流的推动下，学校开始反思教学过程中的问题，校长段力佩认为，过去的教学不重视学生的作用，提出要"让学生学会自己看书、自己练习，教师再加以指导"[1] 等想法。1960 年下半年，段力佩指导上海师院新分配来的数学教师进行教改，"让学生看懂了就练，根据这个实际，教师对学生讲解，对不同对象提出不同的要求"[2]，试验"学生自己读，自己议论"[3] 的教学方法。在数学教改实验取得初步成功的基础上，于 1963 年初开始正式教改实验，选择初一（3）班作为实验点，开展语文、数学、英语教学方法的实验，段力佩亲自负责该班语文课的教学。在教学中他先用十分钟言简意赅、条理分明地讲述了新课的内容，然后让学生自由讨论。对不理解的地方，再启发引导。[4] 在课堂上教师要少讲，让学生多读多练，读练结合，在教学中要做到"以旧导新，以新带旧"，这样虽然教师讲

---

① 段力佩：《教海浮沉话甘苦》，《上海教育》（中学版）1989 年第 3 期。
② 段力佩：《教改的回顾与前瞻》，《上海教育》1984 年第 10 期。
③ 段力佩：《教海浮沉话甘苦》，《上海教育》（中学版）1989 年第 3 期。
④ 段力佩：《关于领导教学工作的几点体会》，《光明日报》1963 年 4 月 16 日。

得少，但学生理解得明白通达。①

实验取得了成功，在测试时，实验班的语文、数学和英语的平均成绩，均超过了其他平行班，而负担减轻了。在实验的基础上，育才中学提出了"紧扣教材、边讲边练、新旧联系、因材施教"的"十六字教学法"。做到面向实际，减轻负担，教得活泼，学得主动。这"十六字教学法"是相互联系，不可割裂的。最主要的是：要求教师在教学中从学生实际出发，发挥学生的学习主动性。1964年4月2日《光明日报》发表《上海育才中学改进教学方法，减轻学生负担》的报道，介绍了"十六字经验"，并配发《一个令人信服的实例》的短评。同年11月，《人民日报》发表《教师教得少而精，学生学得深又透》，进一步介绍了育才中学的"十六字经验"，同时发表了《培养生动活泼的主动的学习空气》的社论。下面是当时对育才中学课堂教学的一篇报道：

初三（4）班正在上语文课，教的是散文《英雄列车》。教师开始并不讲解，而是让学生在课堂上读书，边读边议。读了一遍后，就叫学生自己讲解。除了几个难理解的地方外，学生讲得头头是道。讲完以后，教师抓住学生没有讲清楚的难点，作了画龙点睛式的讲解。整个课堂，教师讲得还没有学生讲得多，课后也没有给学生留任何作业。

在另一个教室里，正在上代数课，教的是"复数"。教师走上讲台，先是有详有略地讲解新课。接下来就让学生练习，教师巡回辅导。整堂课上，学生有时听讲，有时提问，有时做练习，气氛非常活跃。绝大多数学生顺利地在课内做完了教师所布置的习题。

语文、数学课是这样，外语、物理、化学等课也是这样。

---

① 段力佩：《关于领导教学工作的几点体会》，《光明日报》1963年4月16日。

在这个学校的课堂上，再也不是由教师一讲到底，学生们再也不是被动听课，而是有时间有余力积极思维、主动提问题，提看法，不再做"瓶瓶罐罐"了。他们的大部分作业，在课堂内做完了，下午四点十分以后的时间，完全可以自行支配。[①]

1965 年《人民教育》发表了上海市教育局共青团、上海市委调查组的文章《育才中学对减轻学生负担、改进学校工作的认识和做法》指出，在教学中要正确处理好教与学的关系，这样才是减轻学生负担的关键所在："通常说学生负担过重，不仅是指课外活动，主要是指学业负担过重。这是由于'教与学'的关系失调的缘故。当教师的教束缚了学生的学，学生负担就重，反之，当教师的教调动了学生学的主动性、积极性，负担就不重。教改前，不少课堂教学的内容是'多而滥'，教学方法是'注入式'。这样学生在课堂内消化不了，课外就得花大量的时间重新学习或复习；加上大堆作业，更是压得透不过气来，只能被动地跟着教师走。如果这时课外活动又排得紧紧的，学生只好天天'开夜车'。所以在教改时，着重使教师认识教与学的关系。教与学，何者为主？学是内因，教是外因，教师在教学过程中的主导作用，应该表现在通过教来调动学生学的主动性。"[②] 从 1964 年直到"文化大革命"爆发，育才学校的教改经验一直是当时教育界热议的焦点，是各地学习的榜样。

1966 年，"文化大革命"爆发，育才中学的教改实验被贴上"黑教改"、"黑经验"、"黑样板"、"黑典型"的封条，认为其鼓吹"教学就是一切"，宣扬阶级斗争熄灭论，是"本本主义"不是实践第一，搞这种课堂教学改革就是搞"三脱离"的教学，段力佩

①　张煦棠、刘文峰、沈景华：《育才中学改进教学方法减轻学生负担》，《上海教育》1964年第 4 期。

②　上海市教育局共青团、上海市委调查组：《育才中学对减轻学生负担、改进学校工作的认识和做法》，《人民教育》1965 年第 9 期。

被当作"修正主义黑典型"、"资产阶级反动权威"、"创造性的反革命修正主义分子"而批判、揪斗、隔离甚至毒打，直至赶出育才中学，使已有一定经验积累的育才学校实验中断。

二 "自定步调"程序教学思想在我国的探索

程序教学是一种利用教学机器而自学教材的一种教学模式，这种教学方式最先发端于美国，早在 1925 年前后，美国学者普莱西根据桑代克提出的学习律，设计了引导学生自学的教学机器。第二次世界大战结束后，美国操作行为主义心理学家斯金纳重新把程序教学的研究与实验提到日程上来，1954 年发表《学习的科学和教学的艺术》一文，批判了当时美国课堂教学不注意及时强化学生的正确行为的弊病，建议用教学机器给学生以必要的强化，此后，斯金纳提出了操作教学的四大原则：1. 积极反应原则，通过对学生的行为强化或奖励，以巩固或激励学生的行为；2. 小步子原则，程序教学把教材分解成一个个的部分，后一步的学习建立在前一步学习的基础上，每步之间难度相差很小，使学生容易得到满足；3. 即时反馈原则，在学生做出积极反应后，教师要立即给予反馈，让学生即时知道其反应是否正确，从而给学生"即时强化"；4. 自定步调原则，斯金纳认为，学生的学习能力及速度是各不相同的，因此，程序教学允许学习者按自己的速度和潜力来自定步调学习。同时各种教学机器也不断问世，当美国程序教学实验取得初步成功后，教学机器逐渐引起各方面的重视，英法等西欧国家也开始进行移植性实验，在 20 世纪 60 年代初期掀起了世界性研究和推广程序教学的热潮，有人将之称为"教育上的工业革命"。1961 年斯金纳随美国访苏代表团前往苏联，并在苏联教育科学院做了《美国教学机器的应用》的报告，程序教学实验由此传入苏联。受苏联教育界的启发，1962 年底，中国科学院心理所领导接受中宣部副部长胡乔木的指示，把心理所教育心理研究室的人员投入到程序教学的研究和教材的编写工作中，1964 年由刘范、曹传咏、荆其诚等人翻译出版了《程序教学和教学机器》一书①，介绍程序教学的思想，《心理科学通讯》杂志也连续发表介绍和研究程序教学的文章，及时跟进和介绍程序教学的实验结果。由于程序教学的思想暗合了当时我国教学改革运动的潮流，与毛泽东若干教育讲话的精神有着一定的一致性，因此，程序教学的研究和实验在我国开展起来。1965 年，中科院心理研究所曾召开实验学校教师和专家座谈会，大多数与会同志认为，程序教学能够促使学生在学习过程中自己动手动脑，有利于培养学生的自学能力。认为"程序教学符合毛主席提出的培养学生生动活泼的学习空气的要求"②。甚至有同志认为"程序教学如果研究成功，等于把优秀教师带到农村和边远地区"③。在肯定程序教学的积极性的同时，多数同志也表达了对程序教学的担忧，认为"在程序教学中，排斥教师的作用，照搬外国的一套，是违背毛主席指示，违背人的因素第一的原则的"④。因此，要将程序教学与教师的主导作用结合起来。当然，正如我们所知的，由于程序教学所处的时代，"左"的思想笼罩着整个社会，批判资产阶级修正主义的教育思想仍是我国当时的教育话语。因此，程序教学从引入之日起就遭受了一些批判之声，如有人批判程序教学强调个人学习，将个人从集体中孤立出来或者脱颖出来，很可能滋长个人主义、脱离集体的倾向，结果就会向资本主义的思想发展，后果是不堪设想的。⑤ 还有人指出程序教学混淆了人的学习与动物学习的界限，认

---

①　[美] 普莱西、斯金纳、克劳德：《程序教学和教学机器》，刘范等译，人民教育出版社1964 年版。

②　陈沛霖：《教师座谈程序教学》，《心理科学通讯》1965 年第 3 期。

③　万传文：《心理研究所程序教学座谈会纪要》，《心理科学通讯》1965 年第 3 期。

④　陈沛霖：《教师座谈程序教学》，《心理科学通讯》1965 年第 3 期。

⑤　陈立：《程序教学中的若干理论问题》，《心理科学通讯》1965 年第 2 期。

为斯金纳的程序教学否定了学生学习的自觉性和主观能动性，^① 将人的能动性等同于动物的机械的能动性。在倡导和质疑之声中，中科院心理研究所结合程序教学的原则对小学识字、英语、代数、算术等学科的一些章节进行了重新的编写并进行程序教学实验，实验的结果表明，实验班的成绩相对而言优于普通班，但因程序教学中学生自定步调，学生分化越来越大，学得慢的与学得快的相差两三倍，老师无法驾驭这种参差不齐的现象。同时在实施程序教学的时候存在轻视老师教学主导性的问题，因而实验的整体效果不如老师教得好。各科程序教学到了 1965 年上半年都被老师停下来了。^②

在程序教学没有取得良好效果的情况下，负责代数科程序教学实验的卢仲衡分析了程序教学失败的原因，并对程序教学与传统班级教学的优缺点进行了比较，认为程序教学并不是一无是处，其失败的原因主要是用小步子原则编写的教材篇幅浩大，烦琐冗长，难以复习和查阅，同时由于学生自定步调，学习的进度相差悬殊，教师无法起作用，个别辅导也产生困难，又不能用讲课形式对全班学生进行启发与小结。但是程序教学仍有可取之处，它以学生为主体，动手动脑地去学习，比传统教学能较多地调动学生的学习积极性，培养了学生的自学能力。^③

因此，卢仲衡根据教学实际，修正了斯金纳程序教学的原则，改小步子原则为"高而可攀"的适当步子，把及时强化改为当时知道结果。根据这些原则，卢仲衡编写了自学教材，并进行了实验，"实验证明，自学速度比听老师讲解快得多，不会增加学生的负担"^④。在编制了自学教材的基础上，卢仲衡又提出要吸收程序教学和传统教学的优点并进行创新，"在 1965 年下半年首创性地提出班

---

① 陈沛霖：《关于程序教学的一些看法》，《心理科学通讯》1965 年第 2 期。
② 卢仲衡：《三十三年自学辅导教学研究的回顾与展望》，《教育研究》1998 年第 10 期。
③ 同上。
④ 同上。

集体与个别化相结合理论。这一理论既可克服班级授课制'一刀切'的缺点，又可以用班定步调与自定步调相结合来克服程序教学单纯自定步调的缺点"。在此基础上，经过试验，总结出"启、读、练、知、结"的课堂教学模式。"启和结是由老师在开始上课和即将下课时向班集体进行的，共占 15 分钟左右，中间 30 分钟不打断学生的思路，让他们读、练、知交替地进行，快者快学，慢者慢学，学到课本中指令做练习处时就做练习，并核对答案。学得快的学生，还可以在课堂上看数学参考书。老师巡视课堂，辅导差生，指导优生，发现个性和共性的问题，准备有的放矢的小结。"[①] 是年，卢仲衡的实验团队编写了初一数学的课本、练习本和答案本，并开始通过实验来比较新教学法与程序教学法和传统教学法的优劣，这就是"三本教学"实验。实验结果表明，"三本教学"在节省时间、因材施教、培养学生自学能力和看书习惯等方面存在明显优势。"文化大革命"爆发，"三本教学"实验被迫中断，后来，由于该实验的主旨与"文化大革命"中毛泽东所倡导的自学精神相暗合，因此，在"文化大革命"中，曾断断续续地进行过一些实验。"三本教学"真正走上正常的实验道路，是在 1978 年以后，且被正式定名为"自学辅导教学实验"，成为我国新时期学导式实验的一支重要力量。

在教学改革运动的大背景下，教师的主导地位开始发生动摇，学生学习的积极性、主动性开始得到重视，学校自学开始受到重视，不少地方开始进行一些有益的探索，但是由于教育大革命中曲解了"教育必须与生产劳动相结合"的方针，过度重视直接经验的学习，将知识教学绝对化地划为资产阶级教育学的东西，课堂教学逐渐走向直接的生产实践，甚至被生产实践所取代，虽然当时的一

---

① 卢仲衡：《三十三年自学辅导教学研究的回顾与展望》，《教育研究》1998 年第 10 期。

些有识之士对此进行了纠偏①，这样的努力在一定程度上为一些自学的教学改革探索提供了一定的空间，但是受"左"的思想的影响，这些探索犹如在"针尖上跳舞"，稍有不慎就有被诬为"搞智育第一"而遭受批判的危险。"文化大革命"爆发后，这股"唯实践化"的"暗流"一跃成为教育思想的主流，主导着我国教育的走向，给我国教育事业带来了严重的破坏。

本章小结

教育大革命至"文化大革命"开始的近十年间，在"左"的教育思想的夹缝中，在批判教学领域的"少慢差费"的空隙中，我国教育思想突破苏联教育体系的束缚，对学生学习的自主性重新加以关注，尤其是毛泽东发表的关于自学的一些谈话，更是促进了我国学校自学思想的活跃，教育界做了不少有益的探索。但是由于教学实践化的倾向一直没有得到根本的扭转，使得这一时期对学校自学思想的探索显得格外艰难，在主张"开门办学"与动辄将课堂教学斥为"智育第一"的时代，学校自学只能沦为"无教之学"和从实践中学习，"文化大革命"爆发后学校自学思想的命运就是很好的印证。

---

①　如当时的教育部部长杨秀峰于 1959 年 5 月在沈阳视察高等教育时直接指出"不能狭隘地理解生产劳动结合教学的问题"，他说："党的方针是教育和生产劳动相结合，但有许多同志把它误解为'教学和生产劳动相结合'，这是不正确的。""贯彻这个方针，当然也要求生产劳动尽可能结合教学、结合专业来进行，但不能把它当成先决条件。""其次，对于生产劳动和教学的结合本身也不能理解得过于狭窄。不能设想教学内容在每一个课时、每一个章节都与生产劳动直接结合起来，这样要求势必导致做什么学什么，而使理论教育支离破碎，不能保持应有的系统性。"杨秀峰：《吸取教训，纠正偏差》，《杨秀峰教育文集》，北京师范大学出版社 1987 年版，第 133—134 页。

第 五 章

"文化大革命"期间学校自学
思想的畸变

1966 年 5 月 16 日《中国共产党中央委员会关于无产阶级文化大革命的决定》发布,"文化大革命"爆发,《决定》中将"改革旧的教育制度,改革旧的教学方针和方法"作为这场"无产阶级大革命"的重要任务,教育领域成为"文化大革命"的重灾区。"教育在'文化大革命'的十年中是以工具和目的的双重角色出现的。学校体制的改革是这场运动的终极目标之一。但它的发动也是由学校中被动员起来充当先锋的学生和教师们完成的。他们所造成的影响远远超过了教育领域;不仅为教育,而且也为各个方面的变化搭置了舞台。"[①] "文化大革命"中,教与学的关系发生了极端的变化,学生地位和权力变得至高无上,教师受到批判,此时的自学已非我们现在所理解的自学,在否定学校制度、否定知识价值、否定教师作用的情势下,学生的自学已发生了异化。

---

① [美] 罗德里克·麦克法夸尔、费正清:《剑桥中华人民共和国史 (1966—1982)》,李向前等译,海南出版社 1992 年版,第 584 页。

第一节　"文化大革命"中学校
自学思想走向畸形

　　"文化大革命"期间，虽然我国在教育思想上十分重视学生的自学，但是此时自学已非一般意义上的自学，而是一种实践性的自学。它是以否定教师指导、否定书本知识的面貌出现的，因此是一种畸形的自学思想。这种重实践的学校自学思想从根本上来说是受了毛泽东自学思想的影响，是革命根据地学校自学思想的绝对化和扩大化。在这种学校自学思想的影响下，教育界对凯洛夫的教学认识论进行了批判，对20世纪60年代学校自学思想的有益探索进行了批判。

一　毛泽东重实践的自学思想

　　毛泽东不仅是一位雄韬伟略的政治家，也是一位对中国教育影响甚大的教育家，"文化大革命"时期的教育几乎成了毛泽东教育思想的试验场，毛泽东的自学思想深刻地影响了"文化大革命"中教育革命的走向。集毛泽东教育思想于一体的《毛主席论教育革命》一书①成为"文化大革命"中进行无产阶级教育革命的纲领性文件，毛泽东倡导自学的言论在"文化大革命"中甚嚣尘上，"要

———————————

　　①　该书收录了毛泽东1927年后关于教育工作的书信、语录等共51条，可以说是毛泽东教育思想的集大成，该书于1967年正式出版发行，1967年12月7日中共中央、国务院、中央军委、中央"文革"小组发出通知，要求各地学习《毛主席论教育革命》，把它当成无产阶级教育革命的纲领性文件。

自学, 靠自己学"① 一语被奉为经典, 成为各地教育革命的圭臬。
毛泽东《矛盾论》中的"内因是事物变化的根据, 外因是事物变
化的条件"的论断也成为倡导学生自学的重要依据。我们可以从
"文化大革命"中《人民日报》发表的一篇社论《实行启发式教学
方法》(1969 年 7 月 31 日) 对毛泽东自学思想在"文化大革命"
中的影响窥见一斑。

> "学生能否把知识学懂学会, 教师的教只是外因, 是条件;
> 学生自己积极主动地学, 才是内因, 是根据。而启发式教学法
> 的核心, 就是要充分调动学生的积极性, 促使学生主动地动脑
> 想, 动口说, 动手写。这样学的知识, 易于消化, 便于掌握,
> 能够灵活运用。如果用注入式教学法, 教师满堂灌, 势必要影
> 响学生发挥主观能动性, 必然导致死背教条, 不能活用。""在
> 教学实践中, 我们深深体会到, 教师眼里没有学生, 不相信学
> 生的自学能力, 而过高地估计自己'讲'的重要作用, 这是实
> 行启发式教学法的一个很大障碍。毛主席历来提倡自学, 我们
> 必须充分相信, 小学生在毛泽东思想指引下, 教师积极地去启
> 发辅导, 他们是完全可以自学好的。"②

毛泽东的自学思想具有鲜明的实践特色。毛泽东在早年读书期
间就十分重视学习的实践性和学习视野的广阔性, 在其读书笔记

---

① 这句话最早出现在 1964 年 6 月 8 日毛泽东《关于教育问题的讲话》中, 全文为: 要自
学, 靠自己学。萧楚女没有上过学校, 不但没有上过洋学堂, 私塾也没有上过。我是很喜欢他
的。农民运动讲习所教书主要靠他。他是武昌茶馆里跑堂的, 能写得很漂亮的文章, 在农民运动
讲习所, 我们就是拿这一省那一省农民运动的小册子给人家看。现在大学不发讲义, 教员念, 叫
学生死抄。为什么不发讲义? 据说是怕犯错误。其实还不是一样? 死抄就不怕犯错误? 应该印出
来叫学生看、研究, 你应该少讲几句! 主要是学生看材料, 把材料给人家。材料不只发一方面
的, 两方面的 (正反面) 都要发。我写的《中国革命战争的战略问题》, 就是红军大学的讲义。
写了就不要讲了, 书发给你们, 让你们自己看。

② 社论:《实行启发式教学方法》,《人民日报》1969 年 7 月 31 日。

《讲堂录》中就记有"闭门求学，其学无用。欲从天下国家万事万物而学之，则汗漫九垓，遍游四宇尚已"和"游之为益大矣哉！登祝融之峰，一览众山小；泛黄勃之海，启瞬江湖失；马迁览潇湘，泛西湖，历昆仑，周览名山大川，而其襟怀乃益广"两句话。① 毛泽东认为现代学校的一个重大弊病就是学校与社会实际相分离，1917 年毛泽东在《夜学日志首卷》中指出，"现时学校大弊，在与社会打成两撅，犹鸿沟之分东西。一入学校，俯视社会犹如登天；社会之于学校，亦视为一种神圣不可捉摸之物"②。毛泽东在读书期间就曾走出校门考察国情，如 1917 年暑假，毛泽东曾同萧子升一道对湖南的长沙、宁乡、安化、益阳、沅江五县进行了实地的游历考察。再如早年毛泽东曾积极筹备留法勤工俭学但自己却未出国，这也与毛泽东注重社会实际的思想有关，如毛泽东在回忆那段经历时说，"虽然我帮助他们实现这个计划，并且他们受新民学会的帮助，但我本人并没有到欧洲去。我认为我对于本国还未能充分了解，而且我以为在中国可以更有益地花去我的时间"③。这种重实践经验的学习思想，在毛泽东日后的革命生涯中进一步得到了提炼，如在《反对本本主义》一文中，毛泽东指出"没有调查就没有发言权"；在《中国革命战争的战略问题》一文中，指出，"读书是学习，使用也是学习，而且是更重要的学习。从战争学习战争——这是我们的主要方法。没有进学校机会的人，仍然可以学习战争，就是从战争中学习"④。在《实践论》一文中他指出，"通过实践而发现真理，又通过实践而证实真理和发展真理"⑤。在 1963 年《人

① 中共中央文献研究室：《毛泽东早期文稿（1912·6—1920·11）》，湖南出版社 1990 年版，第 587 页。
② 同上书，第 97 页。
③ ［美］埃德加·斯诺：《毛泽东自传》，载刘统《早年毛泽东》，广西人民出版社 2005 年版，第 18 页。
④ 人民教育出版社：《毛泽东论教育》（第三版），人民教育出版社 2007 年版，第 13 页。
⑤ 同上书，第 35 页。

的正确思想是从哪里来的》一文中他又指出："人的正确思想是从哪里来的？是从天上掉下来的吗？不是。是自己头脑里固有的吗？不是。人的正确思想，只能从社会实践中来，只能从社会的生产斗争、阶级斗争和科学实验这三项实践中来。"[1]

受毛泽东以实践为特色的自学思想的影响，1958年教育大革命中重实践经验、轻书本知识的偏激路线被重新执行，教育方针上主张开门办学，执行"五七指示"[2]，要求学生投身三大实践，在学习书本知识的同时，更要从实践中学习。

二 毛泽东的自学思想在"文化大革命"中的影响

(一) 将凯洛夫的教学认识论斥为"扼杀学生主动性的洋八股"

在以实践为特点的自学思想的影响下，"文化大革命"时期教育界对凯洛夫教育学重视课堂教学、重视教师主导、重视书本知识的话语进行了批判，对其教学认识论进行了彻底的清算，认为凯洛夫的教学阶段理论是从概念到概念的"鬼把戏"，是赫尔巴特"形式阶段"论的翻版。"从教师的书本到学生的书本"的"捷径"是违背马克思主义认识论（即实践、认识，再实践、再认识）的，"在课堂上沿着凯洛夫'五个原则'、'六个环节'的小圈圈兜来兜去的那一点'印刷品'，充其量无非是达到把资产阶级编的经典教科书和教材统统塞进学生的脑袋"。当时认为在凯洛夫教学认识论指导下的课程教学把生动活泼的客观世界搞得支离破碎："学生成

---

① 北京师范学院教育理论教研室：《马克思、恩格斯、列宁、斯大林、毛主席论教育革命》，北京师范学院教育理论教研室1976年版，第15页。

② 1966年5月7日毛泽东在审阅军委总后勤部《关于进一步搞好部队副业生产的报告》后，给林彪写了一封信，信中提到："学生也是这样，以学为主，兼学别样，即不但学文，也要学工、学农、学军，也要批判资产阶级。学制要缩短，教育要革命，资产阶级知识分子统治我们学校的现象，再也不能继续下去了。"这就是"五七指示"，这一指示成为后来"结束资产阶级知识分子统治学校现象"、"批判、打倒资产阶级学者、权威"的重要依据。

年禁闭在凯洛夫设计的密封罐头式的课堂里，强迫他们去生吞活咽18、19 世纪的陈谷子烂芝麻，十六七年看不见稻、粱、菽、麦、黍、稷，看不见工人怎样做工，看不见农民怎样种田，看不见商品怎样交换，这难道不是存心要把他们糟蹋成为蠢材吗?"[1] 认为凯洛夫的教学认识论不仅造成教学与生产生活实践的脱离，也造成教师主导教学、学生处于被动的学习状态，造成学生学习自主性的不足，认为烦琐的教学阶段论是"扼杀学生主动性的洋八股"，"在课堂上，教师讲、学生听，教师问、学生答，教师出题目、学生做作业，学生完全被剥夺了一切主动性"[2]。

否定了凯洛夫的教学认识论，将马克思的认识论直接等同于教学的认识论，这就导致教学变为一般的在社会生产生活中的学习活动，瓦解了课堂教学存在的合理性，教学完全变成了在生产生活中的实践活动。"文化大革命"中许多地方直接把工厂作为学校，如上海淮海中学同时挂"淮海中学直流电机修理厂"，不仅是工厂也是"课堂"。当时有这样的描述：

> "正是在这样的'课堂'里，按照马克思主义的认识路线，教育同生产劳动相结合，通过修理直流电机这个典型产品，进行工基课的电工教学，使学生边学习、边劳动，在学校里就学到了为社会主义建设作出贡献的真本事。""为了使学生能在学校里学到过硬的本领，淮海中学的领导和教师，不仅让学生在学校里通过修理电机，学习理论，而且利用课余时间，让学生走出校门，到社会上去，直接为工农业生产

---

[1] 洪教史：《"教学阶段"论是赫尔巴特"形式阶段"论的翻版》，《文汇报》1970 年 3 月 23 日。

[2] 同上。

服务。"① 上海第一师范学校附属小学也坚持开门办学，到工厂、农村、部队、里弄、商店、清管站、菜场等单位，接触工农兵，接触社会，实行开门办学，进行教学改革。学校办起了小工厂，开辟了学农田，还与上海县新泾公社天山四队挂钩，建立学农基地。②

总之，在"文化大革命"中，批判间接知识的学习，将正常的教学活动视为在推行"智育第一"，认为这是对刘少奇"闭门修养"、凯洛夫"密封罐头式"教育思想的反映，主张开门办学，将教学与三大革命运动相结合。

（二）对20世纪60年代自学式的教学改革探索进行了批判

在"文化大革命"中，自学被理解为实践中的自学活动，因此，20世纪60年代我国教学领域所做的一些鼓励学生自学的教学改革探索遭到了批判，一些以自学为特色的教育改革被戴上了"黑教改"、"黑经验"的帽子，这些教学改革被认为宣扬的是资产阶级修正主义教育路线的"天才教学"、"智育第一"，是反革命修正主义分子所推行的修正主义教育路线对以毛泽东为代表的无产阶级教育路线的抵制和篡改。由此，"文化大革命"期间对20世纪60年代我国教育教学领域所发生的一些向好的迹象，如上海育才中学等的教改进行了批判，认为这种教改是陆定一等人修正主义教育路线的体现，是在"智育第一"等修正主义教育思想下出台的。由此，20世纪60年代后期，全国所宣传的上海育才中学的教改被批为"黑教改"、"黑经验"。如在当时的一本

① 何欣：《这里也是课堂——记淮海中学直流电机修理厂》，《学习与批判》1974年第10期。

② 上海师范大学教育系：《无产阶级教育革命万岁——上海市中小学教育革命经验选》，上海人民出版社1976年版，第287页。

《育才中学黑"教改"出笼前后》专刊中写道："教育战线，是无产阶级和资产阶级争夺青年一代的重要阵地。解放以来，在这条战线上一直存在着两个阶级、两条道路、两条路线的斗争。""党内头号走资本主义道路的当权派刘少奇和陆定一等一小撮长期把持着教育界的反革命修正主义分子，却反其道而行之，他们有计划地全面地推行一套修正主义教育方针、路线和政策，他们继承了孔家店、杜威、凯洛夫的衣钵，拼拼凑凑，粉饰装潢，搞了个'封、资、修'的大杂烩，疯狂对抗毛泽东所制定的教育方针、路线和政策。他们千方百计封锁毛主席的声音，抵制毛主席的指示，打着'红旗'反红旗，以偷天换日的方法，妄图丝毫不动旧教育制度的基础，在'改进教学方法'的烟幕掩护下，把教育工作引向资本主义复辟的道路上去，把学校办成修正主义接班人的苗圃。曾经轰动全国、流毒各方的'好学校'、'大改重点'——上海市育才中学的'好经验'就是这伙反革命修正主义分子指向毛主席的一支毒箭。育才中学党内走资本主义道路的当权派正是反对'春节指示'、'七三指示'、'五七指示'等一系列最高指示的急先锋。"[1] 实际上，将20世纪60年代的一些对自学的有益的探索实验诬蔑为执行修正主义教育路线，对进行课堂教学动辄斥为"天才教学"、"智育第一"是极其荒谬的。可以说，正是由于刘少奇、陆定一、杨秀峰等老一辈无产阶级革命家对1958年教育大革命偏激走向的纠偏，才为20世纪60年代我国的自学实验赢得了一定的空间，"文化大革命"中将这些纠偏的努力诬蔑为对毛泽东无产阶级教育路线的"抵制"和"篡改"是很荒诞的。

---

[1]　上海市育才中教育革命联络站：《育才中学黑"教改"出笼前后》，1967年。

三　"文化大革命"中所标榜的自学实际上是"延安经验"的绝对化

无产阶级的学校教育有一条重要的教育原则，那就是"教育与生产劳动相结合"，革命根据地时期的学校自学思想具有很明显的实践性。1956 年我们在反思学习苏联教育教条主义倾向的时候，其实就已经意识到新中国成立后的教育忽视了"教育与生产劳动相结合"这一原则和经验，如 1956 年《人民教育》第 9 期所刊《一个值得注意的问题》的短评，指出我国在学习苏联先进教育经验的时候还应注意吸收老解放区的教育经验，尤其是"教育与生产劳动相结合"这一经验。[①] 1958 年《关于教育工作的指示》其实正是要执行这一原则，当时我国学校教育一度出现片面强调理解"教育与生产劳动相结合"的现象，如一些学校曾提出"生产在哪里，学习到哪里"，"工地是学校，炉旁是课堂"，"学习跟着生产走，学习生产两相长"的口号。[②] 后经一些中央高层的纠偏，才使得这股"片面实践化"的潮流得到遏制，但"文化大革命"开始后，这股潮流开始从"暗流"成为"主流"，开始主导着我国教育的走向，因此，"文化大革命"中将新中国成立后 17 年所走的教育道路进行了彻底的否定，认为"文化大革命"之前 17 年的教育中一直存在着无产阶级和资产阶级的两条教育路线的斗争[③]，17 年的教育背离了无产阶级的教育路线，背离了毛泽东的教育思想，走的是一条资产

---

① 短评：《一个值得注意的问题》，《人民教育》1956 年第 9 期。

② 毛礼锐、沈灌群：《中国教育通史》（第六卷），山东教育出版社 2005 年版，第 123 页。

③ 如 1967 年《人民日报》文章《打倒修正主义教育路线的总后台》所指出的："建国十七年来，教育战线同政治战线、经济战线一样，一直存在着激烈的尖锐的两个阶级、两条道路的斗争。毛主席为无产阶级制定了一条革命的社会主义教育路线。而党内最大的走资本主义道路当权派却凭借窃据的党政大权，顽固地推行一条又粗又长的反革命修正主义教育路线。这是两条根本对立的路线。前一条要为捍卫无产阶级专政服务；后一条要为资本主义复辟效劳。前一条要培养和造就无产阶级革命事业接班人；后一条要为地主、资产阶级传宗接代。"师延红：《打倒修正主义教育路线的总后台》，《人民日报》1967 年 7 月 18 日。

阶级的修正主义的教育路线，执行的是封建主义、资本主义、修正主义大杂烩的教育体制、教学制度、教学内容、教学方法，而这条路线的最大特征就是智育第一、轻视实践。据此，"文化大革命"开始后对以课堂教学为中心、以教师主导为中心的教育教学思想进行了批判，学生的自学畸变为脱离间接知识学习、脱离教师指导的在"三大实践"中学习。

"文化大革命"时期，在教学思想领域，我们又重新拾起革命根据地的经验，倡导学生在实践中自学，重提"启发式"、"少而精"、"十大教学法"等革命根据地的学校自学思想。"文化大革命"中还将革命根据地教育的典型代表——抗日军政大学作为教育革命的样板，认为"抗大是完全按照毛主席的教育思想办起来的革命化的学校，是无产阶级教育事业的样板"。"抗大模式"被广为宣传，全国掀起了学习抗大精神的热潮，全国各地开展了学习抗大精神的运动，决心办抗大式的学校，各地革委会还编辑出版了不少抗大的宣传资料，如武汉三司革联、武汉大学红色造反团于1967年编辑出版了《抗大精神万岁》，华东师范大学革命委员会《教育革命》编辑部于1967年编辑了《革命熔炉——抗大》，湖南师范学院革命委员会教育革命组于1969年编了《教育革命学习资料选编：抗大教育专集》等。

正如罗德里克·麦克法夸尔等主编的《剑桥中华人民共和国史（1966—1982）》中所言的，"文化大革命"中教育的改造是"毛泽东式的改造：延安经验在全国的运用"①。"在1964年春节座谈会上的讲话中，毛为这一领域开展的批判定了调子。"② "文化大革命"中的学校自学思想其实也是革命根据地实践化学校自学思想的翻版和全面推广。革命根据地的自学思想是在适应战争的非正常的形式

---

① ［美］罗德里克·麦克法夸尔、费正清：《剑桥中华人民共和国史（1966—1982）》，李向前等译，海南出版社1992年版，第584页。

② 同上书，第583页。

下形成的，将其应用到国家基本稳定、教育仍需大力普及的境况下，必然给我国教育造成严重的危害，在教学中过度重视学生的"学"，教师的指导作用遭到否定，过度重视直接经验的学习，否定了书本知识的作用，普通的学校教育变成了以斗走资派为主的"政治学校"和以生产为主的"劳动学校"，完全改变了学校教育的性质，破坏了教学为主，给学校教育造成了不可弥补的损失。

第二节　学校自学思想畸变的危害

"文化大革命"期间，自学被极端夸大，毛泽东的"要自学，靠自己学"成为教育革命中的重要口号，被贯彻于教育革命的实践中，在批判"智育第一"、主张"开门办学"的背景下，自学由制度内的学习方式变为学校教育的对立面，实践中的学习取代了学校内的学习，这一切使教学秩序遭到了严重破坏，给教育事业带来了极大的危害。

一　学生学习主体性被任意夸大

"文化大革命"运动的推动主体就是学生人群，学生们的激情在"文化大革命"中被点燃，毛泽东的一次次接见更加助长了学生们参与革命的热情，在学校中，以往以"学习"为主业的学生不再安心于课堂学习，也不再坚持以往对教师的尊敬，开始与教师平起平坐，甚至对教师随意谩骂、批斗。"四人帮"还在教育理论上制造了许多谬论，鼓吹"像哥白尼把太阳围绕地球转颠倒过来一样，教学也要颠倒过来；过去学生围绕着先生转，现在先生围着学生转"，否定教师主导作用，肆意破坏革命教学秩序。指出要把师生的位置"颠倒过来"，教师要"以学生为中心"，"围绕学生转"。

在教学管理方面，学生成为了管理的主人，蔑视学校规则，认为这些规则是为培养"小绵羊"型学生服务的，是学校中"师道尊严"的体现。如辽宁某小学班主任给学生制定了4条规则：早自习要肃静，打上课铃后要坐好，课堂要注意听讲，排队要快、静、齐。看似寻常的学校规则，在"文化大革命"中被指为"维护师道尊严"、"培养唯唯诺诺的小木偶"①，而遭到批判。在学习上，以往教师占主导地位的观念受到破坏，学生的学习能力被夸大，"小将上讲台"成为"文化大革命"时期的时髦，颠覆了原有的教与学的关系。1969年11月18日《光明日报》刊登了《小将上讲台——北京草地场中学在教育革命的一项创举》，北京市朝阳区草地场中学把学生分成10人一小班，每小班分别包教2门课，在教师的帮助下，集体备课，学生轮流上台讲课。有的班级上讲台的学生占80%左右。随后，许多地方的中小学都实行了这一方法。"工农兵上了讲台，小将上了讲台，教师队伍在改造，学校这个阵地，再也不是知识分子的一统天下了。""小将上讲台是一场大革命，要革几千年来教师独占讲台这个'一言堂'的命，要革'师道尊严'的命，要革'注入式'、'满堂灌'的命。"② 在评论员文章《教育革命的一条好经验》中指出，小将上讲台"进一步打破了旧教育制度加在学生身上的桎梏，正确地解决了师与生、教与学的关系问题，把蕴藏在学生中的社会主义积极性和创造性发挥了出来"。"自古以来，在一切剥削阶级的教育制度下，总是'先生讲，学生听'；'师道尊严'成为维护剥削阶级统治学校的金科玉律，学生围着先生转被看作天经地义的事情。因此，小将上讲台，是在无产阶级专政条件下教育领域内的一场革命。"③ 总之，学生主体性的极度膨胀

---

① 转引自周全华《"文化大革命"中的"教育革命"》，广东教育出版社1999年版，第255页。

② 社论：《小将上讲台——北京草地场中学在教育革命的一项创举》，《光明日报》1969年11月18日。

③ 社论：《教育革命的一条好经验》，《光明日报》1969年11月18日。

和教师在教学中主导地位的丧失使得教学秩序被严重地破坏了。

二　批判师道尊严，教师作用遭到贬低

"文化大革命"把阶级对立过分夸大，认为我国过去的教育执行的是资产阶级修正主义的教育路线，学校被资产阶级知识分子所统治，教师企图垄断知识，表现得高高在上。"文化大革命"的一项重要任务就是要推翻资产阶级知识分子统治学校的现状，如1966年"五七指示"中就说，"资产阶级知识分子统治我们学校的现象，再也不能继续下去了"。1966年6月1日人民日报社论《横扫一切牛鬼蛇神》中也说到，要"把所谓的资产阶级的'专家'、'学者'、'权威'、'祖师爷'打得落花流水，使他们威风扫地"。因此，"文化大革命"中，与学生主体性被无限放大相背而行的是，教师被肆意诬蔑为"臭老九"，学生肆意对教师进行批判，无限上纲上线，教师上课稍有不合学生口味，学生立即上讲台批判，打棍子、扣帽子，把大字报贴到教师家门口等，教师成了教育革命的对象。与此同时，我国尊师重教的传统遭受批判，"师道尊严"被看作是一条贯穿千百年来中国教育史的"黑线"，是统治阶级培养驯服工具的手段。① 有些人还对韩愈的作品《师说》进行重新批注批判，指出"韩愈过分夸大了教师的作用，否认学生在学习中的主动性，把学生当作容器，由教师作注入式的教学，其目的是为地主阶级培养人云亦云的奴才"。"韩愈的'传道'、'授业'、'解惑'论的实质就是鼓吹'师道尊严'，要学生跟着教师的指挥棒团团转、死读书、读死书，成为孔孟之道的继承者，骑在劳动人民头上的精神贵族"②。将强调教师在教学中的主导作用诬蔑为"教师中心"、

---

① 郭华：《从"克己复礼"看"师道尊严"的极端反动性》，《吉林教育》1974年第4期。
② 广东师院中文系二年级第三教学班大批判组：《评韩愈的〈师说〉》，《教育革命参考资料》1974年第6期。

"师道尊严"，给教师扣上了许多顶帽子，如"压制革命小将"、"放毒"、"资产阶级统治学校"、"反对党的领导"、"反动学术权威"等。当时教育领域的许多著名事件，无不表明了社会对教师的贬低，如"黄帅事件"、"马振抚公社中学事件"、"刘丽华谈话事件"等，尤其是"张铁生事件"后，张铁生成为反潮流英雄而受到崇拜，人们将视野转向"垄断知识"的教师们，一些学校掀起"考教授"的运动，使教师身心受到侮辱和打击，颜面扫地。广大教师身心备受打击和折磨，更难谈发挥教学中的主导作用了。

三　过分推崇自学，学校教育遭受削弱

"文化大革命"中的教育过度强调教学的实践本质和教育为人民服务的功能，十分注重学习知识的实用性，对书本知识嗤之以鼻，将以书本知识为主的教学斥为搞"智育第一"、走"白专道路"。把"以教学为主"打成"修正主义"、"三脱离"、"关门办学"而全盘否定，提出"知识越多越反动"、"学校要拆掉篱笆推倒墙"，要开门办学，批判所谓的"天才教学"，认为天才教学观背离了唯物论的反映论，背离了毛主席的教育革命路线，"天才教学"大肆鼓吹教育有它的特殊的认识规律，说什么不能把"实践、认识，再实践、再认识"这个辩证唯物论的认识规律"机械地搬到教学中来"，"使学校完全背离了毛主席的无产阶级教育路线，使无产阶级的教育走上了脱离无产阶级政治、脱离生产劳动、脱离工农兵群众的邪道"①。"四人帮"批判发扬教师的主导作用、加强课堂教学、依靠教科书是资产阶级教育的"三中心"，是封、资、修教育制度的"三座堡垒"，鼓吹"三无主义"：无教师、无课堂、无

---

① 四川师范学院革命大批判组：《戳穿"天才教学"的画皮》，《彻底批判唯心主义的"天才观"》，甘肃人民出版社 1972 年版，第 103 页。

课本。鼓动学生"要砸烂小课堂","学校里留的人越少越好"。挑动学生砸玻璃，毁台凳，批老师，撕课本，闹得学校乌烟瘴气，无法上课，混乱不堪。因此，有人也将"文化大革命"中的教育概括为"三不要"，即不要教师、不要书本、不要教室。"文化大革命"中将"上山下乡"运动推向高潮，主张学生向贫下中农学习，从阶级斗争、生产斗争和科学实验三大革命运动中学习，这就动摇了传统的以知识授受为中心的学校教育制度存在的根基，学校教育制度濒临消亡。"文化大革命"中对知识教育基本是持排斥态度的，学生的学习也以自学为主，主张通过参加三大革命，在实践中学习，学校教育名存实亡，处于"风雨飘摇之中"。

本章小结

从某种程度上讲，"文化大革命"中的教育革命就是毛泽东实践化自学思想的实验场。"文化大革命"中过分地强调实践性学习，试图以此来弥合学校教育与社会实践相脱节的弊病，这造成学校自学脱离了学校教育的制度束缚，变成赤裸裸的从实践学习、向群众学习，使得以传授间接经验为主要任务的学校教育制度名存实亡。"文化大革命"中将正常的课堂教学斥为"智育第一"，将读书学习视为走修正主义路线，学生的主体性极度膨胀，教师在教学中的主导地位遭到诬蔑，教与学的关系严重失衡，学校濒临消亡。这场大的教育革命启示我们，在倡导学生自学的同时，我们一定要把握住"度"，在认识到自学与学校教育制度矛盾的同时，也要看到自学与学校教育制度的统一，主动革新学校教育，而不是废除学校教育，发挥学校教育制度在促进学生自学，培养学生主体性方面的积极作用。

第 六 章

"文化大革命"结束至 20 世纪 80 年代末学校自学思想的勃兴

　　1976 年 "文化大革命" 结束到 1989 年 "素质教育" 提出的这一期间，我国学校自学思想呈现出勃兴的态势，这一时期大致在 20 世纪 80 年代，因此，本书将这一时期略称为 80 年代。"文化大革命" 造成我国人才培养的断层，"文化大革命" 结束后，多出人才，快出人才，出好人才成为当时社会的需要，社会上掀起了一股自学热。张海迪、华罗庚自学成才的案例被广泛宣传①，社会上形成了各种自学组织。国家为引导社会上的学习者的自学，于 1981 年专门建立了自学考试制度，并将 "鼓励自学成才" 写入 1982 年《宪法》，"自学" 成为 80 年代的 "热词"。在这种社会大背景下，培养学生的自学能力也成为我国 80 年代学校教育的重要任务，在这个以 "改革" 为特点的时代，教育领域也掀起探索课堂教学改革之风气，以自学为特色的各种课堂教学改革在中华大地不断涌现，自学思想在 80 年代呈现出繁盛的景象。

---

　　① 张海迪身患高位截瘫却自学不辍，从事文学创作，1983 年中共中央发出《向张海迪同志学习的决定》；华罗庚，早年辍学，自学数学，终成世界著名数学家，20 世纪 80 年代他的自学成才案例被广为传颂。

第一节 自学能力的培养受到空前重视

"文化大革命"结束后，在揭批"四人帮"破坏教育秩序的罪行的同时，我国逐渐重建教学秩序，重新提出学校教育要以教学为主的方针，在教学中重新确立教师在教学中的主导地位。如 1978 年刘舒生在《人民日报》发表《学校要坚持以教学为主》的文章，指出，"学校必须坚持以教学为主。在知识上，要以书本知识为主；在教学形式上，要以课堂教学为主；在教学中，要充分发挥教师主导作用。这是根据学校特点，提高教学质量，完成教育任务的重要保证"[①]。1978 年《光明日报》发表文章《必须贯彻教学为主的原则》，指出，"课堂教学应是组织教学工作的主要形式，教学应是教师经常的基本的实践活动，搞好教学应是教师的本职，学习应是学生的主要任务"[②]。教师在教学中主导地位的重新确立对我国教学秩序的迅速恢复起到了重要的作用。但是，在倡导教师主导的同时，对学生学习的自觉主动性重视不够，随着改革开放政策的实施，新的启蒙运动在我国兴起，重视人的主体性的问题得到探讨，在西方各种倡导学生自学的教育思想的影响下，我国教育界对学生自学能力的培养予以了高度重视。

一 "知识爆炸"与终身教育思想盛行，自学能力受到重视

改革开放后，当我们以崭新的姿态重新融入这个与我们近乎隔绝的世界的时候，发现这个时代正发生着惊人的变化。现代科学技

---

① 刘舒生：《学校要坚持以教学为主》，《人民日报》1978 年 6 月 24 日。
② 韩作黎：《必须贯彻教学为主的原则》，《光明日报》1978 年 7 月 22 日。

术日新月异地发展，知识创造和更新的速度越来越快，各种描述"知识爆炸"的文字连篇累牍地见诸报端，"知识爆炸"一词几乎成为 20 世纪 80 年代初期使用频率最高的词汇。与"知识爆炸"一同在我国思想界引起风暴的是终身教育的思想，现代终身教育思想发轫于 1965 年 12 月在巴黎召开的联合国教科文组织"成人教育促进国际会议"，当时的会议议长、联合国教科文组织成人教育计划处处长保罗·郎格朗向会议提交了"关于终身教育"的提案，标志着现代终身教育思想的形成和终身教育时代的来临。终身教育在国际上得到广泛关注，彼时，我国正处于"文化大革命"时期，无暇顾及这一重要的世界教育潮流，直到改革开放以后，世界终身教育思潮逐渐引起国人的注意和重视。[①] 这两大思想相得益彰，对 20 世纪 80 年代我国的教育界产生了巨大的影响，有学者指出，"知识爆炸"现象对教育学上的"仓库理论"提出了严重的挑战，"新知识的巨流排山倒海地涌来，使大脑这个仓库，无法包容如此巨量的知识"。教育的目的不是向学生提供"黄金"，而是教学生以"点金术"。知识陈旧周期的加速，只靠"一次教育"已经过时了，应提倡终身教育。[②] 要使学生适应这个急速变化的社会，就必须使他们具备自学的能力："当今科学技术突飞猛进，人们处在知识急剧增长，知识陈旧率不断提高的'知识爆炸'时代，培养学生的自学能力和发展学生智力，让学生自己掌握开启知识宝库的'金钥匙'，是现阶段各级各类学校教学中的一个十分重要的问题。"[③] "一个人能在学校学习，旁边经常有老师指点的时间毕竟有限，但如果具有自学能力，知识就会像源头活水，不断积累更新了。"[④] 因此，以往

---

① 刘秀峰、廖其发：《新时期我国终身教育发展述评》，《继续教育》2011 年第 6 期。

② 虞承洲：《现代科学技术高速发展向高等教育提出的新问题》，《中国教育学会通讯》1980 年第 2 期。

③ 高连贞：《要培养学生的自学能力》，《河北师范大学学报》1983 年第 4 期。

④ 徐正贞：《漫谈培养学生的自学能力》，《人民教育》1983 年第 12 期。

那种只重视知识获取而不重视学生自学能力的教学模式遭到了批评，自学能力的培养受到了教育界的重视。

二 西方以学生自学为导向的教育思想影响我国

从 1981 年起，《外国教育资料》①、《外国教育动态》②、《外国教育研究》等杂志详细介绍了洛扎诺夫的暗示教学法、沙塔洛夫的纲要信号法、美国中学的探究法和提问法、日本初中的讨论式教法、布鲁纳的学科结构理论及发现教学法、赞可夫的发展性教学、美国当代著名教育家布卢姆的"教学目标分类学"和"掌握学习理论"、罗杰斯的非指导性教学、瓦根舍因的范例教学、奥苏贝尔的先行组织者等理论，这些教育理论虽然派别林立，但在倡导学生自学，使学生学会学习这一点上有着共通之处，如布鲁纳倡导发现法，认为学生学习要依靠自己的经验，靠亲身的观察和独立的思考去掌握科学的知识结构；赞科夫正确处理了教学与发展的关系，走出了教学受学生发展的束缚的思维，认识到儿童智力发展的可能性，提倡充分尊重学生学习的主动性。其在实验教学体系中提出了"使学生理解学习过程的原则"，认为"凡是儿童自己能够理解和感受的一切，都应当让他们自己去理解和感受"③。新中国成立后我们学习苏联教育学，多关注马卡连柯的集体教育，而到 20 世纪 80 年代初，除了对苏联集体教育思想关注外，学术界更倾向于对自我教育的重视，尤其是苏霍姆林斯基的自我教育思想。苏霍姆林斯基一再申明，"只有能够激发学生去进行自我教育的教育，才是真正

---

① 比较教育学术刊物，1972 年创刊，由华东师范大学比较教育研究所主办，2001 年更名为《全球教育展望》。

② 中国最早的比较教育学术刊物，1965 年创刊，由北京师范大学外国教育研究室主办，后因"文化大革命"停刊，1980 年复刊，1992 年更名为《比较教育研究》。

③ ［苏］赞科夫：《和教师的谈话》，杜殿坤译，教育科学出版社 1980 年版，第 15 页。

的教育"①，提出了"真正的教育是自我教育"的命题。主张把
"教会儿童学习"，"教会儿童使用一个人终生都靠它来掌握知识的
那种工具"作为小学教学的首要任务。巴班斯基提出教学过程最优
化的理论，强调在教学过程中教师对学生认识活动的控制必须转化
为学生的自我控制，教的最优化必须落实到学的最优化。所有这些
理论，无不指向了重视学生"学"的方面，这为20世纪80年代教
育理论和实践中重视学生自学的取向营造了良好的思想环境。

三　学生学习主体观的确立成为倡导自学的理论基础

"文化大革命"给我国学校教育带来了严重的灾难，受"左"
的教育思想的影响，学校教育变为实践性的生产劳动，正常的教学
活动近乎停滞，学生的自学被实践性的自学所代替，这些都背离了
正常的教育教学规律。"文化大革命"结束后，在批评"四人帮"
罪行的时候，我国教育领域开始逐渐重建教学秩序，首先重新确立
了学校教育以教学为主的指导思想，并在此思想下确立了教师在教
学中的主导地位和作用。进入20世纪80年代后，随着人道主义与
人的主体性相关研究的兴起，教育领域也展开了对学生主体观的讨
论，1980年顾明远教授率先提出"学生既是教育的客体，又是教
育的主体"的命题，打破了我国传统教学论中只强调教师主导而忽
视学生学习主体性的思维局限，将学生学习的主体性问题抛了出
来，指出"过去教育学教科书中只讲教师怎样教，很少讲学生怎样
学，只讲教师的活动，很少讲学生的活动，只讲教的方法，不大讲
学习方法。就是说，只把学生看作是教育的客体，不把他看作是教
育的主体；只把学生看作是被动的接受教育，不把学生看作是能动

---

①　[苏]瓦·阿·苏霍姆林斯基：《给教师的建议》，杜殿坤编译，教育科学出版社1984
年版，第350页。

的，对教师所施加的影响是有选择性的。这样教育的效果就不显著，就会事倍功半"①。与此同时，一些学者对我国"传统教育"中只重教师"教"而忽视学生"学"的痼疾进行了批判，认为"传统教育不承认学生在教学过程中是认识的主体，也不承认学生的认识是一种能动的反映。强调教师主导一切，学生处于消极被动地位，根本谈不上主动地探索和积极地思维"②。认为学校教育应当培养学生自己学习、自我教育、自己发展的能力，帮助受教育者将教育活动转化为有目的的主动的学习活动，教师的任务在于教会学生自己学习、自我教育、自己发展。王策三先生对在教学上强调教师主导和学生主体的思想进行了理论的分析，第一次论述了教师主导和学生主体的矛盾统一性，认为教师之所以在教学中起主导作用是唯物论原理揭示的客观规律，"人是环境和教育的产物"，教师虽然代表不了学生外在环境和教育的全部，但是却像一个聚光镜一般，把外部环境和教育对学生提出的要求和提供的条件，集中起来发挥作用。强调教师主导并不与重视学生主体矛盾，因为辩证唯物论认为，人不是环境和教育的消极产物，而是在积极主动地作用于环境和改造环境中接受教育影响的。因此，在教学中，更应重视学生的主体地位，没有学生的主体作用，也就没有教师的主导作用。"教师的主导作用必须有一个落足点，这个落足点只能是'学'，教学所追求的目标和结果，一定要由'学'体现出来，更为重要的一点，'学'是学生自己的独立的主动的活动，教师包办代替不了。"③ 主导主体观突破了教师主导观的束缚，将学生置于重要的位置，学生成为教学认识活动的主人，主导主体观已成为 20 世纪 80

---

① 顾明远：《学生既是教育的客体，又是教育的主体》，《江苏教育》（小学版）1980 年第 10 期。

② 何宗传：《清除"传统教育影响"，引导学生主动学习》，《教育研究》1982 年第 1 期。

③ 王策三：《论教师的主导作用和学生的主体地位》，《北京师范大学学报》（社科版）1983 年第 6 期。

年代我国教学改革的重要指导思想，也成为 20 世纪 80 年代我们重视学生自学，提倡培养学生自学能力的理论基础。

四　叶圣陶"教是为了不教"思想影响学校自学思想的探索

叶圣陶（1894—1988 年），原名叶绍钧，江苏苏州人，著名作家、教育家、编辑家、文学出版家和社会活动家。叶圣陶的学校自学思想对 20 世纪 80 年代我国以自学为特色的课堂教学改革思潮产生了广泛的影响，尤其是其"教是为了不教"的观点，对 20 世纪 80 年代的教育界影响甚大。虽然"教是为了不教"的命题正式提出是在 20 世纪 60 年代，但是叶圣陶倡导自学却是一以贯之的，并形成了一定的理论基础。叶圣陶认为灌输式教育之所以盛行，其实是一种"空瓶子观"在作怪，教师将学生看成是空瓶子，就会使劲给学生装东西，学生把自己看成空瓶子，就会在学习上消极与被动，叶圣陶主张以"生活体观"取代"空瓶子观"，他认为学生是个生活体，"这个生活体不但能够把吃下去的饭和菜消化，变成体魄方面的血和肉，而是能够把各种知识各项道德条目消化，变成精神方面的血和肉"[1]。因此，知识必须经由学生"消化"才是"真知识"，"离开求知者的主观便无所谓知识，所以知识只有自己去求"[2]。正是基于这样的理论分析，叶圣陶一直倡导学生自学，强调要培养学生的自学能力，强调教师要敢于对学生"放手"："我想，教任何功课，最终目的都在于达到不需要教。假如学生进入这一境界，能够自己去探索，自己去辨析，自己去历练，从而获得正确的

---

[1]　叶圣陶：《排除"空瓶子观点"》，《叶圣陶集》（第十一卷），江苏教育出版社 1991 年版，第 188—189 页。

[2]　叶圣陶：《小学教育的改造》，《叶圣陶集》（第十一卷），江苏教育出版社 1991 年版，第 33—39 页。

知识和熟练的能力,岂不是就不需要教了吗?"① 叶圣陶认为教师的最大职责就应当是引导学生自学,认为这样的教师才是名副其实的教育家,"教师特别致力于引导学生善于自学,绝不是越出了教师的职责,绝不致贬低了教师的尊严。正相反,我以为唯有能这样做的教师才够得上称为名副其实的教育家"②。1977 年叶圣陶发表《自力二十二韵》,以父母教孩子"蹒跚学步"为例来说明教师当如何引导学生自学。

> 学步导幼儿,人人有经验。或则扶其肩,或则携其腕,唯令自举足,不虞颠仆患。既而去扶携,犹恐足未健,则复翼护之,不离其身畔。继之更有进,步步能稳践,翼护亦无须,独行颇利便。他日行千里,始基于焉奠。似此寻常事,为教倘可鉴。所贵乎教者,自力之锻炼。诱导与启发,讲义并示范,其道固多端,终的乃一贯。譬引儿学步,独行所切盼。独行将若何?诸般咸自办,疑难能自决,是非能自辨,斗争能自奋,高精能自探。学者臻此境,固非于一旦,而在导之者,胸中有成算,逐渐去扶翼,终酬放手愿。当其放手时,此才必精干,服务为人民,于国多贡献。扶翼获致是,宁非大欢忻?③

叶圣陶的自学思想影响了 20 世纪 80 年代的许多与自学相关的教学实验,如受叶圣陶自学思想的影响,黑龙江矿院副教授胥长辰于 1982 年 1 月提出"学导式"教学模式,并进行试验。李敬尧所倡导的"导学式"教学法也深受叶圣陶自学思想的影响,提出教学

---

① 叶圣陶:《为了达到不需要的教》,《叶圣陶集》(第十一卷),江苏教育出版社 1991 年版,第 227 页。

② 叶圣陶:《读书和受教育》,《叶圣陶集》(第十一卷),江苏教育出版社 1991 年版,第 293—294 页。

③ 叶圣陶:《自力二十二韵》,《叶圣陶集》(第八卷),江苏教育出版社 1991 年版,第 412 页。

的本质是"导儿学步"，教学的目标是"教是为了达到不需要教"。安徽省陶研会副会长何炳章也受叶圣陶等人自学思想的影响，提出"自育自学"的思想，认为："在学校教育的情境下，所谓教育，就是教学生会自育；所谓教学，就是教学生会自学。""一部教育思想史证明，自育自学是教育的本质，成功的教育教学必须坚守这个本质；自育自学是教育的根本规律，真正的教育教学必须敬畏这个根本规律。自育自学是人才成长的普遍原理，理想的教育教学必须遵循这个普遍原理。"① 从这些思想中都可以看出叶圣陶自学思想的影子。

第二节　教学改革实践中对学校
自学思想的探索

　　20 世纪 80 年代是一个改革的时代，1984 年国务院副总理万里指出："教育改革要继续坚持下去，不改革是没有出路的。""我们的改革是探索性的，改革会有成功，也可能失败，但不能因此而不改革。"② 正是以这种大无畏的精神，我国教育领域展开了各种探索性的改革试验，所谓"教育科学的生命在于教育实验"③ 正是这一时期教育改革的重要标识。在改革的号角下，此间产生了不少的教学改革实验，其中徐晓锋、刘芳编的《教育教学改革新篇》（1988）一书收进了大约 40 项实验，刘舒生编的《教学法大全》（1990）一书在国内教改新教学法篇目下收进 170 余种新教学法，

---

①　何炳章：《从教育原点出发——"自育自学"理论与方法》，安徽教育出版社 2011 年版，第 8 页。

②　《万里强调教育改革的根本目的是多出人才，快出人才》，《人民日报》1984 年 2 月 12 日。

③　1980 年 2 月《教育研究》杂志召开"教育实验座谈会"，正式提出"教育科学的生命在于教育实验"的口号。

赵家骥编的《中国当代新教学法大全》（1996）一书收录了 80 种改革开放以来诞生的新教学法。这些教学改革方法（试验），多以倡导学生自学为中心，提出了不同的学校自学思想，其中较为著名的有：上海育才中学段力佩总结出的有领导的茶馆式的教学思想、江苏常州邱学华总结出的尝试教学思想、黎世法的异步教学思想、中科院心理研究所卢仲衡的自学辅导思想、上海嘉定中学钱梦龙的"三主式"导读教学思想和魏书生六步教学思想、上海青浦县顾泠沅的"尝试回授"教学思想等。以往研究多倾向于对这些思想的直接抽绎归纳，本研究注重这些思想形成的过程，在搜集这些实验主持人自述材料的基础上，对这些学校自学思想进行重新整理，以期更能反映这些思想的原貌。

一　邱学华的尝试教学思想

邱学华尝试教学思想很早就在酝酿，1951 年，作为代课教师的邱学华就有了"教师不先教，先让学生试一试，学生在尝试中学习"的设想，"1951 年，那年我才 16 岁，在省立常州中学读高中一年级，由于家庭经济困难，我毅然离开学校到农村小学当代课教师了。当时跟着老教师上课，用的是满堂灌的方法，教师要讲得清清楚楚，明明白白，甚至还要讲深讲透，学生都听懂了，点头了，然后再去做练习。这套教学方法，教师讲得辛苦，学生学得辛苦，成绩又平平。这套传统的教学方法能不能改呢？当时年轻，既缺乏知识，又缺少经验，无法解决这个问题"[①]。1956 年邱学华在华东师范大学读书，"从古今中外的教育理论著作中吸取营养，发现古今中外先进的教育思想，虽各有特点，但它们都有一个共同的思

---

① 邱学华、苏春景：《邱学华与尝试教学法》，中国青年出版社 2002 年版，第 40 页。

想：相信学生，要让学生主动学习"①。毕业后到华东师范大学附小和其他教师一起搞教学实验，"让学生先做题，然后教师再讲"，这可以说是尝试教学自学思想的雏形，但那时政治运动不断，无法搞系统的教学实验，后因"文化大革命"而中断。② "文化大革命"结束后，随着教学走向正常，1980 年 2 月邱学华在常州小学数学教学研究班上介绍"先练后讲"的尝试教学思想，并酝酿开展实验。同年 9 月，在常州市劳动中路小学徐延春老师所教的四年级数学课上开始试验。试验获得了成功，"学生能在尝试中学习"。此后，邱学华将自己的思考写成论文《尝试教学法的实践和理论》一文，发表在《福建教育》1982 年第 11 期。文章发表后，引起了国内的强烈反响，各地教师纷纷开展试验，并取得了成功，由此，全国掀起了一股"尝试热"。此后，尝试教学法进入理论总结阶段，1988 年邱学华所著的《尝试教学法》由福建教育出版社出版。

尝试教学思想主张让学生在尝试中学习，冲破"先讲后练"（教师先讲，学生再练）的传统教育模式，构建了"先练后讲"（学生先尝试练习，教师再有针对性讲解）的新型教学模式，在这种模式中，学生的自学成为教学过程中最重要的一个环节，学生不再是被动的知识接受者，而是知识的主动获取者。

二　段力佩的有领导的"茶馆式"的教学思想

上海育才中学的自学式教学改革自 20 世纪 60 年代开启，在 20世纪 60 年代中期曾成为全国学习的榜样，但是在"文化大革命"期间，却被列为宣扬"智育第一"的"黑教改"而受到批判，1976 年"文化大革命"结束后，1978 年 5 月 21 日，育才中学党支

---

① 邱学华、苏春景：《邱学华与尝试教学法》，中国青年出版社 2002 年版，第 41 页。
② 同上。

部在《光明日报》发表文章《育才教改经验何罪之有——批判"四人帮"污蔑育才教改经验的反动谬论》，育才教改经验随即也得到平反。此后在校长段力佩的带领下，解放思想，注重实验，育才中学的教学改革又重新开启，段力佩的自学思想对学校的教育改革影响很大，在其文章《有领导的"茶馆式"的教学形式——读读、议议、练练、讲讲》一文中指出："课堂教学的传统和习惯，是教师讲，学生听；教师在黑板上写，学生在课桌上抄；教师必须讲深讲透，把知识嚼烂喂给学生，教师问，学生答。一个人牵着几十个学生的鼻子走。""这种教师一讲到底的教学方法，它的核心是'授'，学生经常处于被动的、呆板的状态。我认为这是一种浪费时间、效率不高的办法。我们学校对教学方法进行改革，就是从这一点出发，变'授'为'学'。目的是要让学生学得主动，学得生动活泼，节省课堂教学时间，提高学习效率，并使学生有自己支配的时间，以发展自己的兴趣和爱好。"① 段力佩认为，"课堂教学与一般讲学不同。一般讲学，只有讲学的人有一份系统的讲稿，而听讲的人没有本本，只有用耳朵听，用手记笔记。课堂教学却不一样，每个学生都有教科书。教科书是通过文字语言来阐述教学内容的，学生可以通过文字语言来理解教学内容"。另外，学生之间也是可以相互教的，学生在相互议论中也可以把问题搞懂，"教师也只有在学生相互议论的基础上，在要害问题上加以点拨，才能起到画龙点睛的作用"。因此，"教师的作用，首先应该千方百计地引导学生自己去阅读课文，在阅读中遇到困难的时候，让学生相互议论，相互帮助，经过学生的切磋琢磨，还不能解决问题的时候，教师再加以帮助、解惑。惑到底解了没有呢？可以引导学生通过练习、解题来进一步搞清教材内容。在这个基础上，如果还有疑难问题，教师

---

① 段力佩：《有领导的"茶馆式"的教学形式——读读、议议、练练、讲讲》，《段力佩教育文集》，上海教育出版社 1982 年版，第 70 页。

再予以引导、解惑"。这种教学方法，概括起来，就是"读读、议议、练练、讲讲"八字教学法。教始终是为了学，学生也始终离不开学，育才中学再一次取得了教改实验的成功，并将其教学模式总结为"读读、议议、练练、讲讲"八字，因为这种教学形式中的学生有些像茶馆里的茶客，"茶客们在茶馆里的思想是最活跃的，七嘴八舌"，因此，段力佩也将育才中学的课堂教学模式称作"有领导的'茶馆式'的教学形式"①。

在段力佩校长的带领下，育才教改再次取得了成功。1979 年 2 月 7 日，《光明日报》发表文章《上海市育才中学改革课堂教学取得成效》，1984 年《人民教育》第 5、6 期连载育才中学教师张冠涛的《端正教育思想，改革教学方法——介绍"读读、议议、练练、讲讲"八字教学法》一文，该文可视为八字教学法实验的总结性实验报告，此后育才中学的八字教学法实验在教育界产生了更广泛的影响。

三　黎世法的异步教学思想

黎世法认为，现代科技的迅猛发展及信息更新速度的加快，对现代社会的人提出了新的要求，"只有具有科学思维头脑的人，才能适应和驾驭瞬息万变的现代社会的生产劳动和社会生活"，传统的同步教学法是无法满足这种要求的，黎世法认为同步教学法造成了不良的影响："老师讲，学生听；教师赶进度，学生死记书；学生上课记笔记，下课背笔记；作业一大堆，大考小考数不清。优生吃不饱，差生吃不了。教师主观盲目教，学生被动跟着拖。教师辛苦少休息，学生忙碌少睡眠，家长也陪着受累发怒。结果一个班的

---

①　段力佩：《有领导的"茶馆式"的教学形式——读读、议议、练练、讲讲》，《段力佩教育文集》，上海教育出版社 1982 年版，第 70 页。

学生毕业时，两极分化严重，大面积的差生，优秀学生只有几个。即使是优秀学生，他们的学习能力和学习积极性，也受到这种教学方式的压抑和干扰。说到底，这种教学方式既害学生，又害老师，还害家长，最终是害了国家。"① 于是黎世法认为必须探寻一种新的课堂教学结构来取代同步教学这种课堂教学结构，这就是异步教学结构，他认为："正像在人类教学实践发展的历史上同步教学方式一定要取代个别教学方式一样，异步教学方式取代同步教学方式，也是人类社会教学实践发展的必然。""异步教学方式的本质特征是，学生学习的个体化和教师指导的异步化的有效统一。通过异步教学，使每个学生都成为具有自学能力和创造才能的学习主人，从而达到大面积地提高教学质量，培养大批高智能的年轻一代的目的。"②

在多年教学科研实践的基础上，黎世法创立了"六阶段单元教学方式"这一异步教学方式，它将学生的"六步学习"和教师的"四步指导"结合了起来，具体而言，这种教学的课堂教学的基本结构是："一上课，教师首先向全班学生布置本节课的学习任务，接着教师针对本节课要解决的学习问题进行启发，然后学生根据教师的启发，按照"六步学习法"（自学→启发→复习→作业→改错→小结）在教师的指导下进行独立自学，逐个地解决本节课所学新课中的问题。与此同时，教师走下讲台，来到学生中间，巡回走动。按照"四步指导法"（提出问题→启发思维→研讨学习→强化学习）对学生的自学进行宏观和微观的异步指导。③

四　卢仲衡的自学辅导思想

第四章第三节中，我们介绍了 20 世纪 60 年代开始的程序教学

---

① 黎世法：《异步教学论》，湖北教育出版社 1989 年版，第 21 页。
② 同上书，第 22 页。
③ 同上书，第 23 页。

实验和由程序教学实验演变而来的"三本教学"实验，由于这项实验的内容与"文化大革命"时期所倡导的自学相吻合，因此，这项实验并未彻底中断，而是往"自学"上靠，1973年实验在中国人民大学附中和北京市三中恢复。两校各设两个实验班，连续进行了一年半的初中代数的自学实验，实验取得了良好的效果，在实验中卢仲衡等人研究了学生的四种学习类型，即敏捷而踏实、敏捷而不踏实、不敏捷而踏实和不敏捷又不踏实。研究结果是，在自学辅导教学中以"不敏捷而踏实"的学生受益最大，"敏捷而不踏实"的学生受益最小。① 由于种种因素的干扰，实验再次中断。"文化大革命"结束后，实验在中国人民大学附中和北京市三中再次恢复并扩大。1981年中科院心理研究所所长潘菽正式将该实验定名为"自学辅导教学实验"。经过多年的实验，证明采用自学辅导法的学生在各方面能力尤其是自学能力方面优于常规班级的学生，并总结出自学辅导的七条教学原则，这七条教学原则是：1. 班定步调与自定步调相结合原则。将班级授课制的统一性与学生自学的个性化有机地结合起来。2. 教师指导下的自学为主原则。把"教"与"学"有机地统一起来，彻底克服在传统教学中学生处于被动地位的弊病，让学生真正做学习的主人。3. 启、读、练、知、结有机结合原则。所谓"启"，就是由教师设置一定的情境，启发学生对新知识的兴趣。所谓"读"，就是让学生自己阅读和钻研课文。所谓"练"，就是学生自己动脑的练习。所谓"知"，就是及时知道结果，校对答案，自我纠正错误。所谓"结"，就是由教师向全体学生进行小结，将本文的主要内容概括地向班集体讲授，指出课上发现的问题，让大家讨论。4. 利用现代化手段加强直观性原则。5. 采取变式复习加深理解与巩固的原则。所谓"变式"，就是变其非本质特征而突出其本质特征。6. 强化动机和激发兴趣原则。7.

---

① 卢仲衡：《自学辅导教学论》，辽宁人民出版社1998年版，"前言"。

自检和他检相结合原则。在自学辅导教学中很重视检测和反馈，因此实验者有目的、有意识地培养学生的自检能力和自检习惯，并且采用自检和他检相结合的原则。① 1987 年，卢仲衡所著的《自学辅导心理学》由地质出版社出版，标志着这项实验取得阶段性理论成果。2002 年自学辅导教学实验的主持者卢仲衡先生去世，之后由于种种原因，此项实验停止。可以说，自学辅导实验是当代我国教育实验中经历时间最长、持续性最久的一项自学实验，卢仲衡先生提出的学习类型与自学效果关系的思想及其自学辅导教学中的七条原则，都具有很大的科学性与启发性，值得后世借鉴。

五 钱梦龙的"三主式"导读教学思想

钱梦龙也是当代著名的教育实践家，在 80 年代的语文课堂教学改革中提出了"三主式"导读教学思想，倡导学生自学。钱梦龙的学校自学思想源于他长期的自学经历。钱梦龙曾说，他只有初中学历，语文教学知识基本为零，不过钱梦龙在仅有的几年求学期间里一直坚持自学："在国文老师每次开讲新课之前，我总要自己先对课文下一番涵泳诵读的功夫，到上课时就把自己对课文的理解和老师的讲解互相比较，一一印证，细心体会老师解读文章的思路和方法。"② 正因运用了自学的方法，钱梦龙的国文成绩一直稳居班级第一，这也使得他在后来被任用为语文教师时，"心中也不是完全没底的"，他认为"这种自学经历，对于一个教师来说，也许倒是一种更重要的学历"③，钱梦龙的自学经历使他在后来的教学改革中敢于放手让学生自学，决心要抛弃"教师讲，学生听"的传统教法，教会学生自学。20 世纪 50 年代初，他接受语文教学的任务时，

---

① 卢仲衡：《三十三年自学辅导教学研究的回顾与展望》，《教育研究》1998 年第 10 期。
② 钱梦龙：《50 年代：和语文教学结缘》，《人民教育》2009 年第 18 期。
③ 同上。

由于各种条件的缺乏，教学基本上处于一种"无政府状态"，因此，钱梦龙只好根据他当年自学的经验来设计教学，"如果我能'鼓动'学生们也像我当年自学国文那样自学语文，那么至少我不至于误人子弟"①，这样的教学收到了良好的效果。但由于政治动荡，钱梦龙的教学实践没有很好地延续下去，正当他准备着手总结经验，希望能够在理论上有所阐述的时候，"史无前例"的十年"文化大革命"开始了，钱梦龙几年来积累下的点点教学经验总结被作为"黑材料"查抄了。

　　1976 年"文化大革命"结束后，钱梦龙开始总结他自 1956 年以来的教改经验，提出了语文教学的"基本式"，即"自读式"、"教读式"和"练习式"，其中"自读式"是教学基本式的核心，教读和练习都是服务学生自读的辅翼，"基本式教学法的终极目标就是叶圣陶先生所讲的'学生自能读书，不待老师教'"②。后来，在接受了当时所流行的"主导主体观"后，钱梦龙逐渐开始酝酿"三主式"的教学思想，即学生为主体、教师为主导、训练为主线。"训"，指教师的教导、指导；"练"，指学生在教师的指导下为获得某种特长或技能而进行的操作实践。"学生要成为认识和发展的主体，离不开学生自己的实践；而学生的实践又离不开教师的指导"③，钱梦龙认为练习是教学的主线，学生和教师只有进入了训练的过程，才能真正强化各自的地位——主体和主导。而这一思想的确立得益于一次教育实验，为了证明"三主"思想的生命力，钱梦龙开始了教学实验，在条件相等的两个班级中，分别用不同的方法教授同一篇课文——《一件小事》，以观察其不同的效果。实验班

① 钱梦龙：《50 年代：和语文教学结缘》，《人民教育》2009 年第 18 期。
② 钱梦龙：《从"基本式教学法"到"语文导读法"》，《南京师范大学文学院学报》1999 年第 1 期。
③ 钱梦龙：《不甘心于仅仅捡几枚贝壳——回顾我的教学生涯》，《中国教育学刊》1988 年第 12 期。

采用由学生自读、思考、质疑、讨论，老师只作重点指导的教法。对照班完全由教师讲授。经过一个学期再加一个寒假的"搁置"和"冷却处理"，第二学期开学时用"突然袭击"的方式对两个班的学生同时进行检测，检测题就以课文后的练习题为主，另外还补充了几道小题目。"检测的结果是发人深思的：没有做过这些练习题的实验班学生的成绩，竟超过了曾经做过这些练习题的对照班学生。前者的优秀答案（85 分以上）率为 70.6%，而后者仅为 38.4%，尤其在对课文内容记忆的准确程度以及理解的深度上，实验班远远超过了对照班。"[①] 通过实验表明，提高语文教学效率的决定因素，不是教师的"讲深讲透"，也不在于教师对学生的练习作过细的指导，关键在于教师如何发挥主导作用，只有把学生组织到一个"训练"过程中去，才能完全实现学生主体地位和教师主导作用的和谐统一。"三主式"教学思想提出后，与以往提出的"基本式"教学模式相结合，"三主"是"基本式"的理论导向，"基本式"则是"三主"理论在操作层面上的体现和贯彻的保证。钱梦龙在倡导学生自学的同时，十分重视发挥教师在教学中的主导作用，将"训练"作为学生自学与教师指导的基础，这一思想对改革课堂教学具有很大的借鉴价值。

六　魏书生的六步教学思想

魏书生从 1978 年 2 月开始在盘山县三中担任语文教师，开始酝酿教学改革，"1979 年 3 月开始第一轮教学改革实验，当时学校 1500 多名学生，26 个教学班，两名主任，一位主抓教学，我负责学生思想教育。那时学生纪律又特别不好，我每天忙于学校事务，

---

① 钱梦龙：《从"基本式教学法"到"语文导读法"》，《南京师范大学文学院学报》1999年第 1 期。

自己班级学生自觉性也不强，双方常常无法兼顾。于是便开始尝试培养学生的自我教育能力和自学能力的教改实验。"① 魏书生尝试通过画"语文知识树"的方法让学生按照知识树中标明的知识点来自学语文。"学生按照语文知识树去学语文，就像司机按照交通路线图驾驶汽车到没有去过的地方，做到了心中有数，少走许多冤枉路。"② 1979 年魏书生的自学实验取得了初步的成功："1979 年，我没批改过一本作业，没批改过一本作文，除统考外，我没搞过测验、考试。但我教会了学生怎样留作业，怎样批改作业，怎样批改作文，怎样出考试题。一学期的教材，我只用 30 多节课就讲完了。我绝大部分的时间用于全校学生的管理工作上。但这届学生的语文成绩在县内遥遥领先。参加县内小学语文能力测验，我们获第一名；参加全县 30 所中学听说读写竞赛，获第一名，学生升学考试成绩比重点中学平均高 7.8 分。"③

　　魏书生将其课堂教学的程序总结为六步，即定向、自学、讨论、答疑、自测、自结，因此，魏书生的以自学为主导的教学改革也被称作"六步教学法"。1. 定向，即确定一节课的学习重点，这种学习重点不仅要从一节课的内容来看，更要从整本书的内容来选择，要敢于舍弃那些无关紧要的东西，而仅仅抓住那些从期末复习，从语文知识树的角度看，割舍不掉的知识。2. 自学，目标明确后，学生就可以自己按照学习目标来自学。3. 讨论，对于自学中不能解决的问题，通过小组讨论来研究。4. 答疑，讨论仍没有解决的问题，则提交全班同学，学生如果会，则由学生解决。学生不会，则由教师帮助解决。5. 自测，即自我测验。测验方式不同，有时学生根据学习重点自己出题，自己答自己出的题。有时请一名

---

① 魏书生：《教育改革的回顾与前略（代序）》，《魏书生文选》（第一卷），漓江出版社 1995 年版，第 5 页。

② 同上。

③ 同上书，第 6 页。

同学出题，大家答。也有时每组出一道题，其余组抢答。6. 自结，即学生自己回忆总结这节课，学习重点是什么，学习过程有几个主要环节，知识掌握情况如何。这有点像录像机"倒带"，学生将自己头脑的录像带快速倒至上课时，再根据需要放映一遍必要的内容。①

魏书生不仅在一堂课中很重视自学，在学生的整个学习中，魏书生也将自学放在了十分重要的位置，下面的例子足以说明这一情况。

　　每学期开学第一节语文课，我都喜欢问学生："这册新书学得怎么样了？"很多同学回答："自学完了！""自学完了怎么办？""期末考试，检验自学成果！""什么时间考？""明天！"有时我们开学第二天就进行"期末"考试，也有时开学第一天考，还有时开学一周以后考。所谓期末考试，就是用一年前，本册教材的期末试题考学生，以检测学生自学这册教材的效果。考试之后，学生们大都不相信这就是期末试题，他们觉得题浅，没想到自己的自学效果会这么好。十年来，我一直引导学生自学整册新教材。我总是请教导处在放假的时候，就把下学期的新教材取来，发给学生。②

　　我教书近 12 年，外出开会机会较多，但从来没请过任何一位教师给我代过一节课。即使在一年外出开会 132 天的时候，也全是两班学生自己上语文课。1987 年我教两个毕业班，到香港考察后，未及回校，直接参加党的"十三大"。离校 20 多天，返校后我征求两班学生意见："咱们 20 多天没上语文课

---

　　① 魏书生：《课堂教学的六个步骤》，《魏书生文选》（第一卷），漓江出版社 1995 年版，第 2—4 页。
　　② 魏书生：《引导学生自学整册教材》，《魏书生文选》（第一卷），漓江出版社 1995 年版，第 27 页。

了，又是毕业班，能不能给我一节自习课时间，给大家补一节语文课？"结果两班同学都不同意。我问："你们不着急吗？面临毕业？""我们开学第一天，就能接受期末考试，成绩还不错，经过这些天巩固、自学，就更不着急了。"①

一个人学术思想的形成与其人生发展有着密切的联系，过去我们研究教育思想多关注社会大背景而对教育家自己的生活史关注不够，正如于述胜所言，"一个大的思想家或学问家，其思想和学问总是伴随着他的人生感受、困惑和思考，是思想学问与人生的相互渗透，而不仅仅是一种逻辑化的知识。因此，除了应继续关注学术和思想成果，研究教育学文本的范畴、概念及其逻辑体系外，教育学学术史研究还应该关注学问家的精神世界，关注学术与人生的关系"②。因此，本节在关注20世纪80年代这些教育实践家学校自学思想本体的同时，更关注这些教育实践家对这些学校自学思想的探索历程，关注他们自己的生活历程，通过这些以更全面地反映学校自学思想的本来面貌。

通过对六位教育实践家学校自学思想探索历程的研究，我们可以看到，社会思潮固然是学校自学思想勃兴的大背景，但这些教育实践家自己人生发展的感悟也是他们学校自学思想提出的重要线索，如邱学华、段力佩、钱梦龙等人在20世纪50年代至60年代就开始思索学校自学的问题，思考班级授课制度的弊病。他们自学的经历提供了不少探索的信心。但是，他们的探索又离不开社会和时代的局限。从这些学校自学思想的探索中可以看出，这些思想的探索多是以提高学生的成绩、提高升学率为主要目的的，他们学校

---

① 魏书生：《引导学生自学整册教材》，《魏书生文选》（第一卷），漓江出版社1995年版，第31页。

② 于述胜：《学术与人生——解读舒新城和他的道尔顿制研究》，《北京大学教育评论》2007年第4期。

自学理念具有局限性，即依旧将学生作为知识积累的工具，提倡自学也仅是为了更快和更好地掌握知识，而对于学生的主体性，对于学生在学习中的体悟及其情感、态度、价值观更无暇顾及。但不管怎样，他们的探索构成了百年学校自学思想中一个重要的篇章，他们在教学实践中的尝试精神值得我们继承。

本章小结

"知识爆炸"时代，终身教育成为社会发展的必然，由此，学生自学能力在 20 世纪 80 年代被置于重要的位置，在教育改革和实验的潮流中，一些教育实践家创造性地提出了各种以学生自学为特色的教学改革思想，如在教学程序上，主张"先学后教"或"先练后讲"，在教学组织上，坚持"学生自定步调，教师异步指导"，这些尝试对改进班级授课制度具有重要的理论和实践意义。但是，这一时期的学校自学思想以提高知识学习的效率为中心，将学生视为一个"知识的容器"，将课堂视为知识的转换地，无视学生的主体性、生命性，因此，具有一定的局限性。学校自学思想的这些不足成为 20 世纪 90 年代我国教育界思考并力图解决的问题，这一时期对学生教学主体地位的讨论也成为 20 世纪 90 年代我国学校自学思想转型的基础。

第 七 章

20世纪90年代学校自学思想的转型

20世纪80年代，我国学校自学思想虽然呈现出勃兴的状态，但是受应试教育的影响，这一时期的学校自学思想具有浓重的工具主义的特色，学生的自学成为知识获取的工具。20世纪80年代末期，我国教育界开始反思这种只重知识获取而不重学生整体素质发展的教育观，并逐渐形成了素质教育的思想。与此同时，在市场经济制度确立的大背景下，接续20世纪80年代对教师主导和学生主体的讨论，主体性教育思想开始形成。这使得20世纪90年代对学生自学的探讨摆脱了教学关系的局限性，转向从人的整体发展的高度来探讨学生自学，强调学生学习的主体性、生命性，提出了"让课堂焕发出生命活力"的命题。

第一节　从人的整体发展的
高度来观照自学

20世纪80年代学生的自学饱受重视，但人们对学生自学的重视只是对教学关系中学生和教师两者谁应该占主体地位进行了讨论，并没有脱离教学关系的范畴。因此，这种讨论的结果虽确立了学生在教学中的主体地位，为学生的自学奠定了理论基石，但是如果不重视学生整体主体性的培养，学生的自学将如无根之蓬，终究会陷入狭隘的分数主义中去。"从总体上看，这些讨论主要侧重于师生关系的处理，并且主要是在教学论的范围里进行的。到了二十世纪八十年代末，教育理论界开始有研究者在教育基本理论的层次上思考'学生是教育主体'，开始从教育主体性的角度研究学生的主体性问题。"① 20 世纪 90 年代，在市场经济时代的感召下，培养主体性的人成为教育领域最为重要的议题之一，人们对学生主体性的关注从狭隘的教学关系中走了出来，开始以更高的人的角度去理解和解读学生的学。

一　学生不仅是"认知体"更是"生命体"

20 世纪 80 年代末期，应试之风的愈演愈烈，使得学生的课业负担不断加重，我国开始强调全面教育的重要性，教育界开始酝酿素质教育的思想。如 1988 年 5 月 11 日，国家教育委员会发布《关于减轻小学生课业负担过重问题的若干规定》，指出"解决的关键在于引导小学教育工作者端正教育思想，坚持全面育人，在提高教育质量上下功夫"。此后国家教委不断重申要减轻学生的课业负担，全面贯彻教育方针。1989 年春夏之交的政治风波，更凸显了学生某些方面素质的欠缺，邓小平在《在接见首都戒严部队军以上干部时的讲话》中指出，"十年最大的失误是教育，这里我主要是讲思想政治教育，不单纯是对学校、青年学生，是泛指对人民的教育。对于艰苦创业，对于中国是个什么样的国家，将要变成一个什么样的国家，这种教育都很少，这是我们很大的失误"②。因此，从 1989 年起，教育理论界开始对教育教学中片面的知识教育提出质疑和反

---

① 涂艳国：《主体教育理论研究的现状与趋势》，《教育研究与实验》1995 年第 3 期。
② 邓小平：《在接见首都戒严部队军以上干部时的讲话（1989 年 6 月 9 日）》，《人民日报》1989 年 6 月 28 日。

思，提倡要重视人的整体的发展，倡导素质教育，如 1989 年，王海在《从升学教育到素质教育》一文中指出，"近十年来，片面追求升学率的倾向愈演愈烈，基础教育变成了单纯的升学教育，'智育第一'被强化到了极点，从中小学到高校，普遍放松了对学生的政治思想教育，忽视了国内外反动势力与我们争夺青年一代的斗争，造成了广大青年学生政治思想素质低下，缺乏马克思主义的认识水平，这是造成今年春夏之交动乱的原因之一"①。叶澜在反思和总结 20 世纪 80 年代我国以学导式为特色的课堂教学改革后提出，这样的改革虽然有一定的积极性，但是仍只是"乐观的理性主义和科学主义"。她认为，虽然从 20 世纪 80 年代后期开始，一些教育改革进行得较深入的学校，已经把改革的主题转向研究学生、激发学生内在积极性，但是说到底，这些改革还是为了使学生学得更好，更自觉地学。与过去相比，这无疑是一种非常重要的进步，它反映了时代科学技术发展对人的能力要求，反映了在教育观上开始注意研究教育对象本身。然而，若从时代精神对人的要求这一高度来看，"把学生确实当作是一个完整的生命体，而不只是认知体，把学校生活看作是学生生命历程的重要构成，而不只是学习过程的重要构成，那么，就会发现近十多年基础教育改革的主要不足，无论是对时代的认识，还是对学生的认识、学校教育的认识，都只侧重于认知，在一定意义上依然是乐观的理性主义和科学主义"②。她提倡应当把学生作为"一个完整生命体而不只是认识体"③，从更高的生命的层次，用动态生成的观念，重新认识课堂教学，构建新的课堂教学观，让课堂焕发出生命的活力。④

---

① 王海：《从升学教育到素质教育》，《教育研究与实验》1989 年第 4 期。

② 叶澜：《时代精神与新教育理想的构建——关于我国基础教育改革的跨世纪思考》，《教育研究》1994 年第 10 期。

③ 同上。

④ 叶澜：《让课堂焕发出生命活力——论中小学教学改革的深化》，《教育研究》1997 年第 9 期。

二　"学生是教育的主体"理念的确立

在学生的素质问题受到重视的同时，什么素质最重要的问题也受到了学术界的关注，在特殊的时代背景下，学生的主体性问题成为关注的热点。1989 年，由《中国社会科学》编辑部、《教育研究》编辑部、中国教育学研究会教育基本理论专业委员会和华中师范大学教育系联合筹备的"教育与人"研讨会在华中师范大学的召开，拉开了主体性教育研究的序幕。会议认为我们的教育研究"长期忽视了教育与人的关系的研究"，"教育是培养人的社会活动，培养人是教育的本质特点，忽视人的研究无论如何是一个严重的偏差和缺陷"。[①] 一些学者认识到，"仅仅从方法上强调因材施教来解决培养学生的个性问题是很不够的，充其量也只是发扬了古代教育的优良传统，应当把培养个性、主体性作为我国教育的一个重要基础和价值取向，大力实行教育的民主化、人道化，才能真正确立学生在教育中的主体地位，发挥其主体作用，培养其个性与主体性"[②]。继之，扈中平提出了"人是教育的出发点"的命题[③]，华中师范大学王道俊、郭文安等人提出了"让学生真正成为教育的主体"的命题[④]，指出"主体性是现代人应具有的重要素质"，而要培养主体性的人，"在教育过程中，必须使学生真正处于主体地位，充分发挥主体作用，主动、积极和富有创造性地进行学习，以提高主体性"。可以说这些思想是对 20 世纪 80 年代局限于教学领域探讨主导主体问题的超越，已经将主体论的思想上升到教育理念的高度来探讨。

1992 年社会主义市场经济体制目标的提出，使得学界对主体性

---

① 安平：《"教育与人"研讨会综述》，《教育研究与实验》1989 年第 10 期。

② 同上。

③ 扈中平：《人是教育的出发点》，《教育研究》1989 年第 8 期。

④ 王道俊、郭文安：《让学生真正成为教育的主体》，《教育研究》1989 年第 9 期。

教育的探讨方向更加明确，实施主体性教育势在必行。市场经济作为当代社会的显著标志，其意义远远超出了经济范畴，引起了社会的政治、文化、教育等各方面的变化。"市场经济的发展对人的主体性提出了相当高的要求，没有人的主体性的发挥，就不可能有市场经济的发展"①，市场经济为市场主体创造了广阔的参与平台，这要求确立市场参与者的主体地位："在市场经济环境下，主体利益、自我意识、自我修养、自我参与、自我判断和选择成为重要的概念和突出的时代特征，并成为学校教育重心转向自我教育的重要契机。"②"不能想象一个没有自我意识的人，一个不会独立思考的人，一个不会选择和创造的人，能够在当代社会生存发展下去。"③在市场经济的大背景下，实施主体性教育，培养具有主体性的人成为教育的必然选择。此外，20世纪90年代素质教育理念的提出也与主体性教育思想不谋而合，"如果说二十世纪九十年代，理论界研究的焦点在'主体教育'的话，国家在政策和实践层面主要关注的是'素质教育'"④。实施主体性教育成为素质教育的应有之义，"素质教育的实质是年轻一代主体性素质的培育，而主体性素质养成的核心或关键，在于其能动性、社会性、自主性、创造性等主体特征的培育"⑤。

　　不管是素质教育理念还是主体性教育思想，其核心都是培养学生的主体性，这种培养不仅是要通过教育教学促进学生的主体性发展，而且要通过对学生主体性素质的培养使之能够自觉主动地学习。素质教育理念的提出和素质教育实践的逐步推进，使得促进主

---

① 王道俊：《关于教育主体性问题的几点认识》，《教育研究与实验》1993年第1期。

② 张晓静：《自我教育——当代学校教育的主题》，《教育研究》1994年第10期。

③ 同上。

④ 冯建军：《向着人的解放迈进——改革开放30年我国教育价值取向的回顾》，《高等教育研究》2009年第1期。

⑤ 杨小微：《现代化与主体性——基础教育实验选题的一个基本取向》，《教育研究》1996年第9期。

体性学习——自学成为我国教育教学改革的重要内容。

第二节　主体性教学改革实验中对自学的探讨

整个 20 世纪 90 年代，在素质教育理念与主体性教育思潮的影响下，在教育教学改革中培养学生的主体性学习能力，让学生自学成为很多教学改革实验的重要理念。在这些教育教学改革实验中，主要形成了两个派别：一是在主体性教育思想引领下的主体性教育实验；二是在生命教育理念指导下的新基础教育实验。这两大实验虽然指导思想不同，但是都十分重视学生的自学能力的培养，重视学生主体性的养成。

一　主体性教育实验中对学生自学的探讨

20 世纪 90 年代后，"学生是教育的主体"这一命题逐渐得到教育界的认可，开展主体性教育也成为教育改革的主旋律，当时一些学者在主体性教育思想引领下开展了主体性教育实验，其中比较著名的有两个团队：一是北京师范大学主体性教育研究团队。二是华中师范大学主体性教育研究团队，他们在理论研究的基础上，与一些地方学校合作开展了相应的主体性教育实验，提出了不少有益的学校自学思想。

北京师范大学教育系指导的"小学生主体性发展实验"，将马克思主义关于人的全面发展学说和教学认识论的基本原理作为实验的理论基础，实验的主持人王策三认为虽然马克思主义关于人的全面发展学说对人们来说是老生常谈，但是却没有详细推敲其根本特征，他认为"人的全面发展最根本的特征就是主体性，或主动性，也就是自觉能动性"，"我们之所以要培养全面发展的人，就是要发展人的主体性"①。对于教学认识论，他主张，教学是一种特殊的认识活动，在认识的过程中，学生必须具有主观能动性，"如果主体不主观能动，那就不能认识，教学就不能进行"，"要使学生主动必须承认学生的主体地位"②。教学中虽然师生都是主体，但是双主体论不能准确表达教与学的关系，因为这两个主体是不一样的，"虽然教师和学生都是主体，可是教学终究是由教师做主的；不过教师又不是直接做主的，必须让学生直接在'前台'做主，教师在后面主导"，"学生是教师主导下的主体，教师是对学生主体的主导"③。主体性发展实验以发展小学生主体性为目标，将学生的主体性分解为独立性、主动性和创造性，并将学生学习的主动性作为主体性的核心，通过改革课堂教学，在课堂教学改革的各方面都要体现学生的主体地位，"立足于让学生真正成为学习和发展的主体，并且是由学生自己来争取并实现主体能力的发展这一根本观念的转变"④。

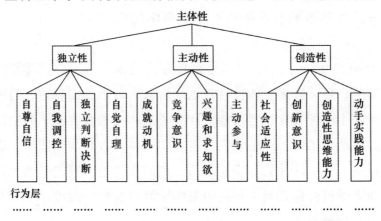

图 7 - 1 小学生主体性发展实验设计的主体性的层次结构⑤

---

① 王策三：《对小学生主体性发展实验的一些认识》，载王策三《教育论集》，人民教育出版社 2002 年版，第 223 页。

② 同上书，第 225 页。

③ 同上书，第 226 页。

④ 北京师范大学教育系、河南安阳人民大道小学联合实验组：《小学生主体性发展实验与指标体系的建立测评研究》，《教育研究》1994 年第 12 期。

⑤ 同上。

华中师范大学教育系指导的湖北荆门象山小学开展的"学生主体性素质的构建实验"认为，素质教育的实质是年轻一代主体性这种素质的培育。他们将学生主体性品质划分为自主性、自律性、适应性、创造性和效率感，实验通过实施开放性教学策略，构建自主型活动体系和民主型班级管理来提高和发展的主体性。在实验中将课堂作为培养学生主体性的主渠道，把学习的自主权交给学生，交给学生自主学习的时间，教师精讲精练，使学生能有时间、有精力去自主学习；开放学生自主学习的空间，采用灵活多样的座位编排方式，使学生能够合作学习；还给学生自主质疑的权利；尊重学生自主探索的意识；教给学生自主求知的方法。通过采取综合性的措施，使学生的主体性品质得到良好的发展。[①] 此外，华中师范大学教育系还和长沙开福区教育局等单位合作主持了"小学主体性教学活动体系"的实验研究，该实验以主体性教育思想为指导，以培育小学生主体性素质为目标，将学生的主体性素质分为独立自主性、自觉能动性和积极创造性。见表7-1。

表7-1　　　　　　　　小学生主体性教学目标体系[②]

项目	独立自主性	自觉能动性	积极创造性
认知目标	基础知识牢固，自学能力较强	学习主动，方法得当，目的与计划意识较强	思维活跃，具有创造意识和探究能力
情感目标	自尊自信个性较鲜明	兴趣广泛，强烈的求知欲和成就感	较强的创新欲和不满足感
动作技能目标	具有独立操作和自理能力	主动探究和解决问题的能力	力图改进与创新的能力
人际技能目标	自尊自信，自主自律	自尊尊人，具有社会竞争、适应和交往能力	有较强的组织、管理和协调能力

① 湖北荆门市象山小学课题组专家组：《以主体性品质培养为主旨的整体改革实验研究报告》，《教育研究与实验》1998年第4期。

② 郭文安：《小学主体性教学活动体系的实验研究》，《教育研究与实验》1998年第2期。

在实验中以课堂教学改革为核心，创新课堂组织形式，课桌按马蹄型、T型等方式排列，按照学生的特长，划分不同的小组，便于学生自学和合作学习，以小组学习为中介，将集体教学和个别辅导相结合，把独立作业与联合攻关相结合，"在教学的具体方法上，强调自学辅导法与启发探究法相结合，着眼于培养学生学习的独立性、主动性、创造性"①，在改革课堂教学模式的同时，重塑师生关系，建立主体性教学评价机制等来共同促进学生主体性的发展。实验较显著地提高了学生的学习质量和学习能力、主体性素质的发展水平。

这些主体性教育实验对学生自学的探讨给了我们很多启发，对学生自学能力的培养，不能简单地局限于课堂教学的变革，而要从学生主体性培养的高度，采取综合性的措施，如在师生关系、学生自治等方面做出改革。

二 新基础教育实验中对学生自学的探讨

华东师范大学叶澜教授主持的新基础教育实验从1994年启动，在我国教育领域产生了广泛的影响，实验将培养具有生命意识的主体性的新人作为目标，在课堂教学中倡导学生自学，对重建课堂教学进行了有价值的探讨。叶澜在反思和总结20世纪80年代我国以自学为特色的教学改革后，认为这样的改革虽然有一定的积极性，但是"若把学生确实当作是一个完整的生命体，而不只是认知体，把学校生活看作是学生生命历程的重要构成，而不只是学习过程的重要构成。那么，就会发现近十多年基础教育改革的主要不足：无论是对时代的认识，还是对学生的认识、学校教育的认识，都只侧

---

① 郭文安：《小学主体性教学活动体系的实验研究》，《教育研究与实验》1998年第2期。

重于认知，在一定意义上依然是乐观的理性主义和科学主义"①。叶澜认为面对时代的变迁，以往以认知为主导的教育观必须做出改变，"最重要的是确认生命的整体性和人的发展能动性"②。在教育观方面应"顾及生命整体的各个层次和方面，使教育是对整个人的健全教育，而不是只关注某一方面发展的畸形的教育……把教育的'形式目的'定位在促进人的自我教育能力的形成上，把增进人的生命的主体意识看作是时代对教育功能的重要规定，同时也是教育要取得真实成效的基本保证"③。为了实现这一目标，叶澜十分重视重建课堂教学，提出要在教学价值观、教学过程观等方面重建课堂教学，"把课堂还给学生，让课堂充满生命气息"。

在教学价值观方面，她认为以往的课堂教学关注"教书"失却"育人"，把学生培养成了只懂得被动接受、适应、服从，以执行他人思想与意志为基本生存方式的人。当前的课堂教学价值观应"从单一地传递教科书上呈现的现成知识，转为培养能在当代社会中实现主动、健康发展的一代新人"④。在教学过程观方面，叶澜主持的新基础教育派提出了有别于传统的教学特殊认识论，认为教学过程是一种特殊的交往活动，"教学过程创造主体之间的交往（对话、合作、沟通）关系"⑤，主张"把课堂还给学生"，提出了"让课堂充满生命气息"的命题。为了让学生在课堂上"活"起来，叶澜主张要向学生放权，将学习权还给学生，实现"五还"，即还给学生自学的"时间"、"空间"、"工具"、"提问权"和"评议权"。见表 7 - 2。

---

① 叶澜：《时代精神与新教育理想的构建——关于我国基础教育改革的跨世纪思考》，《教育研究》1994 年第 10 期。

② 同上。

③ 同上。

④ 叶澜：《重建课堂教学价值观》，《教育研究》2002 年第 5 期。

⑤ 叶澜：《重建课堂教学过程观——"新基础教育"课堂教学改革的理论与实践探究之二》，《教育研究》2002 年第 10 期。

表 7 - 2　　　　　　　叶澜新基础教育改革中课堂教学的"五还"

"五还"的项目	内容和要求
时间	要求每节课至少有三分之一的时间让学生主动学习，并逐渐向三分之二过渡，压缩课堂上教师讲授和指向个别学生的一问一答所占用的时间
空间	允许学生在学习过程中根据需要变动位置和朝向，而不是固定在一个位置上
工具	不只是指学具，主要指教学内容结构化，教会学生学习结构及掌握、运用结构主动、独立学习
提问权	让学生在预习、独立思考基础上提出自己想问的各种性质和类型的问题
评议权	包括自评与评他、发表感受、提意见、表扬和建议

　　叶澜认为还学习权于学生，让学生在课堂上"活"起来，关键在于教师愿不愿、敢不敢"放"和变不变自己习惯的教学方式。为此，教师必须不断转变认识和提高素质。首先，教师要转变学生观，不仅要把学生看作是"对象"、"主体"，还要把学生看作是教学"资源"的重要构成和生成者，认识到学生也是课堂教学的共同创造者。其次，教师也要不断转变角色，提高素质，在教学过程中，教师已不止是知识的"呈现者"、学习的"指导者"、对话的"提问者"、学业的"评价者"、纪律的"管理者"，更重要的是，他是课堂教学过程中呈现信息的"重组者"。在课堂教学中若没有教师这个"重组者"，就不可能有高质量、有效的互动，学生的学习也有可能变成散沙一团，教学也就失去了它的意义。[①]

　　总体来看，20 世纪 90 年代所倡导的自学是一种主体性的学习，它不仅指向学生独立地获取知识，更重要的是在自学过程中学生主体性意识的养成。不管是直接以培养学生主体性素质为目标的教学思想还是以尊重学生生命存在的教学改革，都不约而同地将学生的自学能力作为主体性素质的一个重要组成部分。这些主体性教学改

---

　　① 叶澜：《重建课堂教学过程观——"新基础教育"课堂教学改革的理论与实践探究之二》，《教育研究》2002 年第 10 期。

革思想，是对20世纪80年代将学生的自学作为手段来提高知识获取效率这种教学改革思想的超越，更关注通过学生的自学或在学生的自学过程中体现和培养学生的生命力和主体素质。主体性教育思想揭示了教育的本质特性，反映了素质教育的根本特征，成为新时期我国教育发展的重要理念。主体性教育思想的提出是对20世纪80年代我国教学主体性讨论结果的肯定，肯定了学生在教育中的主体地位。如果说20世纪80年代的学校自学思想还缺乏系统性，是一些零星的思想片段的话，主体性教育思想的提出就使这种倡导学生自学的思想成为一种教育思潮。

本章小结

进入20世纪90年代，对学校自学思想的探索虽不像20世纪80年代那样火热，但是随着主体性教育理念的确立，这一时期人们对自学的理解已突破了20世纪80年代那种就课堂教学论学生自学的思维定势，将学生的自学看作是学生主体性的一部分，看作是主体性的人的一种学习方式。但是，由于国家将普及作为这一时期教育发展的首要任务，主体性教育思想并未真正广泛地深入教育实践中，在应试教育的压力下，课堂教学中学生学习的主体性仍得不到彰显。21世纪后，随着我国教育发展的战略由普及转向质量提高，主体性教育必须由理念走向实践，学校自学也开始从理念走向实践，成为新一轮课堂教学改革的重要内容。

第八章

新课改以来学校自学
思想的蜕变

　　20 世纪末，随着我国基础教育的基本普及，我国基础教育发展的重心由普及转向质量提升，深入推进素质教育也成为面向 21 世纪我国的教育宣言。1999 年我国召开改革开放以来的第三次教育工作会议，做出了《关于深化教育改革全面推进素质教育的决定》，推进素质教育，关键在于实施主体性教育，转变教学方式，转变学生的学习方式，使学生成为一个能够自学的主体性的人。因此，在进入 21 世纪后的新一轮课程改革中特别重视学生学习方式的转变，提倡自学。但是由于知识转型和教学认识论发生重大变化，新课改中所倡导的自学与以往的自学观已不能同日而语，由此，在新课改的推进中，新旧教学观发生冲突，新课改在实践执行中出现偏差，学术界对与自学相关的一些问题展开了讨论，学校自学在由理念走向实践的过程中遭遇了艰难的"蜕变"①。

---

　　① "蜕变"本来是指人或事物发生质变，这里一方面表示新课改以来学校自学思想摆脱传统教学认识论的束缚，发生着重大的转变；另一方面表示学校自学思想从理论走向实践时遭遇着阻隔，并非一帆风顺。

第一节　新课改以来学校自学
观的变化及影响

　　2001 年开始的新课程改革将学生学习方式的转变作为重要的内容，倡导"自主、合作、探究"的学习方式。在 2001 年颁布的《基础教育课程改革纲要（试行）》一文中多次对自学做了表述，如在"基础教育课程改革的具体目标"中提出要"改变课程实施过于强调接受学习、死记硬背、机械训练的现状，倡导学生主动参与、乐于探究、勤于动手，培养学生搜集和处理信息的能力、获取新知识的能力、分析和解决问题的能力以及交流与合作的能力"[①]，在"教学过程"中又指出教师要"注重培养学生的独立性和自主性，引导学生质疑、调查、探究，在实践中学习，促进学生在教师指导下主动地、富有个性地学习"。[②] 可以说，自学已经成为新课程改革的重要主题，是此轮新课程改革的重要标志。但是，受建构主义、后现代主义等教育思想的影响，学校自学观已发生了重大的变化，传统的教学认识论遭受质疑，课堂教学中出现了"唯自主化"的倾向。

一　"学生成为一个知识的主动建构者"

　　21 世纪是以知识的创新和应用为重要特征的知识经济时代，随着信息化的高速发展，知识快速增长，与此同时，对知识的批判和创新显得更为重要。"人类知识的增长不是一种积累式的新知叠

[①] 《基础教育课程改革纲要（试行）》，《中国教育报》2001 年 7 月 27 日。
[②] 同上。

旧知的过程，而是一种对原有知识不断修正的过程。因此，对于个体而言，掌握和理解原有的知识尽管重要，但也只是完成了知识创新的前一半的工作，更重要的是要对这些知识进行批判和反驳，并在此基础上提出新的知识假设。因此，新世纪的教育改革要培养学生的知识创新意识、素质和能力。"① 20 世纪 90 年代强调学生对"两基"的掌握，进入 21 世纪，我们则更注重学生对知识的创新意识和能力。此时，在建构主义等教育思想的影响下，人们对知识的性质也有了不同的看法，建构主义者认为，"知识并不是对现实的准确表征，它只是一种解释、一种假设，它并不是问题的最终答案"②。建构主义者对教育中只重视公共知识的现象进行了批判，认为"学习者并不是空着脑袋走进教室的，在日常生活中，在以往的学习中，他们已经形成了丰富的经验，小到身边的衣食住行，大到宇宙、星体的运行，从自然现象到社会生活，他们几乎都有一些自己的看法"③。这种对知识的理解已经打破了我们对知识的传统认识，知识的性质由以往客观的、中立的转向主观的、情境性的，因此，对知识的追求就不能像以往一样只求识记，而是要在自己的亲身体验中使之变成个体性的知识。"学习不是知识由教师向学生的传递，而是学生建构自己的知识的过程，学习者不是被动的信息吸收者，相反，他要主动地建构信息的意义，这种建构不可能由其他人代替。"④ 教学过程不是预设的，而是在教师和学生"对话"的过程中逐渐生成的，学生是知识的主动建构者，而教师成为学生建构知识的"协助者"和"对话"关系"平等中的首席"。知识转型使得人们对整个学校学习有了新的认识，正如靳玉乐在其《中国基

---

① 　石中英：《知识增长方式的转变与教育变革》，《教育研究与实验》2001 年第 4 期。

② 　陈琦、张建伟：《建构主义学习观要义评析》，《华东师范大学学报》（教育科学版）1998 年第 1 期。

③ 　同上。

④ 　同上。

础教育新课程的创新与教育观念转变》一文中所描绘的图景一样：教室是师生从事知识建构与发展的实验室，不是单纯接受知识的"讲课室"；课程不仅仅是现成的教科书，而是教师为学生提供的学习机会，是师生在互动过程中产生的经验；教材已不是学科知识的载体，而成为引导学生认知发展、生活学习、人格建构的一种范例，不是学生必须完全接受的对象和内容，而是引起学生认知、分析、理解事物并进行反思、批判和建构意义的中介，是案例或范例；教学过程不只是传授知识，而成为师生对话、交流与知识建构的活动；教师也不再只是一个课程知识的被动的传递者，而是一个主动的调适者、研究者和创造者，不再只是一个真理的垄断者和宣示者，而是一个促进者、帮助者、真理的追求者和探索者；学生成为一个知识的主动建构者。[①]

二　传统教学认识论遭到质疑

传统教学认识论将教学过程解释为一种特殊的认识过程，将知识的授受作为教学过程的核心。我国学者结合时代的发展，在20世纪80年代和20世纪90年代曾对传统教学认识论有过继承和发展，提出了主导主体观，确立了主体性教育理念。但是这些理论在知识观变革的大背景下显得"苍白无力"，可以说，知识观的变化解构了我们以往对教学的认识。石中英在《知识转型与教育改革》一书中指出，知识的性质对教学的过程有着深刻的影响，"在一定的时代背景下，师生双方对知识的性质怎么看，很自然地影响到各自的角色，影响到师生关系的互动，甚至影响到教学评价的模式"[②]。在以往传统知识观下，尽管会倡导发现学习，但由于学生思

---

　　① 靳玉乐：《中国基础教育新课程的创新与教育观念转变》，《西南师范大学学报》（人文社会科学版）2002年第1期。

　　② 石中英：《知识转型与教育改革》，教育科学出版社2001年版，第128页。

考的结果必须符合那事先确定的答案。"就是所谓的'发现学习'也并不是允许学生真的做出自己的发现，而只是'接受学习'的一种变种。"① 因此，在知识转型的大背景下，传统的教学认识论遭受质疑，有学者认为，在知识观的变化下，主体性教育理论无法克服"理论的工具性局限"，"始终未能对教学过程中知识的性质做出科学的解释"，"当代我国主体性教育理论的发展，在很大程度上是从工具理性的角度出发对人与教育的思考，是不够全面的"。② 以科学认识论作为教学的重要认识论基础，在保证学生在教学实践中全面学习科学文化知识，提高学生认识能力等方面起到了积极的作用。但是在这种教学认识论观照下的教学活动仍存在一些弊病，例如："把知识视为客观存在的真理，教学的主要目的就是准确地传授系统知识、发展认识能力，其他的情感、意志、创造性等目标成为附带的。""教学被当作实现外在目的的工具，这样作为完整的人的生成被遗忘了。""教学呈现封闭化倾向。"③ 还有一些学者认为传统的特殊认识论"把科学探究视为少数专家能做和应做的事情，剥夺了儿童的探究权利"。"在价值论或哲学观上把学习的性质理解为接受，造成对学习的性质的误解和人的创造个性的扭曲。"④

对传统教学认识论的解构和对教学过程新的认识，一方面进一步确认了学生在教学过程中的主体地位，学生不再是外部知识的灌输对象和被动的接受者，而是知识的主动加工者、生成者、反思者、批判者；另一方面使得人们对学习的内容——知识，有了全新的认识，知识不再是客观的、中立的，而是学生主体依据一定的经验背景，按照特有的角度、进度和方式建构而得的。学习过程是学

---

① 石中英：《知识转型与教育改革》，教育科学出版社2001年版，第120页。

② 温正胞：《知识观的变化与主体性教育的发展》，《教育研究与实验》2003年第3期。

③ 周建平：《从"科学认识论"到"生活认识论"——论教学的认识论基础的转换》，《教育研究与实验》2002年第1期。

④ 张华：《试论教学认识的本质》，《全球教育展望》2005年第6期。

生自主建构的一个过程，知识只有经过学生的独特建构和彼此对话才能获得真实而丰富的意义，才能与学生的生活融为一体，成为他们人生经验的有机部分。

三 课堂教学出现"唯自主化"的倾向

对教学过程的重新建构及对传统教学认识论的质疑，造成教学认识论上的混乱状态，教学实践中学生的自学被置于中心位置，教学过程过多地交由学生自主、合作、探究学习，导致传统的教师主导地位"旁落"，教师的讲授也被"搁置"，如一些学者将新课改以来出现的这种状况描述为"四个满堂"，即"满堂问"、"满堂动"、"满堂放"、"满堂夸"。所谓"满堂问"，就是有的教师把新课标提倡的"对话"理解成"问答"，于是把过去的"满堂灌"变成"满堂问"，鸡零狗碎、毫无启发性、毫无智力价值的问题充斥课堂。"满堂动"就是有的教师把新课标所提倡的"活动"形式主义化，课堂上学生一会儿忙活这，一会儿忙活那，教室里闹哄哄。为活动而活动，有活动没体验、没反思，丧失了活动的价值。"满堂放"就是满堂放课件。"满堂夸"即满堂表扬。[1] 另有一些学者将新课改以来的课堂教学概括为"五个忌讳"，即"忌言讳讲，甚至把少讲或不讲作为新课改的标志"、"忌讳批评，甚至回避教师在价值引导上的责任"、"忌讳管学生，甚至提出学生可以在课堂上'自由'地做任何事情"、"忌讳预设，甚至喊出了无预设课堂的口号"、"忌讳思考，甚至出现了用多媒体代替大脑，形式代替思考的倾向"。[2]

总之，以建构主义为主的教育思想深刻地影响着新课改以来人

---

① 程少堂：《第三只眼睛看课改》，《深圳特区报》2004 年 11 月 2 日。
② 朱开群：《新课程实施过程中教师主导作用的缺失》，《现代中小学教育》2006 年第 12 期。

们对教学的理解，将教学视为学生自主建构知识的过程，在忽略了知识的客观性的同时，也忽略了教师在教学中的主导地位，使课堂教学出现"唯自主化"的倾向。

第二节　新课改中"重自学轻讲授"
相关问题的论争

讲授法是教师通过口头语言向学生传授知识的教学方法，是传统课堂教学中最常用的教学方法。然而，遭遇新课改，讲授法陷入极其尴尬的境地。新课改中，一些学校在实践中提出"把课堂还给学生"的口号，不断压缩教师讲授的时间，使课堂成为学生自学、展示、讨论的"舞台"，将讲授法与灌输式教学等同起来，一时间讲授法成为众矢之的，大有"除之而后快"之势，一些学者将这一局势称为"讲授法的危机"[①]。在新课改如火如荼进行的同时，学术界也展开了对讲授法合理性的辩护并对新课改"重自学轻讲授"的理论基础展开了学术争鸣。

一　对讲授法合理性的辩护

面对所谓的"讲授法危机"，一些学者对讲授法进行了辩护。如丛立新的《讲授法的合理与合法》一文认为，虽然讲授法有着一定的局限性，在国内外历次教育改革中曾不断受到批判，但是"每一次改革的尘埃落定，人们总是会发现，虽然改革可能在某个方面成就斐然，但讲授法却涛声依旧，而且比那些人们试图用来取而代之的方法更有生命力"。他认为，讲授法之所以会在历次变革后在

---

① 陈振华：《讲授法的危机与出路》，《中国教育学刊》2011 年第 6 期。

学校教育中依然保持主要地位，并不是某个人、某些人的意愿或偏好，而是社会和教育进程的历史选择。他认为，"直至今日，只有以讲授法为主，与班级授课制、学科课程联袂，才能完成将系统的科学知识高效率地不间断地传递下去的任务"。① 查有梁认为，"在学校教育中，'自主、合作、探究'学习方式的应用是有条件的，不是无条件的；其应用是有范围的，不是普遍适用的；它是高层次的学习方式，并不普遍适合于基础教育"②。王策三认为，教师讲授是中小学教学的主要方法，这是符合中小学教育特定规律的，"正视现实、尊重科学的人都不能不承认，在学校教学特定条件下，讲授方法的主要地位是不会改变的，它与探究发现、互动合作并非绝对对立的"。课程的本质就是知识，"教学工作的主要任务就是将知识打开，内化，外化"。"教学中'注重知识传授'，根本、永远不存在'过于'的问题。""教师传授知识，学生承受知识，知识传授是学校教育的基本功能，是教师的神圣职责。"③ 王策三认为，在新课改中，充分发挥学生学习的主体作用是对的，但是与此同时也出现了"教师使命的缺失"，从而造成在不少的课堂上，"展现的是……学生肤浅的表层的甚至是虚假的主体性（假性主体）"。王策三认为，这是因为"在理论上对学生的主体性的理解和规定有偏差"，即将学校儿童的主体性与一般人的主体性相混淆，"在'新课程理念'中所谈的主体性，严格讲不是'学生'的主体性，即使尽量积极地去理解也只是一般'人'的主体性，或一般（不在学校的）'儿童'的主体性"。他认为，"学生的主体性是教师主导下的主体性"。在"新课程理念"中虽然对教师的作用赋予了很多内容，诸如价值引导、智慧启迪、思维点拨等，但关于教师的地

---

① 丛立新：《讲授法的合理与合法》，《教育研究》2008 年第 7 期。
② 查有梁：《十年新课程改革的统计诠释》，《教育科学研究》2012 年第 11 期。
③ 王策三：《认真对待"轻视知识"的教育思潮——再评由"应试教育"向素质教育转轨提法的讨论》，《北京大学教育评论》2004 年第 3 期。

位，则多借用多尔的名言"平等中的首席"，唯独不说"教师主导"，不说在学业上教师可以而且应该做主，以致不少课堂上出现了学生"众说纷纭"，教师"听其不语"的现象。① 他认为，在课程教学改革中，要改革的是不好讲授和讲授唯一，而不是要抛弃讲授。认为讲授法的采用是教育历史上的重大发明和进步，已经实行了好几百年，虽然迭受多方非议和猛烈抨击，但是"我们可以预言，除非学校消亡，在可见的未来，特别是在我们国家，在中小学校（不是幼儿园，不是研究生教育）讲授法不会消失，而且是主要方法。谓予不信，请拭目以待"②。郭华认为新课改后教学领域之所以会出现"穿新鞋走老路"的现象，正是广大师生对某些片面、偏激的所谓"新课改理念"的自发纠偏，是学校教育规律发挥积极作用的实践体现。郭华认为，"教学之所以被称为教学，是因为它是一种有目的地向学生传授人类历史文化的活动。如果没有有价值的、个人在短时间内独自探索不能获得的内容的话，就无须传授，即无须教学。正因为有了这样的内容，教学才产生，才有存在的必要"③。

二　对"重自学轻讲授"背后理论基础的论争

一些学者认为之所以会出现对讲授法的简单否定，主要是因为当前我国学界出现了一股以"轻视知识"为特点的教育思潮。④ 然而，以钟启泉为主的新课改推动派认为，中国不存在"轻视知识"的倾向，"我国的现实状况是，中小学生对基础知识和基本技能掌

---

① 王策三：《关于课程改革"方向"的争议》，《教育学报》2006 年第 2 期。
② 同上。
③ 郭华：《新课改与"穿新鞋走老路"》，《课程·教材·教法》2010 年第 1 期。
④ 王策三：《认真对待"轻视知识"的教育思潮——再评由"应试教育"向素质教育转轨提法的讨论》，《北京大学教育评论》2004 年第 3 期。

握得比较扎实、全面，在国际各类学科知识考试或竞赛中不断创造佳绩，但在学习能力、实践操作能力、生活能力方面却无优势可言"。因此，重要的是培养学生的学习能力。钟启泉认为王策三等人的知识观、教学认识观是受了"凯洛夫教育学思想"的影响，是"客观主义知识观"、是"发霉的奶酪"。"这种知识游离于丰富的现实生活之外，以其所代表的知识的权威性、绝对性成为每一个学生顶礼膜拜的对象。"① 钟启泉认为，"时至今日，尽管依然存在对知识的不同理解，但已经达成共识的是：知识不是游离于认识主体之外的、纯粹、客观的东西，学习过程也不是打开'知识百宝箱'向学生移植信息那么简单机械。学习乃是学生建构他们自身对于客体的理解，亦即知识是由学习者主动建构的。倘若没有学生积极地参与他们自身的知识表达，学习就不存在"。他认为，为卓有成效地推进新课改，有必要对知识、学习、课程等一些概念进行重建。② 由此，一些学者对新课改中的一些理念进行了批驳，如王策三认为，新课改中的一些理念在教育史上几乎都出现过，是"儿童中心主义"的翻版，"稍许学过一点教育学、教育史的人都知道，好多学者也都已明白指出，其所提出的几个基本'理念'，几乎都是教育学史上曾经在欧洲、美国、苏联、（旧、新）中国……类似地提出过的，实在不可以说是'创新'、'史无前例'的"。新课改的一些理念"不过是实用主义教育一些概念的复述，实质性的新内容实在不多"。今天，"新课程理念"又没有超越它的基本框架，如同孙大圣翻筋斗，多远也还在如来手掌中。相对于凯洛夫教育学对夸美纽斯、赫尔巴特以降的整个现代教育学传统实质性的发展和推进

---

① 钟启泉、有宝华：《发霉的奶酪——〈认真对待"轻视知识"的教育思潮〉读后感》，《全球教育展望》2004 年第 10 期。

② 钟启泉：《概念重建与我国课程创新——与〈认真对待"轻视知识"的教育思潮〉作者商榷》，《北京大学教育评论》2005 年第 1 期。

而言，实在不可比拟。① 另外有学者指出，"在我国基础教育课程改革中，提出'知识概念重建'是站不住脚的，必须坚持能动反映论的正确知识概念；建构主义不能作为正确知识概念的理论基础；用'重建'的'新'知识概念指导课程改革必将产生灾难性后果"②，因为建构主义将知识看作是主观建构的、相对的、价值化的，把知识看成是人们对客观事物的一种"解释"和"假设"。这样就会造成知识的虚无化，掌握知识就显得不那么重要了，学校消亡论也就可以成为名正言顺的了。一些学者也认为"知识建构论""只关注了知识的主观建构，而忽视了知识的客观性问题"，认为当前的建构主义学习观，虽然重视了学生学习的积极性、主动性，"但这种学习观也有潜在的危险性，很容易得出知识具有不可传递性，没有客观性，学生习得的知识只是学生建构的'自我知识'，这种知识与教师所教的知识之间亦无高低之分，而在否定了知识的可传递性后，学生自我建构的知识只会是零散的、无系统性可言的知识"③。也有学者指出，"我国'新课程理念'受后现代主义等'当代西方新理论'的影响，在学校知识的性质、学校知识教学的方式以及实现学生全面发展的途径等问题上存在诸多模糊认识，体现了其在基础教育改革思路上有原则性失误"。认为"新课程理念"对辩证唯物主义能动反映论与建构主义认知理论都存在理解上的偏误，混淆了学生的学习与一般个体的学习、教学过程与发展过程，忽视了语言工具的社会性和实践基础等，这样就导致在学生知识获得上强调"建构"而否定"传授"，其对教学本质的认识远不如教学认识论清楚、深刻、符合实际。④

---

① 王策三：《"新课程理念""概念重建运动"与学习凯洛夫教育学》，《课程·教材·教法》2008 年第 7 期。

② 刘硕：《"重建知识概念"辨》，《教育学报》2006 年第 1 期。

③ 潘新民：《反思"知识建构论"的教学意蕴》，《教育学报》2009 年第 3 期。

④ 孙振东：《学校知识的性质与基础教育改革的方向》，《教育学报》2006 年第 2 期。

新课改中，"钟王"之争反映出两派对自学的不同认识，从"文化大革命"结束后，我国在教学领域重新确立起了教学过程特殊认识的思想，虽然在20世纪80年代和20世纪90年代接受了不少西方先进的教学认识思想，但是仍未超越客观认识论和主导主体说。进入21世纪后的新课程改革中的自学思想与20世纪80年代和20世纪90年代的自学思想是有别的，21世纪我们所倡导的自学其背后隐藏了一定的知识主观论和教学的自主建构论，师生之间的关系也被概括为交互主体或主体间的一种关系。因此，"钟王"的交锋正突出地体现了我国在教学观念方面转变所产生的阵痛与曲折。随着我国社会的变迁，似曾相识的自学场面背后，其思想基础已然不同。

第三节　新课改中典型的自学模式及反思

2001年开始的新课改，以其激进的、革命性的教育理论为指导，在教学中鼓吹学生自学、主张学生在自主、合作、探究中建构知识，这些理念不仅引发了学术的争鸣，也在实践领域产生了深刻的影响，各种学校自学模式不断涌现，"先学后教"、"讲学稿"等充斥于教育报刊，"还课堂于学生"成为一时风气，教学实践领域似乎正发生着一场"静悄悄的革命"①，在众多的学校自学模式中，杜郎口中学的"10＋35"模式、洋思中学的"先学后教"模式、东庐中学的"讲学稿"模式成为各地效仿的"先例"，全国掀起学

---

①　该词最早见于日本学者佐藤学的《学校的挑战》一书，佐藤学认为，"世界的课堂正在发生静悄悄的革命。在欧美国家，以黑板与讲台为中心，教师单向灌输知识的课堂，以教科书为中心习得知识技能并且通过考试来评价的教学，已经进入历史的博物馆了。进入新世纪，即便东亚国家和地区的课堂也开始发生静悄悄的变革。中国大陆的新课程改革成为其中的一个案例"。〔日〕佐藤学：《学校的挑战：创建学习共同体》，钟启泉译，华东师范大学出版社2010年版，第9—14页。

习杜郎口的旋风，李炳亭在其《杜郎口旋风》一书中这样写道："仿佛一夜间，'杜郎口'如旋风般席卷全国。犹如哥伦布发现了新大陆，人们震惊于杜郎口中学的横空出世！纷至沓来的人，怀着'朝圣'的心，从四面八方，几乎在同一时间，会聚杜郎口。"① 这种描述虽显夸张，但也无不表现出人民对以自学为特色的课堂教学改革的重视。本节我们主要对新课改中最著名的三大学校自学模式进行介绍并做适当的评价。

一　新课改中典型的自学模式

（一）洋思中学的"先学后教"自学模式

洋思中学创办于 1980 年，位于江苏省泰兴市天星镇，最初是一所偏僻落后的农村初级中学。自 1982 年蔡林森担任校长以后，移植嫁接安徽小岗村农村改革的成功经验，把"包"字请进校园、课堂，提出"当堂教、当堂学、当堂巩固"的课堂教学改革思路，并推行"课堂完成作业"，学生的积极性被极大地调动，教学质量有效提高，到 1991 年正式形成了"先学后教，当堂训练"的学校自学思想。洋思中学由"弱"变"强"，学生入学率、巩固率、合格率始终为 100%，成为江苏省薄弱初中成功改变落后面貌的典型。

洋思中学以"没有教不好的学生"为办学理念，在实践中不断探索出了"先学后教，当堂训练"的课堂教学模式，即"洋思模式"。洋思中学的教师倡导"教师为了不教"，认为减负的根本在于课堂，教师讲课时间一般不超过 10 分钟，最大限度地发挥学生学习的主动性，探索出了一条正确处理教师主导和学生主体关系的课堂教学模式，"先学后教，当堂训练"可以具体化为提出目标、指导自学、互学互教、当堂反馈。"先学"即教师首先提出学习目

---

① 李炳亭：《杜郎口"旋风"》，山东文艺出版社 2006 年版，第 1 页。

标和自学要求，进行学前指导后，学生带着思考题在规定时间内自学相关的内容，完成检测性的练习。自学的形式多种多样、灵活多变，可以是看例题、读课文、看注释、做实验等。在学生自学时，教师巡视，发现问题记下来，但不干扰学生自学。"后教"即学生在自学的过程中，教师通过巡视，准确掌握学生的自学情况，在学生自学结束之后，发动学生通过讨论、质疑、交流等方式自行解决自学过程中暴露出的问题。让已会的学生教不会的学生，促使学生相互合作、互相帮助，达到"兵教兵"的目的。期间，教师做适当点拨，坚决反对"满堂灌"。"当堂训练"是在"先学"、"后教"之后进行的，一般不少于 15 分钟，分为必做题、选做题和思考题，着重让学生通过一定量的训练，用所学的知识解决问题，从而加深理解课堂上所学的重难点。通过当堂训练，实现"课堂上能掌握的不留到课后"、"今日事今日毕"，做到"堂堂清、日日清、周周清、月月清"，实现真正的减负。

（二）东庐中学的"讲学稿"自学模式

东庐中学是江苏省南京市溧水县永阳镇的一所初级中学，该校原是一所基础薄弱的农村初中，长期处于师资水平差、生源质量差、硬件设施差和教育观念落后、教学手段落后、教育质量落后的"三差三落后"状况。从 1999 年学习洋思中学的先进经验起，东庐中学尝试进行以"讲学稿"为载体的"教学合一"的教学改革，探索出一条教育观念新、教学方法活、学生负担轻、教学质量高的新生之路。东庐中学的教育教学改革，首先是实行"三不政策"：不补课，不给学生订辅导资料、练习册，不分好差班。其次是改革备课模式，推行以"讲学稿"为载体的课堂教学改革。最后是改革课外辅导方式，实行周周清，即在每周六对学习不过关的学生进行个别辅导。通过多年的摸索，东庐中学实现了"六无"，即无学生辍学，无学生外流，无快慢班，无补开课程，无加班加点，无违规补课，无教辅书、练习册。

"两案合一"：教师的教案往往是"讲案"，只考虑教师怎么讲，很少考虑学生怎么学，即使教案中设计了一些"双边"活动，也往往是自导自演、自问自答。东庐中学的"讲学稿"、教师的"教案"同时也是学生的"学案"。"讲学稿"是以学生的自学为主线，按照学生学习的全程来设计的，充分体现了课前、课上、课后的发展和联系，主要包括四大环节：课前预习导学，课堂学习研讨，课内训练巩固，课后拓展延伸。"讲学稿"在课前就发给学生，让学生自学课本。实际上，课本的大部分基础知识学生在课前就学会了，上课时教师按照"讲学稿"检查和点拨，以学定教。学生已经学会的，教师就不再讲；学生不会的，教师进行点拨。这样，教师教的东西就是学生想学的东西，学生不会的东西正是教师要点拨的东西，学生感兴趣的东西也是教师要补充的东西。"两本合一"：在大多数中小学中，每门课学生至少需要两个本子，一个是课堂笔记本，学生要把教师讲的东西记下来，以备复习和考试用；另一个是课后作业本，作业本还往往不止一个。除此之外，学生还要买社会上的各种复习资料、练习册，而这些复习资料和练习册往往是东拼西凑的东西，很难做到精选题目和符合当地学生的实际情况，这些复习资料、练习册是造成学生课业负担过重的重要原因。东庐中学的学生上课时只有教师发的一张"讲学稿"，课前预习用的是这一张纸，上课看的还是这一张纸，听课时需要记录的东西就在"讲学稿"的空白处记录，没有专门的课堂笔记本。课后，学生复习时用的还是这张纸，没有专门的作业本，也不买社会上泛滥的各种复习资料和练习册。过一段时间，学生把"讲学稿"装订起来，就是精选的复习资料，考前也不再专门出备考题。这样不仅最大限度地减轻了学生的课业负担，也在很大程度上提升了教学质量。

东庐中学的改革从根本上改变了传统的教学模式，由过去的"教师带着书本走向学生"变为现在的"教师带着学生走向书本"

（通过"讲学稿"），由"先教后学"变为"先学后教"，由"教学分离"变为"教学合一"，找到了教与学的有效结合点。

（三）杜郎口中学的"10+35"自学模式

杜郎口中学是山东省聊城市茌平县杜郎口镇的一所初级中学，1996 年时，该校以乱闻名，面临即将被撤并的窘境。学校改革之初，面临着"六无"，即一无资金，二无好的师资，三无好的生源，四无专家引领，五无可以借鉴的现成经验，六无改革的制度和政策支持。[①] 1997 年崔其升担任校长后，开始反思学校课堂教学的低效问题，崔其升认为学校的一切问题在于课堂教学仍未摆脱传统的模式，教师讲、学生听、一言堂、满堂灌的问题仍很严重，"虽然教师在课堂 45 分钟滔滔不绝、口沫横飞，但是却忽视了学生的主体地位，忽视了人的本质特征和成长需求，学生没有渴望上进的欲望，缺乏主动学习的动力"[②]。由此，学校开始了大胆的改革，将学生作为学习的主人，重建课堂教学模式，取得了显著的成效，造就了在"零作业"前提下的 100% 的升学率。全国各地掀起了学习"杜郎口模式"的风潮，有人将之称为"杜郎口旋风"，并给予了很高的评价："它的横空出世，不管你是否承认，却客观地标志着一个'传统课堂'教育时代的结束，而一个全新的'高效课堂时代'的开始。"[③]

杜郎口中学的课堂教学改革也以突出学生的自学为特色，提出"把课堂还给学生"的口号，主张能让学生学会的课才是好课。为使学生成为学习真正的主人，杜郎口中学首先砸掉"讲台"设"学坛"，崔其升认为传统教室中的"讲台是'神台'，讲桌是'霸

---

① 李炳亭：《杜郎口"旋风"》，山东文艺出版社 2006 年版，第 31 页。

② 同上书，第 52 页。

③ 同上书，第 2 页。

权'", "讲台是扼杀心灵的'刑场',讲桌是怒放的'罂粟'"①,有讲台的存在,就会使教师的"教"变得高高在上,因此,杜郎口中学将讲台砸掉,将讲桌撤掉,把课堂的话语权还给学生,让每个学生在课堂上敢说,会说,充分展示自己,课堂变得"动"了起来。"在整个教学活动中,学生们有的在爬黑板,有的在向其他同学展示自己的解题思路,有的还跑到教室外面,蹲下身子写写画画,然后就是相互之间的检查、提问,当然也有相互之间的点评……整个教学活动中,全是学生主动在'动'……虽然教师也在教室里,但教师的活动仅限于课堂开始时布置学习任务,随时解答学生主动提出的问题,再有便是对于学生展示分析说明过程中出现的问题进行简单的提示、指导。"② 其次,重新整合学生的"学"和教师的"教",将一节课的时间分成教师"教"的10分钟和学生"学"的35分钟,打破了45分钟由教师"一讲到底"的传统课堂教学模式,将大部分的时间留给学生来自学。教师完全由课堂教学的主角变成了配角,由前台退居到了幕后。学生在学习的过程中充分利用"兵教兵"、"兵练兵"、"兵强兵"战略,根据学生不同的学习基础、知识结构、学习成绩、学习风格等划分成不同的合作小组,发挥"冒尖生"对"学困生"的带动作用。

杜郎口中学的自学式课堂教学改革在一系列解放学生学习权的措施下,充分激发和调动了学生学习的积极性、主动性和创造性,学生的学习态度由"供应式"向"自选超市式"转变,改变了以往教师教什么学生学什么的被动习惯,整个课堂"动"了起来,课堂真正变成了"知识的节日"和"生命的狂欢",教学效果也由此得以提高。

---

① 李炳亭:《杜郎口"旋风"》,山东文艺出版社2006年版,第72页。
② 同上书,第99页。

二　对新课改中典型自学模式的反思

可以看到，这三大自学模式并非是在新课改的教育理念指引下产生的，它们多从 20 世纪 80 年代就开始实验探索，进入 21 世纪后，由于其以自学为特色的教学改革与新课程改革中倡导的学生学习方式转变的理念颇为一致，因而成为新课改中的"先锋"，成为新课改的"代名词"，引来全国各地中小学的竞相"临帖"。2008 年 5 月 4 日，旨在推广"杜郎口模式"的民间非官方"行动研究"机构"高效课堂共同体"，即中国名校共同体成立，全国掀起"杜郎口旋风"。

在"旋风热"之下进行冷静的思考，我们会发现，新课改中的这些自学教改模式依然存在着一定的缺点。第一，这些课堂教学改革仍未逃脱 20 世纪 80 年代学校自学的"窠臼"。一方面，仍以学科知识的学习为中心，把学生的学习局限于书本知识中，忽视了学生情感、态度、价值观等的养成，与新课改所倡导的"三维目标"相去甚远，虽然学生在学习方式上实现了自主与合作，但是学生主体仍未逃脱"知识容器"的命运，仍在应试教育中"徘徊"；另一方面，仍未领会现代知识观的真谛，忽视了知识的经验性、情境性、探究性以及建构性，这样的教学过程不管如何凸显学生的"自学"，学生个体仍旧是公共知识的填充者。第二，这样的自学式课堂教学改革，虽然在形式上凸显了学生的"自学"，保障了学生自学的"时空"，但是却未能真正把握住自学的实质，倡导自学重要的是学生自主性、主体精神的张扬与培养。但是，上面这些自学教学模式的一些重要环节，仍未体现出学生的参与度，例如，"有些导学案教学中'学习目标'或'学习内容'始终由教师设计、控制，这样的'自学'并不是真正意义上的自学，因为这不利于学生自主意识及其能力的发展。"① 第三，这样的自学课堂教学改革也犯了简单性思维的错误，割裂了教师的"教"和学生的"学"两者不可分割的关系，学生的"学"固然要突出自主性，但是并不能机械地通过教师"不讲"或"少讲"来实现。真正的自学并不在于教学时空如何分割，如何缩减教师讲授的时间，自学的真正实现与自学的时空分配并不成必然联系。反而，如果教师能够较好地运用启发式教学，使学生乐学，即使满堂讲授也无碍于学生的自学。

本章小结

倡导学校自学已成为 21 世纪新课改的重要标志，在新课程改革的大力推动下，全国掀起了"杜郎口旋风"。可以说，重视学校自学是我国教育理念由师本转向生本的重要表现，是未来教育教学改革的方向。但新课改在推进自学的过程中，抛弃或否定传统的教学认识论，试图将课堂教学改革建立在建构主义的理论基础上，这显得有些偏激。另外，这一时期对学校自学的倡导，忽视了以往学校自学思想和实验的历史经验，试图在课堂教学改革中重新建立一套新的教育概念，人为地将教育思想的发展脉络割裂开来，从而造成新时期的学校自学看上去妖艳，在实践时中却如一些学者所指出的"穿新鞋走老路"，学生的自学呈现出形式化和低效化的倾向。

---

① 吴永军：《关于"导学案"的一些理性思考》，《教育发展研究》2011 年第 20 期。

第 九 章

百年来中国学校自学思想演进的
总结与反思

从中华民国成立到现在，我国学校自学思想经历了不平凡的一百年，前面八章对这百年来学校自学思想在各阶段的表现进行了论述。在本章中，我们试图从总体上对这百余年来学校自学思想的演变历程进行概括和总结，进而对百年来中国学校自学思想发展中存在的主要理论问题进行探讨，最后回归教育实践，提出推进学校自学的建议。

第一节 百年来中国学校自学
思想演进的特点

学校自学思想在各个历史时期都是存在的，因为在教育教学中，若没有学习者的自觉性、主动性，任何教学都是无效的。只是在每个历史时期重"教"（教师主导）与重"学"（学生自学）的程度不同而已。纵观百年来中国学校自学思想的演变历程，我国学校自学思想在重"学"与重"教"的双重引力下呈现出螺旋式递进的特点。

一　百年来中国学校自学思想的发展反映的是"教"与"学"的博弈过程

处理好"教"和"学"的关系是教育教学永恒的主题，百年来中国学校自学思想演变的过程正是"教"和"学"两者不断博弈的过程，"教"和"学"之间不断的博弈造成了学校自学思想的起伏兴衰。当教育理念和课堂教学倾向于重"教"时，各种批评学校教育制度和班级授课制度的声音开始显现，学校自学思想开始兴盛，而当这种兴盛的气势高涨之时，教育领域又开始出现重视教学、加强教师主导的声音，学校自学思想开始消沉，百年来中国学校自学思想的演进过程正呈现出了这样的发展脉络，出现了由重"教"到重"学"，再由重"学"到重"教"螺旋式的反复，百年来中国学校自学思想的演进是"学"与"教"两者所"演绎"的"变奏曲"。

中国传统教育体系是以"学"为中心的，传统教学呈现出"以学为本，因学论教"的特征，现代学校教育制度在我国的建立改变了这种情况，以班级授课制度为特征的学校教育将教师的"教"作为教学的核心，学校教育表现出压制人自由学习的一面，正如杨贤江所言，当时的教育"有受动而无自动"。五四运动后，恰逢欧美新教育运动思潮风起云涌，杜威、克伯屈、帕克赫斯特等新教育人物纷纷访华，各种强调学生自学的思想传入我国，设计教学法、道尔顿制在我国盛行，学生的"学"受到了重视，但教师的"教"却被忽视了。常道直在概括这一时期教育的情形时曾言："最近有些新学校，每变本加厉，将教育场所一变而为学生之天下，在教学上，则提倡学生之自动与合作，而教师则退居于不重要之地位，遇学生之咨询时，始进而为解说一切，解说已毕，仍退居一旁。总之，教师在今日是极力要将自己由居高临下之地位，一降而居于襄助顾问之末席。"[①] 新中国成立后，学习苏联教育学，对民国时期只重学生自学不重教师主导的思想进行了批判，重新确立了教师在教学中的主导地位。但新中国成立之初的重"教"轻"学"，使学生的学习自主性得不到彰显，课堂教学机械呆板，由此，20世纪60年代我国教学领域开始了对教学"少慢差费"问题的批判，学生的自学得到重视，倡导学生"生动活泼主动地学习"；"文化大革命"中，学生的自学思想达到顶峰，自学走向极端化，教学关系严重失衡。"文化大革命"结束后，我国重新确立了学校教育以教学为主的指导方针，确立了教师在教学中的主导地位，重"教"的思想又重新确立起来，但是这又造成对学生"学"的忽视；伴随着"知识爆炸"时代的到来，学生的自学又一次受到重视，我国不断涌现出各种改革班级授课制度，倡导学生自学的思想，自学思想又一次走向高潮；新课改将推进学生自学作为课程改革重要的方向，但受建构主义教育思想的影响，在重视学生自学的同时忽视了教师的指导，教育界对新课改的批判、质疑之声此起彼伏，新课改中的学术争鸣可以作为这时"教"与"学"对抗的注脚。

二　百年来中国学校自学思想的发展体现出教育理念由重"教"向重"学"的转向

百年来中国学校自学思想虽然是在"教"与"学"两者的不断博弈中向前发展的，呈现出螺旋式的特点，但是这种螺旋式反复并不是停滞不前、没有质的提升的。相反，从整体上看，学校自学思想的发展体现了教育理念由重"教"到重"学"的转向，倡导学生自学越来越成为教育发展的主流和趋势。现代学校教育制度建立后，教师的"教"逐渐取代了学生的"学"，成为教育思想和实

---

① 常道直：《小学教学法概要》，《教育杂志》1924年第1期。

践的核心。这种转变使得学生逐渐成为依附于学校教育制度，依赖于教师"教"的被动的个体，人们也开始了对学校教育制度下学生自学的思考。民国期间，受欧美新教育运动及"儿童中心主义"的影响，教育上特别强调儿童学习的自主性，并提出了一些以学生自学为特色的教学改革思想，当时就有人指出，"我国教学法的变迁，是在一直线上向前进行，从教师本位改到学生本位，从成人化改到儿童化，从被动改到自学"①。新中国成立后受苏联凯洛夫教育学的影响，我国在教学中强调知识的授受，重视教师的主导地位，使得学生的学习主体性受到挫伤。直到改革开放，我国又重新开始了对教学关系的思考，确立了"学生是教育的主体"这一理念，主体性教育思想成为我国教育发展的核心理念，倡导学生自学已经成为实施素质教育和主体性教育的必然要求，新课改中我们对学生自学的重视正是对这种重"学"趋势的客观回应。纵观百年来中国学校自学思想的发展历程，虽然曲曲折折，学校自学的内涵也不断发生着微妙的变化，但是倡导学生自学已然成为教育改革不变的主题。未来社会是一个学习型的社会，教育也向终身化发展，每一个人必须成为学习的主人，正像《学会生存》中所讲的："现代教学，同传统的观念与实践相反，应该使它本身适应于学习者，而学习者不应屈从于预定的教学规则。""我们应使学习者成为教育活动的中心，随着他的成熟程度允许他有越来越大的自由。"② 既然如此，我们的整个教育思想体系也必然由教师本位向学生本位转变，"还学习权于学生"，给予学生更多的学习自由。

---

① 吴研因、沈百英：《小学教学法概要》，《教育杂志》1924 年第 1 期。
② 联合国教科文组织国际教育发展委员会：《学会生存——教育世界的今天和明天》，华东师范大学比较教育研究所译，教育科学出版社 1996 年版，第 262—263 页。

第二节　百年来中国学校自学
思想演进的动因

通过对百年来中国学校自学思想演进历程的梳理，我们可以看到，制度化教育重"教"轻"学"的痼疾是学校自学思想变迁的根源，知识观的变迁是学校自学思想变迁的主要影响因素。

一　制度化教育"重教轻学"的痼疾是学校自学思想变迁的根源

以班级授课制为特征的现代学校教育制度，虽然适应了教育普及的需要，"把学生集体作为教育对象，开辟了从外延上提高教育效率的途径"[①]，它将众多的学习者按照年龄编成不同的班级，配以一定比例的教师，将社会所需的知识以"教学"的方式传达给学生，试图实现"一个先生同时可以教几百个学生"[②]的愿景，但是这样也不自觉地将学习者变为一个被动的"受教育者"，将学习者置于学校教育的"拘束"环境之中，学习者的学习目标、学习进程、学习评价全部由学校教育的"代言人"——教师掌握，在这种以"教"为中心的制度设计内，学习者的学习已发生异化，学习者的学习能力逐步退化，自学精神日渐式微。民国时期的很多教育家对制度化教育，尤其是其中的班级授课制进行了批判，如恽代英认为现代学校教育制度，容易造成学生学习能力的"退化"：1. 上课时教师太劳，学生太逸；2. 学生因无事可做，反而脑筋退化，

---

① 陈桂生：《教育原理》，华东师范大学出版社 2000 年版，第 39 页。
② 张焕庭：《西方资产阶级教育论著选》，人民教育出版社 1964 年版，第 10 页。

活动力减少；3. 教材既不能于一时间传习太多，教师只好做许多不必要的解释参考功夫，糟蹋有用光阴；4. 学生因依赖教师，功课反是模糊笼统；5. 既有书本，又用口说，本为重复功夫，而因学生既无自己求学的心，精神亦不聚集，所以上课时间无异虚掷，学生并易假寐；6. 既以一教师同时讲授功课于全班学生，自然无法注意个性，优等生劣等生程度，亦无法调剂；7. 学生要求能了解功课，必须下课后自己用一番自习功夫，因此上课以外做功课的时间太多，没时间做其他课外的事；8. 学生太重看了教师，自己不能养成好学研究思考的习惯，所以离了学校，离开教师，便求不成学问。①

　　正如中国教育学会会长钟秉林先生所言，"近代建立新学校采取班级授课制后，才出现了重教授轻自学的情况，因此不少教育家一直在纠偏"②。从百年来中国学校自学思想的发展历程来看，学校自学思想的发展变化与人们对制度化教育"重教轻学"之弊的批判与纠正有着密切的关系，从毛泽东批判学校教育制度学习不自由——"此非读书之地，意志不自由，程度太低，侪侣太恶，有用之身，宝贵之时日，逐渐催落，以衰以逝，心中实大悲伤"③——而竭力倡导自学，主张"取古代书院与现代学校二者之长"④创办湖南自修大学；到梁漱溟揭露现代学校教育制度不重自修的弊病——"应该想个方法，使上堂的钟点减少，而把自修的工夫加多加重。我以为有好多的功课，若是由学生自己去看书，一定要比上堂由先生讲课本，比较要方便，也要多得些益处"⑤——主张利用古代书院的精神来改造现代学校教育制度，以弥补现代教育制度

----

　　① 中央教育科学研究所：《恽代英教育文选》，湖北教育出版社1991年版，第138页。

　　② 钟秉林：《自我教育是体现本质、真正生效的教育》，《中国教育学刊》2013年第1期。

　　③ 中共中央文献研究室：《毛泽东早期文稿（1912·6—1920·11）》，湖南出版社1990年版，第30页。

　　④ 陈谷嘉、邓洪波：《中国书院史资料》（下册），浙江教育出版社1998年版，第2590页。

　　⑤ 宋恩荣：《梁漱溟教育文集》，江苏教育出版社1987年版，第37页。

"重教轻学"之缺失。再到邱学华"先练后讲"、段力佩"茶馆式教学"、黎世法"异步教学"、卢仲衡"自学辅导"、魏书生"六步教学"、杜郎口中学"10＋35"模式、洋思中学"先学后教"、东庐中学"讲学稿"等。这些以学生自学为特色的教学改革思想构成了百年来中国学校自学思想的主体，这些思想表面上在变革课堂教学结构，使教师"教"与学生"学"的地位和程序发生改变，以突出学生的自学。但就其实质而言，是对制度化教育"重教轻学"之弊作出的回应，是在纠正因班级授课制造成的不重学生自学的偏失。因此，从根本上而言，制度化教育"重教轻学"的痼疾是学校自学思想变迁的根源。

二　知识观的变迁是学校自学思想演进的主要影响因素

"什么样的知识对学生最重要？"可以说这一对知识的认识一直影响着我们对学生学习方式的认识，有什么样的知识观就有什么样的教学观、师生观和相应的学习观。正如石中英在《知识转型与教育改革》一书中所言，"在一定的时代背景下，师生双方对知识的性质怎么看，很自然地影响到各自的角色，影响到师生关系的互动，甚至影响到教学评价的模式"[1]。当然一个时代一定知识观的形成必定与所处的时代背景有着紧密的联系，在不同知识观的影响下，又会形成不同的教学观、师生观，从而影响人们对自学的认识，形成不同的自学思想。百年来随着人们知识观、教学观和师生观的变迁，自学思想也不断发生着变化。根据各个时期自学思想的表现，我们将百年来学校自学思想的形态大致分为五个阶段。

第一阶段为整个民国时期（1912—1949 年），这一阶段教育思想受欧美"儿童中心主义"的影响较大，强调儿童在活动中经验的

---

① 石中英：《知识转型与教育改革》，教育科学出版社 2001 年版，第 128 页。

获得，对系统的学科知识的学习有所忽视，认为儿童的成长是儿童在与外部环境的接触中，经验自然生长的过程，所以"教学为一种刺激和指导儿童的学习的活动"，儿童的学习"完全是儿童自己对于环境积极反应的结果，所以学习完全是儿童自己的事情，教师的教学不能够用来代替儿童的学习。在教学上，教师的任务，仅在于刺激和指导，至于儿童是否学习，完全要看他们做怎样的反应"①。总之，这一阶段在自学思想方面表现为：以发展儿童天性为目标，注重通过儿童的自主活动获得成长经验，教师在儿童自动的活动中起辅助指导作用，不可代替儿童活动。

第二阶段为新中国成立直到"文化大革命"爆发（1949—1966年），这一阶段随着国家政权的更迭，意识形态的变化，我国教育领域开展了"改造旧教育、建立新教育"运动，对民国时期"儿童中心主义"教育思想进行了清算，代之以苏联教育学理论。否定了以儿童经验为中心的教育，确立了知识在教育中的核心地位，认为，教学过程就是一个特殊的认识过程，在教学这种特殊的认识过程中，虽然也必须尊重儿童的自觉性原则，但是此时的自觉与民国时期强调儿童自动已大不相同，在教学中必须重视教师的主导作用，认为，"在教学过程中，教师有所传授，学生有所接受，在授受之间，教师总是起着主导作用的，教师的主导作用可说是一种客观存在，不容否认的"②。虽然在教育大革命期间，对制约学生学习自主性的"量力性原则"进行了批判，倡导学生应"生动活泼地学习"，但总体而言，新中国成立后至"文化大革命"前，仍以书本知识的学习为主，强调教师主导，对学生的自学不够重视。

第三阶段为"文化大革命"期间（1966—1976年），"文化大革命"从某种意义上讲是一场教育改革的大胆试验，"文化大革

---

① 赵廷为：《教材及教学法通论》，商务印书馆1944年版，第7页。
② 南京师范学院教育系：《教育学》，江苏人民出版社1959年版，第102—110页。

命"中将"教育与生产劳动相结合"视为圭臬，重视直接经验的学习，批判凯洛夫的教学阶段理论，认为这一理论是从概念到概念的"鬼把戏"，是"密封罐头式"的教育思想。由此，主张学生参加"三大革命实践"，将正常的课堂教学斥为在搞"智育第一"；否定教师在教学中的主导地位，尊重学生的主体性，倡导自学成才，教学关系严重失衡，学校自学思想发生畸变。

第四阶段为"文化大革命"结束到新课改正式开始（1976—2000年），在这一阶段，我国在教学思想方面恢复了20世纪50年代和60年代的特殊认识论，重新确立了知识在教育教学中的核心地位，仍将教学视为传授知识的一个特殊认识过程，只不过在这一时期，在教学观方面发生了明显的变化，在重视教师主导地位的同时，更加强调学生的学习主体性，倡导一种主导主体观，对学生的自学较为重视，但是在知识客观的前提假设下，学生的自学不自觉地变成工具性的获取知识的手段，"就是所谓的'发现学习'也并不是允许学生真的做出自己的发现，而只是'接受学习'的一种变种"①，在这一过程中作为学习主体的人被忽略了。

第五阶段为新课程改革以来（2000年—今），从20世纪90年代中后期开始，我国教育教学理论开始进入转型阶段，在知识观方面，后现代知识观逐渐取代现代知识观，现代知识的"客观性"、"普遍性"、"中立性"遭受批判和解构，课程知识不再是"客观的"、"普遍的"、"中立的"，而是文化建构的、价值涉入的和具有情境性的。课堂知识也由以往的只重视"公共知识"，转向兼顾"个体知识"；由以往只重视"显性知识"，转向兼顾"默会知识"。与此相应，教学过程也不再是一种特殊认识的过程，而是一个由学习者建构知识的过程，"'知识'是不能简单地移植，不能简单地

---

① 石中英：《知识转型与教育改革》，教育科学出版社2001年版，第120页。

'授—受'的，而必须经历一个学习主体的自主建构的过程"①。基于这样的教学论思想，师生关系也发生了变化，不再是"主导—主体"这样一种关系，而是一种主体间性的关系，是一种主体间的交往对话关系。知识观、教学观、师生观的这些变化构成学校自学的新内涵。见表9-1。

表9-1　　　　　　　　　不同时期学校自学思想的表征

不同时期	知识观	教学观	师生观
1912—1949 年	活动经验	做中学	自动指导
1949—1966 年	书本知识	特殊认识	自觉主导
1966—1976 年	革命实践经验	实践认识	自学成才
1976—2000 年	书本知识	特殊认识	主导主体
2000 年一今	知识、经验	交往建构	主体间交往

通过以上分析可以看出，制度化教育"重教轻学"之弊，是百年来中国学校自学思想变迁的根源。只要制度化教育存在，倡导学生自学的思想将一直存在下去，以自学为特色的课堂教学改革也将继续下去。每一时期人们对知识的认识，又决定着这一时期人们对自学内涵的认识，决定了学校自学思想演进过程中的具体阶段划分。制度化教育"重教轻学"之弊与知识观的变迁共同影响和决定着学校自学思想的演进。如果说制度化教育"重教轻学"之弊决定了学校自学思想发展总体趋向的话，知识观的变迁则限定着每一时期学校自学思想的具体内涵，使学校自学思想的演进呈现出不同的特点。

---

① 肖川：《知识观与教学》，《全球教育展望》2004 年第 11 期。

第三节　对学校自学思想演进的理论反思

通过对百年来中国学校自学思想演变历程的梳理和分析，我们认为要构建正确的学校自学理念，需要厘清知识观与自学、制度化教育与自学、教师主导与自学的关系，树立辩证的知识观，坚持教师的有效指导，推进学习型学校建设。

一　厘清知识观与自学的关系，树立辩证的知识观

百年来中国学校自学思想演变的背后表达着人们知识观的变化，知识观即一定时期内人们对什么是知识、什么知识最重要等问题的认识，知识观的变化必然带来教育观、教学观的变化。如当强调儿童经验知识最重要时，教育必然重视学生的自主探索、自学；当强调科学知识重要时，教学中教师主导作用将受到重视。当认为知识具有建构性时，必然会尊重学生在学习中的主体性；当认为知识是客观不可变时，就容易造成教学中的灌输与对学生主体的无视。知识是经验的反映，经验分直接经验和间接经验，间接经验也就是我们通常所说的知识。传统教学认识论认为鉴于学校教育的特殊性，教学过程以获得间接经验为主，也即教学过程是以知识授受为主的。教学过程是以知识传授为主还是以直接经验为主直接影响到了百年来中国自学思想的演变，民国时期受实用主义教育思想的影响，提倡"教育即生活"、"生活即教育"，强调学生在学校中经验的获得，教学过程中重视直接经验的获得。此时，教学模式变为"设计教学"，教学过程强调"做中学"，学生学习方式当然以自学、自我体验为主。新中国成立后一段时间受苏联教育学的影响，开始重视科学知识的学习，将教学视为知识传授的过程，重视教师

的主导地位，强调教师对教学过程的控制，此时也十分强调学生学习的自觉性。但是，将知识的获得视作教学目标，必然造成学生学业压力过重，使学生的学习过程工具化，学习自主性受到压制。"文化大革命"中，我们反其道而行之，贬抑知识（间接经验），无端抬高直接经验的价值，当时强调学生要参加"三大革命实践"，否定了学校是传授间接经验（知识）的特殊场所，如当时有人认为参与劳动的贫下中农最有知识，而学校里的教师属于伪知识阶层，应该受到批判。"我们广大贫下中农打过土豪，分过田地，斗过地主资产阶级，现在还狠批走资派，经常耕作在广阔天地里，难道我们'没知识'，只有那些四体不勤、五谷不分的书呆子才算有知识吗？"[①] 在这种理念的影响下，各地掀起了根据贫下中农的口述，编写教材的群众性运动，这样"大长了贫下中农的志气，大灭了资产阶级的威风"。学生学习的外延也被无限扩大，自学也变为赤裸裸的参加实践，从实践中自学成才。"文化大革命"结束后，我国教育理论界重新确立了教学特殊认识论，依旧重视知识的客观性、普遍性、中立性。虽然在教学中提倡"教师主导、学生主体"，但学生这种学习主体成为一种"假主体"，学生学习的自主性被架空，依然是知识的奴仆。到了 20 世纪 90 年代中后期，随着建构主义、后现代主义等教育思想的传播，后现代主义知识观逐渐占据了我国教育思想的主流，知识已不再客观、普遍、中立，而向文化性、境域性、价值性转变，知识具有建构的性质，课堂具有生成性，"学生成为知识的自主建构者"。新课改以来对传统知识观的解构，似乎带有"轻视知识"之嫌，学术界也就此展开了学术争鸣。

通过对百年来知识观与学校自学关系的梳理，可以看到树立辩证的知识观的重要性。一方面，我们应认清我国教育存在的过于重

---

① 郸城县周楼大队贫下中农管理学校委员会：《彻底改变资产阶级知识分子统治我们学校的现象——纪念毛主席"五七指示"发表十周年》，《开封师院学报》（哲学社会科学版）1976年第 3 期。

知识结论不重知识获得的过程，使得学生对知识的理解只知其然而不知其所以然的弊病。因此，在教学中强调知识的情境性、建构性是有必要的。只有情境化，可建构的知识才更容易被学生接受和内化。此处，强调知识的情境性、建构性不是目的而是手段，获得客观性的知识才是学校教育的目的。后现代主义的知识观纵使有所偏激，但若利用好，是有益于我国课程教学改革的。在当下课堂教学改革中适当放下对科学知识结论的敬畏，重视学生对知识形成过程的理解和体验，并非是"轻视知识"的表现，而是扭转我国教育太过重视知识客观性的有力之举。"从代价论视角审视，新课程改革'轻视知识'之嫌恰恰是一种必要的合理付出，淡化对知识获取结果的死记硬背，转向对知识获取过程的体验和发现，是新基础教育改革的必然趋势。"[1] 另一方面，我们在强调知识学习要回归生活的同时，也不能忽视学校教育教学本身所具有的间接性。学校教育本身是一种"集约化"和"浓缩型"的认知的场所，教学认识必定是一种特殊的认识过程，学生所学的知识也必定是以间接经验为主的，"学生认识的对象（客体）和认识的方式都是特殊的，主要是间接经验——学习间接的经验，间接地去经验"[2]。否定教学认识的间接性其实就否定了学校教育存在的必要性。学校教育当以间接经验的学习为主，直接经验的学习为辅，切不可本末倒置，造成学校教育生存空间的瓦解，将教育推向"反智主义"的危险境地，"文化大革命"中的教育实践就是先例。

二　厘清教师主导与自学的关系，坚持教师的有效指导

百年来学校自学思想的发展历程也是教师与学生在教学中地位

---

[1]　张济洲：《课程改革的"代价意识"》，《上海教育科研》2005年第8期。
[2]　王策三：《教学论稿》，人民教育出版社2005年版，第116页。

变迁的百年，百年中的一些阶段对学生的主动性、主体性过度放纵，致使教师在教学中的主导作用不能够充分发挥，使得学生的学习显得随意、盲目，教学秩序混乱，教学质量受到严重损害。倡导自学从来就不曾否定过教师的指导作用，如早在1914年自学主义盛行之时，就有学者指出，倡导自学"非使其大部分为独立的学习也。盖虽非全然受教师之干涉，然欲令其全为独立的学习亦终不可得，无论如何必略受教师几分之干涉及辅导"[①]。只是在教育教学实践中，容易将自学与教师主导作用对立起来。如在民国初期，受西方"儿童中心主义"的影响，将教师作为儿童的活动的指导，成为儿童学习的附庸，"教学为一种刺激和指导儿童的学习的活动"，儿童的学习"完全是儿童自己对于动境积极反应的结果，所以学习完全是儿童自己的事情，教师的教学不能够用来代替儿童的学习。在教学上，教师的任务，仅在于刺激和指导，至于儿童是否学习，完全要看他们做怎样的反应"[②]。正是在这些教育理念的指引下，道尔顿制和设计教学法在我国畅行，这两种教学改革思想都高估了学生学习的自觉性和主动性，道尔顿制废除班级授课，改由学生在实验室自学，但由于学生学习自主性的不足，使得逃学严重，被戏称为"逃而遁之"，而设计教学法也有相似的命运，整个教学以儿童为中心，从儿童的兴趣出发，试验设计教学法的代表人物沈百英回忆说："没有上课、下课，也没有课内、课外，也不分科目，似乎很原始，像没有学校的样子。进入课堂，我对学生说的第一句话是，今后你要学什么，就学什么，你们要学什么，我就教什么。"结果就出现了"天天在那开什么庆祝会、展览会、贺新年、做生日等等"的教学情景，以致学生"读书不能成诵，别字太多，算法又缓

---

① 天民：《自学自习之方法》，《教育杂志》1914年第1期。
② 赵廷为：《教材及教学法通论》，商务印书馆1944年版，第7页。

慢又错误"①。这种一味听任儿童兴趣的教学使他们的课业毫无系统性，为广大教师和家长所排斥。学生乐得轻松自在，于是一到上课，学生提出各种稀奇古怪的想法，"杀鸡教学法"就成为对设计教学法的戏称。当前，我国教育领域"儿童本位观"依然很盛行，一些地方在新课程改革中出现了过度强调学生自主，导致教师主导缺失的现象，如在课堂教学中"忌言讳讲，甚至把少讲或不讲作为新课改的标志"、"忌讳批评，甚至回避教师在价值引导上的责任"、"忌讳管学生，甚至提出学生可以在课堂上'自由'地做任何事情"、"忌讳预设，甚至喊出了无预设课堂的口号"、"忌讳思考，甚至出现了用多媒体代替大脑、形式代替思考的倾向"。② 这种课堂教学改革看似充分体现了学生的主体性，但实际上却因为教师主导的缺失，学生主体性的发挥受到他们自身认知水平的限制，在这样的课堂上，展现出的仅是学生肤浅表层的甚至是虚假的主体性，导致课堂低效或无效。③

因此，我们应正确认识和辩证看待"学生本位观"，以学生为本并不排斥教师的指导作用。一方面，我们要划清"学生本位观"和"以学生为本"的界限，不能将"以学生为本"与"学生本位观"画等号，"本位观"回答的是从哪个位置出发去思考的问题，属于本体论的范畴，如学生本位即从学生的角度出发思考问题，而"以学生为本"属于价值论的范畴，两者是不可混淆的。学生本位观不一定就是以学生为本，一味地追求学生本位，以儿童为中心，漠视教师的指导作用的教育对儿童的发展也是不利的，也不符合"以学生为本"的理念。另一方面，我们在认识到"儿童中心主

---

① 1982 年丁证霖访沈百英笔录，转引自瞿葆奎、丁证霖《设计教学法在中国》，《教育学文集：教学》（上），人民教育出版社 1988 年版，第 342 页。

② 朱开群：《新课程实施过程中教师主导作用的缺失》，《现代中小学教育》2006 年第 12 期。

③ 余文森：《新课程教学改革的成绩与问题反思》，《课程·教材·教法》2005 年第 5 期。

义"积极意义的同时，也要认识到它的局限性，虽然西方"儿童中心论者"在发现儿童、解放儿童这一重大观念变革中起到过重要作用，但是"儿童中心论"者的理论基础却存在局限性，他们以抽象的人性论为支撑，而抽象人性论的根本特点就是脱离了人的社会性和历史性来谈论所谓普遍的、永恒不变的人性。西方"儿童中心主义者"所犯的就是这种错误，虽然他们的一些学说为我们描绘了美丽的图景，但是这种图景是建立在主观的人性观之上的，虚假化了儿童的自觉主动性，在这种理论指导下的课堂教学必然陷入低效和混乱。[①] 在教育领域中还学习权于学生的同时，我们还必须不断提高教师的认识和素质，在教师有效指导下的学生自学才可能实现高效率的学习和促成高效课堂教学的生成。"要知道，绝不是学生的主动活动就能自发推进教学过程，没有教师这个'重组者'角色的重要作用的主动发挥，就不能有高质量、有效的互动，学生将可能变成散沙一团，教学也失去了它的意义。"[②]

三　厘清制度化教育与自学的关系，推进学习型学校建设

处理自学和制度化教育的关系实质是理解自由和制度的关系，理解学习自由及其限度的问题，自学是一种个别化的学习方式，学习者可以按照自己的兴趣、爱好选择学习内容，安排学习进程，因此，自学是学习自由的表现之一。只有自由的学习，才是真正的学习，从学习的过程看，学习是一个由学生自己理解、领悟的过程，任何学习若不经由学生自己启动和维持都是枉然的，对于这一点，我国历来教育家都有认识，如孟子很早就提出"深造自得"的理

① 刘秀峰：《儿童读经是否引发儿童教育观之辩——与刘晓东先生商榷》，《中国教育学刊》2011 年第 7 期。

② 叶澜：《重建课堂教学过程观——"新基础教育"课堂教学改革的理论与实践探究之二》，《教育研究》2002 年第 10 期。

论，认为自得的东西，用起来才会"左右逢源"。现当代一些教育家也提出了相似的看法，如叶圣陶认为，"知识是求知者主观欲望和兴趣的结晶体"，"离开求知者的主观便无所谓知识，所以知识只有自己去求"。他认为从教师那里得来的知识并非直接就是学生的真知识，"教师的真知识终究是教师的，与儿童没有关系；教师用语言和文字将古人的和自己的经验——传授给儿童，即使这些经验是千真万确的，毫无疑义的，也不一定能使儿童得到真知识。因为这许多经验在教师固然已心领神会、亦知亦行了，在儿童也许不觉得需要，不发生兴趣。如果这样，这许多经验就不会加入儿童的知识的总和。儿童总要在他们的实际生活中有所需求，自己去研究解决的办法，还要自己证实过，经验过，才会得到真的知识。有时他们听讲看书，却不立即信从别人的经验；而运用自己的推想力去寻求实证和实验，最后得到了和听到的看到的相同的结果，这才是他们的真知识"①。梁漱溟也曾有过精辟的言论："学问必经自己求得来者，方才切实又受用。反之，未曾自求者就不切实，就不会受用。俗语有'学来底曲儿唱不得'一句话，便是说：随着师傅一板一眼地模仿着唱，不中听底。必须将所唱曲调吸收融会在自家生命中，而后自由自在地唱出来，才中听。学问和艺术是一理：知识技能未到融于自家生命而打成一片地步，知非真知，能非真能。真不真，全看是不是自己求得的。一分自求，一分真得，十分自求，十分真得。"② 任何知识不经学习者自己求得，都是不真切的，因此只有自由的学习才是真正的学习。自学在这一点上较强迫性的、压制性的学习具有很大的优势，因为，一般而言，自学的内容是学习者自己选择的、学习的进程是学习者自己调控的，这样的学习得来的

① 叶圣陶：《小学教育的改造》，《叶圣陶集》（第十一卷），江苏教育出版社1991年版，第33—39页。

② 梁漱溟：《我的自学小史》，《梁漱溟全集》（第二卷），山东人民出版社1991年版，第621页。

知识才是真正实用的，这正是千百年来人们倡导自学的根本原因。

　　制度从其起源和价值看是为保障自由的，"自由是制度价值的真精神"，人们为了使自由得到保障而设置了制度，但是当制度发展到一定程度时，制度就会发生异化，即"制度的主体和客体对立起来，将制度的目的和手段对立起来，割裂制度的本意，扭曲制度的本质，最后将制度变成社会和人发展的桎梏"①。"制度的同一性、稳定性、规约性发挥到极致，就成为'制度化'，它是制度的一种异化形式，是制度弊端的集中表现，任何一种制度运用不当都有可能沦为'制度化'。"② 由此，制度变成束缚人自由发展的"牢笼"。学校教育制度也是如此，从学校教育的起源看，学校教育是为满足人们求学的需要，实现学习者的学习自由，但是当学校教育过度制度化时，学校教育制度反而成了束缚学习者自由学习的羁绊。"在强大的制度面前，个人的自由少得可怜，而在更多的时候，为了得到遵从制度所带来的某些利益，还不得不把已经少得可怜的自由再度出让给制定制度的个人或者集体。学校教育成为一种制度化的存在之后，就越来越体现出令人压抑的'制度化'的特征。"③这从百年来我国学校自学思想的演进中就可略见一斑，自从现代学校教育制度在我国建立，对学校教育制度束缚学习自由的批评就从未中断过，从杨贤江批判现代学校教育制度"闻铃上课，闻铃退班，有受动而无自动"，到毛泽东批判学校教育制度"此非读书之地，意志不自由，程度太低，俦侣太恶，有用之身，宝贵之时日，逐渐催落，以衰以逝，心中实大悲伤"。民国时期的一些学者也曾对学校教育制度存在的价值进行过深刻的思考，如丰子恺在《无学校的教育》一文中指出："学校至多不过是教育的一部分，教育不仅是学校，我以为人还是在家庭、在社会所受的教育多。""我以为

---

① 辛鸣：《制度论——关于制度哲学的理论建构》，人民出版社 2005 年版，第 133 页。

② 刘国艳：《制度分析视野中的学校变革》，吉林大学出版社 2011 年版，第 55 页。

③ 同上。

过分把教育委托于学校，是不好的。现在几乎一切的人都以为非学校不能教育，不入学校就不能养成良好的人格。因此，盲目地信赖学校，以为总要入上级的学校，总要入名望好的学校。做学校的奴隶了！""纯粹的真的教育，没有学校也可以行。与其在学校里，不如由家庭教育或自修可以造成真正的美的人格。学校可说是表面的教育，只是外部的装饰。在今日真正的自己的思想、趣味、道德及人生观，都不是从学校得来，而是从新闻、杂志以及种种的书籍、出版物上得来的。学校只是卖各种知识的商店。中学、大学的学生，似乎都不是为了要得自己的人格的教养而入学的。不过要出社会先入学校，较为便利，专为得毕业证书，得'资格'而入学的。"①"文化大革命"期间，更是对学校教育制度的功用进行了批判，发出"砸烂旧的教育制度"的口号。

制度化教育在一定程度上束缚了学生学习的自由，面对这一事实，我们应厘清学生学习自由的限度，"学习应该是自由的，学习的自由也是有限度的"②。学生的学习自由首先需要教师的指导，教师可以对自由学习中的一些问题做出指导，学习自由还要受到学生已有认知水平的限制等。这些学习自由的限度是合理的，是可以理解的，但是在制度化的教育中却有着众多的不符合学生学习自由的制度设计，如学生学习内容、学生学习的进度等。对于制度化教育的这些弊病，我们应冷静理性地看待，正如陈桂生所言，"中国迄今为止'制度化教育'在多大程度上丧失其存在的理由，从根本上触动'制度化教育'的时机成熟与否？假若不看时机，动辄向它'开刀'，其结果或比'制度化教育'更糟，那倒是有史可鉴的"③。因此，我们在批判现代学校教育制度的同时，首要任务是对束缚学生学习自由的一些制度做出变革，而不是废除学校教育制度。

---

① 丰子恺：《无学校的教育》，《教育杂志》1927年第7期。
② 石中英：《论学生的学习自由》，《教育研究与实验》2002年第4期。
③ 陈桂生：《"制度化教育"评议》，《上海教育科研》2000年第2期。

我们应不断对学校教育制度做出变革，调整教师"教"和学生"学"两者的关系，将学生的"学"置于整个教育制度的中心，建设学习共同体。我想，对于学校教育制度的改革，我们在一定程度上可以借鉴古代的书院制度，至少从形式上而言，古代书院制度的整体设计是以学生的"学"为中心的，书院中以学生的自修自学为主，教师的讲学指导为辅，书院布局也多位于适合静心学习的风景名胜之地，书院中又有丰富的藏书供学生阅读，等等。可以说，书院制度就是一种学习型组织的典范。

第四节　对推进学校自学的若干思考

90 多年前，道尔顿制在我国曾风行一时，1922 年舒新城在上海吴淞中学最先实验道尔顿制，此后道尔顿制在通都大邑之教育界，几乎成为家喻户晓之名词，1922 年《教育杂志》辑出"道尔顿制专号"，1923 年第九届全国教育联合会通过了《新学制中学及师范学校宜研究试行道尔顿制案》，各地仿行之学校亦达 60 余所，道尔顿制在我国的实验达到高潮，"道尔顿制的空气弥漫于教育界"。[①] 然而到 1925 年前后，道尔顿制在我国的热潮就开始消退，自 1924 年秋至 1925 年帕克赫斯特女士访华之前，教育论坛上竟无道尔顿制论文，专书也不曾有，亦有些试验道尔顿制的学校因为失败而改为班级教学。90 年前的道尔顿制是这样，那么当前的"杜郎口旋风"又能刮多久呢？"静悄悄的革命"能否在我国持久地进行下去？通过对百年来学校自学思想演进的研究，本节我们提出对推进学校自学的几点建议。

---

① 舒新城：《今后的中国道尔顿制》，载吕达《舒新城教育论著选》（上），人民教育出版社 2004 年版，第 522 页。

一　树立"著乎心"、"随事学"的自学观

树立正确的学校自学观才能让教育者和学习者懂得什么样的学习才是真正的自学，继承中国传统教育中自学思想的精华，我们提出要树立"著乎心"和"随事学"的学校自学观，"用心"自学，"随事"自学。

首先，我们应树立"著乎心"的学校自学观。传统教育很重视学生学习的实质，将自学看作是"修"的一个过程，即学习者要"如琢如磨"地反复钻研。虽然我们的学习要经历"如切如磋"的"道问学"的阶段，但是若不经过学习者自己的"自修"、"自悟"的过程，任何外在的信息对学习者而言都如虚设。在"自修"的过程中要讲求"著乎心"的学习，荀子的《劝学》一文对学习者的这种自学精神做了清晰的描述："君子之学也，入乎耳，著乎心，布乎四体，形乎动静；端而行，蠕而动，一可以为法则。小人之学也，入乎耳，出乎口，口耳之间则四寸耳，曷足以美七尺之躯哉。"① 真正的学问必经学习者自己用心去求，若不用心，那就成了"入乎耳，出乎口"的"小人之学"了。孟子也认为"尽其心者，知其性也。知其性，则知天矣"。认为只有扪心、竭尽其心，才可以恢复先天的知性，进而才可以知天理。陆九渊也主张用心读书，他反对那种书本记诵式的学习，有诗云"书非贵口诵，学必到心斋"。"学必到心斋"一语可谓惊人，深刻地揭露了我们学习的本然状态，学习就是用心的、全心投入式的，那种无心的、"颈部以上"的学习是无意义的。学生不"用心"的学习是无用的，即使看上去是自学，但实质却不是自学，所谓"心不在焉，视而不见，听而不闻"（《大学》）就是此理，我国有歇后语"小和尚念经——

---

① 舒岩：《读书灯——中国古代读书劝学文选》，化学工业出版社 2010 年版，第 6 页。

有口无心"也是此理,看似在念经,实质"有口无心"。教学实践中这样的事例还有很多,许多教师在课堂教学中"满堂灌",不注重激发学生的学习兴趣,学生对知识"左耳朵进,右耳朵出","心不在焉",学生看似在刻苦而学,实质浪费了年华。因此,我们倡导的自学是一种"著乎心"的学习,"用心"为学。

其次,要树立"随事学"的学校自学观。传统教育虽然十分重视书本知识的学习,但是对"道"和"理"的探寻却没有局限于书本知识,而是主张在生活中"随事学"这样一种自学态度。只要我们用心,生活中时处可得教育,正如王阳明有云,"行之真切笃实处即是知",只要用心体悟,我们所历任何事都具教育性。清代学者张潮在《幽梦影》中写道:"善读书者,无之而非书。山水亦书也,棋酒亦书也,花月亦书也。"① 此语对我们有很大的启发,善学者,随处可学、随时可学、随事可学、随人可学也。清代袁枚在《随园诗话》中用一则小品也表达了此意,"多师是我师,非止可师之人而师之也。村童、牧竖,一言一笑,皆吾之师,善取者皆成佳句"②。当前,随着信息化的迅速推进,学习型社会逐渐形成,整个社会就是一个大学校,我们应摒弃"唯书本知识是论"的知识观,树立"大知识观"和正确的教育资源观,将整个生活纳入教育资源的范畴,在此基础上树立"随事学"的自学观。

这两种自学观,一种是从自学的深度而言的,是如何自学的问题;一种是从自学的广度而言的,是从什么地方自学的问题。这两种自学观是我国传统学习观的重要组成部分,在当前倡导终身学习的大背景下,我们理应树立这样的自学观。

---

① 张潮:《幽梦影》,中华书局 2008 年版,第 156 页。
② 袁枚:《随园诗话》,浙江古籍出版社 2011 年版,第 21 页。

二　区分自学的两个不同层次

要区分自学的两个不同层次。第一个层次是自学的精神，是学生在学习的过程中能够独自完成学习任务的品格，是一种隐性的学习品格；第二个层次应该是自学的形式，它是我们所能见到的，通过改革课堂组织形式，使学生的自学时间、空间得以保障的一种课堂组织模式。在实践中，第二个层次的自学，我们可以通过改革课堂组织形式来达成，但是要达到第一个层次的自学，即养成一种自学精神却是比较困难的。1923 年东南大学附中的道尔顿制实验结果就很有启发意义，实验对道尔顿制与班级授课制学生的学校成绩进行了比较，结果差强人意，从总体上而言，道尔顿制和班级授课制的实际效果不相上下。廖世承对班级授课制与道尔顿制的分析很有见地："班级教学与被动的学习并无绝对的关系。分团教学、设计教学、社会化教学，何尝非班级教学，何尝不注意自动。并且自动的意义很难解释，如指形式的自动，道尔顿制固远班级制。如指精神的自动，两制优劣，殊难断言。尝见学生在道尔顿制班作业时，潜心研究者固不乏人，而或作或辍，精神散漫者，也不在少数。在班级教学中，有时全体学生，自始至终，精神异常活泼。所以认道尔顿制为完全自动，班级教学为完全被动，也属皮相之论。"[①] 著名心理学家奥苏贝尔曾对进步主义教育学派对讲授教学和接受学习的质疑进行过驳斥，他根据课堂学习中知识的来源和学习过程的性质将学习划分为"接受—发现"、"机械—意义"两个维度，并提出了与流行见解不同的观点，认为它们之间是相互独立、互不依存的，发现学习不一定是有意义的，接受学习在适当的条件下完全可以产生有意义的过程和结果。当客体的教材知识有"潜在意义"，

---

① 　廖世承：《东大附中道尔顿制实验报告》，商务印书馆 1925 年版，第 170 页。

学生主体又有积极的意义学习的心向时，接受学习也可能成为有意义的学习。因此，辨别学生是否是自学，不能看形式上的自学，而应将精神上的自学作为我们的终极追求，即奥苏贝尔所说的有意义学习的"心向"。当前，在新课改"自学热"中，各地对杜郎口、洋思、东庐等自学课堂模式进行了仿行，但是在效仿的过程中，不少地方陷入"形式化"的困境中，有人将其称为"四个满堂"，在课堂教学中，对学生的自学时间和空间给予了充分的满足，学生"满堂问"、"满堂动"，教师"满堂放"、"满堂夸"，但是形式上的自主并不一定能带来精神上的自主，"活"起来的课堂并不代表学生学习的真正自主。

三　准确把握自学的适宜度

学生在教学中能否自学，一方面与所学科目有关，一般而言，人文社科性的科目较为适宜自学，数理技术类的科目就不是很适宜自学。有论者对 25 个杰出人物群体的 2198 份样本进行个案分析和统计分析之后，发现在各种帮助最大者的回答中，居第一位的是教师，占 47.2%。而对教师的依赖程度又因所学学科和专业不同而有区别，其中数学、物理、化学、天文、地理、生物及经济学等领域强调言传知识、逻辑知识，学生在学习上对教师的依赖程度较高。企业管理、军事、政治和历史等学科的知识属于经验知识，意会知识较多，学生在学习上对教师的依赖程度较低甚至有时可以通过自学和"做中学"来获得知识。至于美术家和音乐家对教师的依赖程度较高，则主要是因为美术和音乐具有特别的技巧性，美术还具有很强的摹仿性。[①] 另外，自学也与学习者的认知水平相关，要以一

---

① 缪进鸿：《对一门新的学科分支——比较人才学创始历程的回顾与思考》（下），《人才开发》2011 年第 8 期。

定的认知水平为基础。根据我国教学论专家江山野的研究，一般说来，小学生的认知水平还较低，对学习的自我监控能力比较差，因此对这个年龄段的学生，不宜过多地主张自学，而应以教师的教学为主。初中生和高中生的认知水平已具有相当的程度，学习的目的性、独立性逐步增强，对学习的自我监控、自我评价能力进一步改善，加之这个阶段的学生的可塑性最强，因此在初高中阶段，教师可以鼓励学生进行自学，但仍要以教学为主。对于大学生，认知水平和自我意识已基本成熟，大学教育应以自学为主，教学为辅。[①]民国时期，虽然在小学多采用设计教学法，以单元设计教学为主，在中学多采用道尔顿制，以学生的自学为主，这虽然基本符合学生自我意识发展的规律，但仍将小学生视为幼儿，在自由的教学设计下让其做自由的活动，这在一定程度上低估了学生的认知水平，妨碍了小学生的认知发展。而让中学生在实验室完全自学，这在一定程度上高估了学生的认知水平，对其发展也是不利的。当前，在新课改中，出现了盲目仿效杜郎口、洋思等中学教改中"先学后教"自学模式的现象，机械地将学生的"学"和教师的"教"割裂开来，将学生的自学作为新课改实验的标准，这种现象反映了教学中对所学科目和学生的自学能力进行分析的缺乏，容易造成"东施效颦"、"画虎不成反类犬"的状况。也正是这样，有学者夸张地指责："2001 年至今的十年新课改，是激进式的课改，是学习方式的'大跃进'，为的是让中小学生'跑步'提前进入'研究生阶段'。"[②]

四 推进小班化教学

自学与个别化教学有着天然的联系，自学是一种个性化的学习

---

① 江山野：《论教学过程和教学方式》，《教育研究》1983 年第 9、10 期。
② 查有梁：《十年新课程改革的统计诠释》，《教育科学研究》2012 年第 11 期。

方式，每个学生会基于自己的认知特点，对自己的学习动机、学习内容、学习方法、学习时间、学习过程、学习结果、学习环境等做出自己的选择。但是由于学生的认知水平有限，教师在学生的自学过程中必须起到一定的启导、点拨作用，使学生的自学得以有效进行。但是在班级授课制度下，一方面，容易形成教师"满堂灌"、学生被动接受知识的学习氛围；另一方面，在班级授课制度下，一个教师同时面对大量的学生，是不可能根据学生的认知特点和水平做出个别化的学习指导的。在班级授课制度下，实现真正的自学是有很大困难的。实施个性化教学有利于自学的真正实现，基于我国人口众多的国情和适龄儿童数量逐年减少的实际，我们认为今后应当大力推进小班化教学，实施小班化教学应该成为我国"后普九时代"的一项重要改革，因为小班化教学有利于实现因材施教，促进教学公平，实现教育质量的提高。在推进自学方面，小班化教学也有着一定的优势，每个教师所要指导的学生数量的减少，有利于教师对每个学生的学习能力及其学习方式做出判断，从而对每个学生的学习进行有效的指导。

五　不断创新课堂教学模式

虽然形式上的自主并不能代表精神上的自主，但是要推进实质的自学，还必须从变革班级授课制度开始。从形式上的自主逐渐走向精神上的自主，从可见的自主走向不可见的自主。班级授课制度是现代学校教育制度的核心，它是在工业化时代，在有限的教师、教育资源与大量的教育需求者之间的矛盾无从解决，供求关系不平衡的情况下产生的。班级授课制将教师的教作为教育的核心，不利于学生学习自主性的发挥，学生成为一个被动的学习"执行者"。因此，变革班级授课制度，使学生成为学习的主人就成为百年来我国自学思想演变的主题。

改变由教师包揽课堂教学的模式，创新教学模式，给予学生更多的自学时间和空间。教师必须转变观念，教会学生学习的方法，注意提高学生的自学能力，"授之以渔"，这就要求教师敢"放"，百年来，那些成功的自学教改实验无不是"放"的结果。段力佩指导的上海育才中学教学改革，放手让"学生自己读、自己议论"①，邱学华的尝试教学法也主张"教师不先教，先让学生试一试，学生在尝试中学习"②。魏书生更是主张放手让学生自学："十年来，我一直引导学生自学整册新教材。我总是请教导处在放假的时候，就把下学期的新教材取来，发给学生。"③ 叶澜主持的新基础教育实验也主张教师要敢放、会放，将五大学习权还给学生，还给学生学习的时间、空间、工具、提问权、评议权。当下流行的"洋思模式"也反对教师"满堂灌"，主张"先学后教"，"杜郎口模式"提出"把课堂还给学生"的口号，将讲台砸掉，将讲桌撤掉。同时，改变了千百年来学生面对先生的课桌摆放形式，创造了"10＋35"的课堂时间模式，即一节课留给教师最多 10 分钟的时间，留给学生至少 35 分钟。所有这些课堂教学改革模式都说明了一点：要促进学生自学，必须不断创新课堂教学模式，把课堂还给学生，使学生成为学习的主人。但是，在变革课堂教学模式的同时，我们也应警惕课堂教学改革模式趋同化的倾向："日复一日，年复一年地统一咀嚼着一种教学模式，其负面影响就是，一种模式独步课堂，模式所具有的意义并未指向个体的意义世界之中，所谓的独特性、创造性早已荡然无存。"④ 因为任何教学模式的产生和推广都具有一定的原创性和适切性，其推广性是有限的。我们不能也不必盲从于一两

---

① 段力佩：《教海浮沉话甘苦》，《上海教育》（中学版）1989 年第 3 期。

② 邱学华、苏春景：《邱学华与尝试教学法》，中国青年出版社 2002 年版，第 40 页。

③ 魏书生：《引导学生自学整册教材》，《魏书生文选》（第一卷），漓江出版社 1995 年版，第 27 页。

④ 贡如云：《杜郎口模式的哲学反思》，《教育学报》2010 年第 3 期。

种教学模式，而要在课堂教学实践中，利用一定的个人教育智慧，不断提出新的能够凸显学生学习独立性和自主性的教学模式。

六 重视信息化发展给学校自学带来的影响

随着信息化的高速推进，我们学习的环境已发生了翻天覆地的变化，也许 2000 年以前上网还是一件很稀奇的事情，但仅仅 10 余年的时间，我们不仅实现了用电脑上网，还可以使用手机来上网。短短数年间，我们基本实现了由基于 Internet 数字学习（e-learning）到基于移动设备的移动学习（m-learning）的转变。当前慕课和微课等自学平台也逐渐受到人们的重视，移动学习已越来越普遍，这些生活上看似微妙的变化给学生的生活带来很大的改变。只要有自学的意识，随时随地都可以学习。我们应重视信息化发展给我们学习带来的有利条件。首先，随着媒体和信息技术的发展，学习可以打破时间和空间的限制，实现随时随地的学习，当前只要我们拥有一部智能手机，就可随时随地分享网络上的教学资源，我们的学习正向真实的自由学习迈进；其次，网络为我们提供了相当丰富的知识信息，我们随时可以对学习生活中遇到的问题进行检索，并及时地获得较为科学、客观的信息，"有问题找度娘"已成为我们平时学习最常用的一种方式，而且这种方式比起查阅纸质的图书资料和请教教师的指导要方便快捷得多；再次，网络资源所提供的很多信息，融合的图像、声音、动画等，很多学校的公开课、各种纪录片、各种讲座等资源，比起课堂教学中枯燥无味的坐听，更能激发学生学习的兴趣和探究知识的积极性。因此，在信息化社会中，我们更应该鼓励和倡导学生自学，让其养成随时随地学习的习惯，充分利用网络给我们带来的便利。

七　推进教材的"学材化"

倡导学生自学还需要对学生学习的内容进行变革，将以往以教师"教"为本位的教材逐渐变为以学生"学"为本位的"学材"。如日本早在二十世纪八十年代末九十年代初就开始在"新学力观"①的基础上推进教材的"学材化"，由"教材"到"学材"不是简单的概念置换，而是新的教学观确立的标志。日本的一些学者还提出了一些适应学生自学的个性化的"学材"观，如加藤幸次认为，"由于每个学生对教材的适应性是不一样的，所以如果全体学生都使用同样的教材，很难发挥每个学生的个性。为了培养学生的个性和自学能力，应当使用组合多种学习课题和多样化教材的'学习包（package）'"②。这种"学习包"是学生自学时起导入作用的组合化教材，以"学习指导"或"学习指南"为核心。实际上，在我国百年来的学校自学思想史上一直有人为促进学生自学而倡导教材"学材化"，如早在1920年隐青就提出，实施自动教育首先就应该推进教材的整理，他认为"自动教育在于能够自己发明、自己发现、自己创造，不在于从外面多注入知识，重在教材的质不重教材的量。从前注入主义的教育，它的教材未免过多"。他主张倡导自动教育，"教材不宜过多，务必精选"③。教育家恽代英很早就注意到了这个问题，早在1921年恽代英就发表了《编辑中学教科书的先决问题》一文，指出当时的教科书有不适于学生自学的弊病，他认为，"现有教科书是以教师为中心的，而不是以学生为中心

---

① 日本"新学力观"的核心是培养学生的自学欲望和创新能力，主张摆脱过去知识积累型的学力观，树立创造、表现、探究型的学力观。这与我国新课改中所倡导的自主、合作、探究学习有着很大的相似之处。

② 张德伟：《日本基于新学力观和生存能力观的教材观》，《外国教育研究》2002年第10期。

③ 隐青：《实施自动教育的先决条件》，《教育杂志》1920年第1期。

的", 它导致学生依赖教师的教授, 迎合了教师注入式教学的心理。因此, 恽代英主张, "教科书应以便于学生自学为编辑标准"。为此, 他建议编写教科书"文字要浅俗", "叙述要详明", "要附有费考虑的问题", "要附有可供参考的书名、章节、页数"等。① 卢仲衡的自学辅导实验也相当重视教材的编写, 他根据学生自学的需要, 编写了适应学生"自定步调"的课本、练习本和答案本。由此, 他的自学辅导实验最初被称为"三本教学"实验。近几年来在我国流行的"讲学稿"其实也是"教材学材化"的典型案例, 它将以往教师教学用的"教案"变为适合学生自学的"学案", 适应了我国教学改革的趋势。

八　辩证看待学生负担与学校自学的关系

当前我国中小学学生的学业负担十分沉重, 除了要应对学校教育内部的学习任务外, 还需参加各种培训班以保证"不输在起点", 以在择校中取得更大的优势。沉重的学业负担的压力, 必定会挤压学生的自学时间和空间, 使学生的学习成为"浓缩型的学习", 即追求在最短的时间内获取更多的知识, 而"培训式的"、"灌输式的"教学最有利于在最短的时间内让学生获得最大的知识。但是, 这样获得的知识并非真正的"个体化的知识"。爱因斯坦在《论教育》中曾引述别人的话说, "教育就是忘记了在学校所学的一切后剩下的东西"②。我国当代教育家叶圣陶也曾对灌输式教育做过批判, 他认为必须转变灌输式教育背后的"空瓶子观", 确立"生命体观", 学生是个生活体, "这个生活体不但能够把吃下去的饭和菜消化, 变成体魄方面的血和肉, 而是能够把各种知识各项道德条目

---

① 恽代英:《编辑中学教科书的先决问题》,《中华教育界》1920 年第 3 期。
② [德] 爱因斯坦:《爱因斯坦文集》(第三卷), 许良英译, 商务印书馆 1979 年版, 第 146 页。

消化，变成精神方面的血和肉"①。"什么东西都不能装了进去就算，装了进去考试能得五分也未必就好，必须使所学的东西融化在学生的思想、感情、行动里，学生的思想、感情、行动确实受到所学的东西的影响，才算真正有了成效。这不是'装'的办法所能做到的，这必须用名副其实的教育。讲一讲，听一听，固然也有必要，可是一讲一听不就等于教育。运用种种方法，使学生能够把所学的东西化为自身的东西，能够'躬行实践'，才是名副其实的教育。"② 因此，我们说只有摆脱应试教育的羁绊，减轻学生的负担，才有可能使学生真正成为学习的主人，真正有效的自学才有可能实现。我国学者卿素兰基于对不同学段学生学习方式的调查显示："在探究学习和自学方面，小学生显著优于初中生和高中生，初中生显著优于高中生。""在被动学习方面，高中生显著高于小学生和初中生，初中生显著高于小学生。"③ 唯一能解释这种现象的理由就是，随着学龄段的升高，学生的升学压力的增大，挤压着学生的自学空间和时间。

虽然减负制约着自学的实现，但是在一定条件下，推进自学又能够促进学生负担的减轻，这也算是一条历史经验。在我国学校自学思想的演进历程中，国家在强调减轻学生负担的同时，都会促进一定的以自学为核心的教学改革，促进了学生负担的减轻。如在20世纪60年代，毛泽东的多次谈话都对学生课业负担过重的问题提出批评，此后各地就产生了一些改革教学方式方法的例子，最典型的是上海育才中学的教改实验。1961年学校没有教改之前，课堂上老是教师讲，学生听，空气沉闷。学生的课业负担十分沉重，严重

---

① 叶圣陶：《排除"空瓶子观点"》，《叶圣陶集》（第十一卷），江苏教育出版社1991年版，第188—189页。

② 叶圣陶：《瓶子观点》，《叶圣陶集》（第十一卷），江苏教育出版社1991年版，第199页。

③ 卿素兰：《中小学生学习方式的现状分析》，《教育科学研究》2009年第10期。

地影响了学生在德、智、体诸方面生动活泼地、主动地发展。因此，在全国教育教学改革潮流的推动下，学校开始反思教学过程中的问题，学校校长段力佩认为，过去的教学不重视学生的作用，提出要"让学生学会自己看书、自己练习，教师再加以指导"[①] 等想法。大胆改革教学模式，提倡教师少讲，学生自学，形成了"紧扣教材、边讲边练、新旧联系、因材施教"的十六字教学法，教师教得活泼，学生学得主动，有效地减轻了学生的课业负担。当代江苏省洋思中学的教学改革也是一个很好的典型，洋思中学认为减负的根本在于课堂，倡导"教是为了不教"，因此在实践中最大限度地发挥学生学习的主动性，形成了"先学后教，当堂训练"的课堂教学模式，实现了"课堂上能掌握的不留到课后"、"今日事今日毕"，做到"堂堂清、日日清、周周清、月月清"，实现了真正的减负。

当然，学校自学的推进是一个系统工程，这需要整个学校教育树立以"学"为本的核心理念，对教育制度、教育内容、教育过程、教育评价等方面做出努力，如在教育制度的设计上有利于学生的自学，在教育的管理上让学生学会自治，在教学过程中要"以生为本"等。

---

① 段力佩：《教海浮沉话甘苦》，《上海教育》（中学版）1989 年第 3 期。

结　语

内因是事物发展的决定因素，学生的学习也是如此，学习的过程是一个知识内化的过程，这个过程必须有学习者个人主体用心的投入才可能达成，因此，从某种意义上讲，任何有意义的学习都是自学。这就是古往今来，人们重视、倡导自学的原因所在。学校教育中的学习活动，虽然有着教师的指导，但这并不能代替或轻视学生在学习中的自觉主动性。若无学生的自学，任何教学都是低效甚至无效的，因此，我们必须重视学校自学这一问题。

我国传统教育体系是以"学"为中心的，重视自学已成为我国教育传统的一部分。在艰苦的学习条件下，古代学习者形成了刻苦自学的精神，学习者多以自学为主。自清末"新政"以来，随着现代学校教育制度"嵌入"我国社会，传统以"学"为中心的教育体系逐渐被以"教"为中心的教育体系打破，在学校教育中，教师的"教"在学生的学习活动中占据了主要位置，学生的学习主体意识受到"压抑"，自由学习权逐渐旁落，学习者变成了被动的"受教育者"，自学精神逐渐式微，倡导学生自学的思潮因此在我国逐步兴起。在不同的历史背景下，人们对学生自学的重视程度是不一样的，对学生自学的看法也与时俱进。总体来看，我国近一百年来的学校自学思想经历了兴起、分化、沉寂、复苏、畸变、勃兴、转型、蜕变八个阶段，呈现出四次发展的高潮，第一次出现在20世纪二十年代新教育运动期间，第二次出现在1958年开始的教育大革命时期，第三次出现在 20 世纪 80 年代教学改革运动时期，第四次就是当前正发生着的新课改运动。学校自学思想的演进是学生"学"与教师"教"两者博弈的过程，体现出我国教育理念逐渐由重"教"向重"学"的转变。学校自学思想演进的历程是学习主体由不自觉到逐渐自觉的过程，是以"学"为中心的教育思想对以"教"为中心的教育思想回应的一个过程。

纵观我国学校自学思想的演进历程，笔者认为，学校教育制度自身"重教轻学"的痼疾是百年来中国学校自学思想变迁的根源，倡导学生自学源自对学校教育制度重"教"本质的调和；知识观的变迁是学校自学思想演变的主要影响因素，知识观的变迁使人们对每一时期学校自学的内涵有着不同的看法。

我们倡导学校自学，并不是要将学习变成学生的"自由而学"、"独自而学"，而是想通过倡导自学达成教师"教"和学生"学"两者的协调，以提高学习效率和学习质量。回顾百年来中国学校自学思想的演进，笔者认为，推进学校自学当构建正确的自学理念，厘清知识观与自学的关系，树立辩证的知识观；厘清教师主导与自学的关系，坚持教师的有效指导；厘清制度化教育与自学的关系，推进学习型学校建设。

当前，在新课改的推动下，我国课堂教学不管在理念上还是在实践中都发生着微妙的变化。在教育理念上，空前地将学生的自学置于重要的位置；在实践中，课堂教学也正发生着"静悄悄的革命"，各种突出学生自学的"先学后教"模式正在全国各地铺展开来。在倡导自学甚嚣尘上之时，一些学者也对课堂教学太过重自学的现状和理念进行了批驳，可以说学校自学正经历着蜕变的苦痛。但是我们相信，学校教育由重"教"走向重"学"是大势所趋，随着终身学习的需要和学习型社会的构建，未来教育将会更加重视自学，学生学习的主体性必将得到重视，以"学"为中心的教育体系也必将取代以"教"为中心的教育体系。

附　录

中国学校自学思想演进中各阶段
特征与关键词

时期	特征		关键词
古代	以学为本		深造自得（孟子）；学莫贵于自得（程颐）；读书是自家读书，为学是自家为学（朱熹）；点化不如自家解化（王守仁）；心悟之得，得之永远（王廷相）；进人之功，在人之自悟（王夫之）；师傅引进门，修行在个人（俗语）
民国成立至五四运动前	兴起		钟点制；枯坐；耳学；拘束制度；蒙台梭利；自动主义；自学辅导法
五四运动至新中国成立前	分化	回归传统	自修；自学；书院复活；学问必经自己求得来者，方才切实又受用（梁漱溟）
		学习西方	杜威；儿童中心；道尔顿制；设计教学法；教学做合一
		革命实践	集体的自动的学习是教学法最高的原则；启发式；少而精；兵教兵
新中国成立至教育大革命前	沉寂		凯洛夫教育学；教师主导；批判儿童中心主义；批判道尔顿制；批判设计教学法
教育大革命至"文化大革命"前	复苏		少慢差费；教学必须改革；批判量力性原则；从烦琐哲学中解放出来；启发式；少而精；春节谈话；生动活泼地主动地学习；育才中学教改；程序教学如果研究成功，等于把优秀教师带到农村和边远地区
"文化大革命"期间	畸变		要自学，靠自己学（毛泽东）；小将上讲台；批判师道尊严；批判修正主义教育路线；砸烂旧的教育制度

续表

时期	特征	关键词
"文化大革命"结束至20世纪80年代末	勃兴	知识爆炸；终身教育；教是为了不需要教（叶圣陶）；教师主导、学生主体；自学辅导；尝试教学（邱学华）；异步教学（黎世法）；魏书生
20世纪90年代	转型	主体性教育；素质教育；让课堂焕发出生命活力（叶澜）
新课改以来	蜕变	建构主义；知识转型；学习共同体；自主、合作、探究学习；杜郎口旋风；先学后教；导学案；静悄悄的革命；讲授法危机；教师是平等中的首席；还课堂于学生

参考文献

一 著作类

1. 廖世承：《东大附中道尔顿制实验报告》，商务印书馆 1925 年版。
2. 舒新城：《中国新教育概况》，中华书局 1928 年版。
3. 庄泽宣：《如何使新教育中国化》，民智书局 1929 年版。
4. 唐钺、朱经农、高觉敷：《教育大辞书》，商务印书馆 1930 年版。
5. 沈百英：《设计教学法演讲集》，商务印书馆 1931 年版。
6. 国联教育考察团：《中国教育之改进》，国立编译馆 1932 年版。
7. 张怀：《教育学概论》，北平辅仁大学 1940 年版。
8. 赵廷为：《教材及教学法通论》，商务印书馆 1944 年版。
9. 舒新城：《我和教育——三十五年来教育生活史》，中华书局 1945 年版。
10. 董渭川：《旧教育批判》，中华书局 1949 年版。
11. 广东教育与文化月刊社编：《新教学法的基本内容》，华南人民出版社 1952 年版。
12. 陈侠：《教育学》，人民教育出版社 1953 年版。
13. 湖北人民出版社：《批判杜威的反动教育思想》，湖北人民出版社 1955 年版。

14. 文化教育出版社：《资产阶级教育思想批判》，文化教育出版社1955年版。

15. 人民教育出版社：《"活教育"批判》，人民教育出版社1955年版。

16. 陈元晖：《实用主义教育学批判》，人民教育出版社1956年版。

17. 曹孚：《实用主义教育思想批判》，新知识出版社1956年版。

18. ［苏］凯洛夫：《教育学》，陈侠、朱智贤等译，人民教育出版社1957年版。

19. 傅统先：《反动的实用主义教育思想批判》，湖北人民出版社1957年版。

20. 毛泽东：《毛泽东同志论教育工作》，人民教育出版社1958年版。

21. 南京师范学院教育系：《教育学》，江苏人民出版社1959年版。

22. 舒新城：《中国近代教育史资料》，人民教育出版社1961年版。

23. ［美］普莱西、斯金纳、克劳德：《程序教学和教学机器》，刘范等译，人民教育出版社1964年版。

24. 广西壮族自治区人民出版社：《中学教学改革经验选辑》，广西壮族自治区人民出版社1966年版。

25. 毛泽东：《毛泽东论教育革命》，人民出版社1967年版。

26. 北京师范大学《中国教育制度发展史》编写组：《中国教育制度发展史（初稿）》，北京师大革委会《教育革命》编辑部1969年版。

27. 辽宁新华书店：《教育大批判文选——批判凯洛夫修正主义〈教育学〉》，辽宁新华书店1969年版。

28. 天津人民出版社：《革命大批判文选——彻底批判修正主义教育路线》，天津人民出版社1971年版。

29. 北京师范学院教育理论教研室：《马克思、恩格斯、列宁、斯大林、毛主席论教育革命》，北京师范学院教育理论教研室

1976 年版。

30. 高平叔：《蔡元培教育文选》，人民教育出版社 1980 年版。

31. ［苏］赞可夫：《和教师的谈话》，杜殿坤译，教育科学出版社 1980 年版。

32. 陕西师范大学教育研究所：《陕甘宁边区教育资料》，教育科学 出版社 1981 年版。

33. 赵祥麟、王承绪：《杜威教育论著选》，华东师范大学出版社 1981 年版。

34. 江西省教育学会：《苏区教育资料选编》，江西人民出版社 1981 年版。

35. 段力佩：《段力佩教育文集》，上海教育出版社 1982 年版。

36. 中央教育科学研究所：《杨贤江教育文集》，教育科学出版社 1982 年版。

37. 顾树森：《中国古代教育家语录类编》，上海教育出版社 1983 年版。

38. 华东师范大学教育系教育学教研室：《教育学参考资料》，人民 教育出版社 1984 年版。

39. ［苏］瓦·阿·苏霍姆林斯基：《给教师的建议》，杜殿坤编 译，教育科学出版社 1984 年版。

40. 朱有瓛：《中国近代学制史料》（第 1 辑·下册），华东师范大 学出版社 1986 年版。

41. 中央教育科学研究所：《老解放区教育资料（二）》（下册），教育科学出版社 1986 年版。

42. 宋恩荣：《梁漱溟教育文集》，江苏教育出版社 1987 年版。

43. 李桂林：《中国现代教育史参考资料》，人民教育出版社 1987 年版。

44. 麻星甫：《杨秀峰教育文集》，北京师范大学出版社 1987 年版。

45. 中央教育科学研究所：《中国现代教育大事记（1919—1949）》，

教育科学出版社 1988 年版。

46. ［法］保罗·郎格朗：《终身教育导论》，华夏出版社 1988 年版。

47. 叶忠海：《自学学概说》，江苏科技出版社 1988 年版。

48. 瞿葆奎：《教育学文集：教学》（上），人民教育出版社 1988 年版。

49. 黎世法：《异步教学论》，湖北教育出版社 1989 年版。

50. 李敬尧、韩树培：《导学式教学体系》，北京师范大学出版社 1989 年版。

51. 中共中央文献研究室：《毛泽东早期文稿（1912·6—1920·11）》，湖南出版社 1990 年版。

52. 丁钢：《文化的传递与嬗变》，上海教育出版社 1990 年版。

53. 董远骞、施毓英：《俞子夷教育论著选》，人民教育出版社 1991 年版。

54. 中央教育科学研究所：《恽代英教育文选》，湖北教育出版社 1991 年版。

55. 陶行知：《陶行知全集》，四川教育出版社 1991 年版。

56. 刘舒生：《教学法大全》，经济日报出版社 1991 年版。

57. 唐坚：《自学学——自学的规律与艺术》，四川科学技术出版社 1991 年版。

58. 丁钢：《书院与中国文化》，上海教育出版社 1992 年版。

59. 瞿葆奎：《社会科学争鸣大系（1949—1989）·教育学卷》，上海人民出版社 1992 年版。

60. 许椿生、陈侠：《李建勋教育论著选》，人民教育出版社 1993 年版。

61. 王敏勤：《国内著名教改实验评价》，青岛海洋大学出版社 1993 年版。

62. 梁漱溟：《梁漱溟全集》，山东人民出版社 1993 年版。

63. 张武升:《教学论问题争鸣研究》,南开大学出版社 1994 年版。

64. 杜成宪:《早期儒家学习范畴研究》,台湾文津出版社 1994 年版。

65. [美] 克雷明:《学校的变革》,单中惠译,上海教育出版社 1994 年版。

66. [美] 伊万·伊利奇:《非学校化社会》,吴康宁译,桂冠图书股份有限公司 1994 年版。

67. 王炳照、阎国华:《中国教育思想通史》(第八卷),湖南教育出版社 1994 年版。

68. 白吉庵:《胡适教育论著选》,人民教育出版社 1994 年版。

69. 魏书生:《魏书生文选》(第一卷),漓江出版社 1995 年版。

70. 梁漱溟:《梁漱溟自述》,漓江出版社 1996 年版。

71. 赵家骥:《中国当代新教学法大全》,四川教育出版社 1996 年版。

72. 联合国教科文组织国际教育发展委员会:《学会生存——教育世界的今天和明天》,华东师范大学比较教育研究所译,教育科学出版社 1996 年版。

73. 联合国教科文组织国际教育发展委员会:《教育财富蕴藏其中》,华东师范大学比较教育研究所译,教育科学出版社 1996 年版。

74. 周谷平:《近代西方教育理论在中国的传播》,广东教育出版社 1996 年版。

75. 陆有铨:《躁动的百年——20 世纪的教育历程》,山东教育出版社 1997 年版。

76. 董宝良、周洪宇:《中国近现代教育思潮与流派》,人民教育出版社 1997 年版。

77. 黄崴:《主体性教育论》,贵州人民出版社 1997 年版。

78. 陈平原:《中国现代学术之建立——以章太炎胡适之为中心》,

北京大学出版社 1998 年版。

79. 卢仲衡：《自学辅导教学论》，辽宁人民出版社 1998 年版。

80. 董远骞：《中国教学论史》，人民教育出版社 1998 年版。

81. 陈谷嘉、邓洪波：《中国书院史资料》（下册），浙江教育出版社 1998 年版。

82. 朱仁声：《自学学基础》，中国人事出版社 1998 年版。

83. 周全华：《"文化大革命"中的"教育革命"》，广东教育出版社 1999 年版。

84. 熊明安：《中国近现代教学改革史》，重庆出版社 1999 年版。

85. 梁启超：《梁启超全集》，北京出版社 1999 年版。

86. 李国钧、王炳照：《中国教育制度通史》（第一卷），山东教育出版社 2000 年版。

87. 陈桂生：《教育原理》，华东师范大学出版社 2000 年版。

88. 金一鸣：《中国社会主义教育的轨迹》，华东师范大学出版社 2000 年版。

89. 熊明安、周洪宇：《中国近现代教育实验史》，山东教育出版社 2001 年版。

90. 石中英：《知识转型与教育改革》，教育科学出版社 2001 年版。

91. 郭思乐：《教育走向生本》，人民教育出版社 2001 年版。

92. 程晋宽：《"教育革命"的历史考察：1966—1976》，福建教育出版社 2001 年版。

93. 张天宝：《主体性教育》，教育科学出版社 2001 年版。

94. 邱学华、苏春景：《邱学华与尝试教学法》，中国青年出版社 2002 年版。

95. 郑金洲、瞿葆奎：《中国教育学百年》，教育科学出版社 2002 年版。

96. 朱慕菊：《走进新课程——与课程实施者对话》，北京师范大学出版社 2002 年版。

97. 钟启泉：《为了中华民族的复兴，为了每位学生的发展——基础教育课程改革纲要（试行）解读》，华东师范大学出版社2002年版。

98. ［日］佐藤学：《静悄悄的革命》，李季湄译，长春出版社2003年版。

99. 胡适：《胡适全集》（第20卷），安徽教育出版社2003年版。

100. 庞维国：《自主学习：学与教的原理和策略》，华东师范大学出版社2003年版。

101. 孙宏安：《自主学习的理论与实践》，开明出版社2003年版。

102. 任长松：《新课程学习方式的变革》，人民教育出版社2003年版。

103. 靳玉乐：《新课程改革的理念与创新》，人民教育出版社2003年版。

104. 田正平：《中外教育交流史》，广东教育出版社2004年版。

105. ［日］佐藤学：《学习的快乐——走向对话》，钟启泉译，教育科学出版社2004年版。

106. 吕达：《舒新城教育论著选》，人民教育出版社2004年版。

107. 陈平：《中国主体性教育思想和方法史》，湖南人民出版社2004年版。

108. 王道俊、郭文安：《主体教育论》，人民教育出版社2005年版。

109. 王策三：《教学论稿》，人民教育出版社2005年版。

110. 靳玉乐：《自主学习》，四川教育出版社2005年版。

111. 熊明安、喻本伐：《中国当代教育实验史》，山东教育出版社2005年版。

112. 胡晓风：《陶行知教育文集》，四川教育出版社2005年版。

113. 毛礼锐、沈灌群：《中国教育通史》（第六卷），山东教育出版社2005年版。

114. 章太炎：《论中国近三百年学术史》，上海古籍出版社 2005年版。

115. 刘统：《早年毛泽东》，广西人民出版社 2005 年版。

116. ［美］海伦·帕克赫斯特：《道尔顿教育计划》，陈金芳、赵钰琳译，北京大学出版社 2005 年版。

117. 辛鸣：《制度论——关于制度哲学的理论建构》，人民出版社 2005 年版。

118. ［美］丹尼尔·科顿姆：《教育为何是无用的》，仇蓓玲、卫鑫译，江苏人民出版社 2005 年版。

119. 李庆刚：《"大跃进"时期"教育革命"研究》，中共中央党校出版社 2006 年版。

120. 申国昌、史降云：《中国学习思想史》，科学出版社 2006 年版。

121. 彭泽平：《嬗变与超越：新中国基础教育课程改革史》，华龄出版社 2006 年版。

122. 陈平原：《大学何为》，北京大学出版社 2006 年版。

123. 李彦军、李洪珍：《中国当代教学流派》，山东教育出版社 2006 年版。

124. 季蒙、谢泳：《胡适论教育》，安徽教育出版社 2006 年版。

125. 李炳亭：《杜郎口"旋风"》，山东文艺出版社 2006 年版。

126. 璩鑫圭、童富勇：《中国近代教育史资料汇编·教育思想》，上海教育出版社 2007 年版。

127. 单中惠、王凤玉：《杜威在华教育讲演》，教育科学出版社 2007 年版。

128. 黄忠敬：《移植与重建：中国中小学教学的话语转换》，山东教育出版社 2007 年版。

129. 廖其发：《当代中国重大教育改革事件专题研究》，重庆出版社 2007 年版。

130. 郑金洲:《自主学习》,福建教育出版社 2008 年版。

131. 人民教育出版社:《毛泽东论教育》(第三版),人民教育出版社 2008 年版。

132. 邵晓枫:《百年来中国师生关系思想史研究》,四川大学出版社 2009 年版。

133. 霍力岩:《影响新中国教育的外国教育家》,天津教育出版社 2009 年版。

134. 丛立新、郭华:《当代中国课程与教学论研究》,北京师范大学出版社 2010 年版。

135. 张荣伟:《新中国教育实验改革》,天津教育出版社 2010 年版。

136. 陈青之:《中国教育史》(下),岳麓书社 2010 年版。

137. 肖川、周颖:《新中国基础教育典型学校》,天津教育出版社 2010 年版。

138. [日]佐藤学:《学校的挑战:创建学习共同体》,钟启泉译,华东师范大学出版社 2010 年版。

139. 蔡林森:《教学革命——蔡林森与先学后教》,首都师范大学出版社 2011 年版。

140. 刘国艳:《制度分析视野中的学校变革》,吉林大学出版社 2011 年版。

二　报刊论文类

1. 蔡文森:《美日教育制度之比较》,《教育杂志》1911 年第 2 期。

2. 费俊:《敬告小学教师》,《教育杂志》1912 年第 4 期。

3. 志厚:《新开发教授论》,《教育杂志》1912 年第 5 期。

4. 贾丰臻:《今后之教育界》,《教育杂志》1912 年第 6 期。

5. 贾丰臻:《理想的学校》,《教育杂志》1912 年第 8 期。

6. 杨鄂联：《自学辅导主义之教授法》，《教育研究》1913 年第 5 期。

7. 天民：《自学自习之方法》，《教育杂志》1914 年第 1 期。

8. 杨祥麟：《算术科之自学辅导法》，《教育杂志》1916 年第 10 期。

9. 天民：《今后之学校》，《教育杂志》1918 年第 1 期。

10. 天民：《中学校亟须改革之点》，《教育杂志》1918 年第 9 期。

11. 姜琦：《自动主义的根本思想》，《教育杂志》1920 年第 1 期。

12. 隐青：《实施自动教育的先决条件》，《教育杂志》1920 年第 1 期。

13. 恽代英：《编辑中学教科书的先决问题》，《中华教育界》1920 年第 3 期。

14. 沈仲九：《国文科试行道尔顿制的说明》，《教育杂志》1922 年第 11 期。

15. 余家菊：《道尔顿制之精神》，《中华教育界》1923 年第 7 期。

16. 吴研因、沈百英：《小学教学法概要》，《教育杂志》1924 年第 1 期。

17. 邱椿：《评道尔顿制》，《新教育评论》1926 年第 4 期。

18. 雷澹天：《儿童中心教育概要》，《中华教育界》1930 年第 11 期。

19. 董纯才：《学习苏联改造我们的教育》，《河北教育》1949 年第 5 期。

20. 柳湜：《为建设新中国人民教育而奋斗》，《人民教育》1950 年第 1 期。

21. 刘佛年：《自学辅导制在小学教学中是否适用?》，《新教育》1950 年第 3 期。

22. 程今吾：《教师的指导作用和学生的自学》，《人民教育》1950 年第 4 期。

23. 葛天民：《反对自学辅导的倾向》，《新教育》1951 年第 3 期。

24. ［苏］阿尔辛节夫：《自学辅导除了降低教师的作用，还有别的缺点吗?》，《人民教育》1951 年第 6 期。

25. 张凌光：《评活教育的基本原则》，《人民教育》1951 年第 4 期。

26. 姜乐仁：《评小先生制》，《人民教育》1951 年第 4 期。

27. 蔡子香：《学习与贯彻毛主席的教育思想的笔谈——以小组教学为例》，《浙江文教》1951 年第 2 期。

28. 泰州专署：《小组教学和形式主义的批判》，《新教育》1951 年第 1 期。

29. 育棠：《"小组教学"是否不能采用?》，《新教育》1951 年第 4 期。

30. 沃连汀：《小组教学不能采用》，《新教育》1951 年第 5 期。

31. 吴自强：《所谓"小组教学"可以采用吗?》，《新教育》1951 年第 6 期。

32. 朱觉：《为什么要反对"小组教学"》，《新教育》1951 年第 1 期。

33. 刘舒生：《批判我的"生活教育"思想》，《东北教育》1952 年第 4 期。

34. 蔡迪：《什么是设计教学法? 他的错误在哪里?》，《人民教育》1955 年第 9 期。

35. 吴再兴：《对道尔顿制的批判》，《华中师范学院学报》1957 年第 1 期。

36. 陆定一：《教育必须与生产劳动相结合》，《红旗》1958 年第 7 期。

37. 陆定一：《教学必须改革》，《人民日报》1960 年 4 月 10 日。

38. 张焕庭：《批判资产阶级教育学的"量力性原则"》，《江海学刊》1960 年第 9 期。

39. 潘以明：《火烧教学方法上的少慢差费》，《福建教育》（初等教育版）1960 年第 15 期。

40. 段力佩：《关于领导教学工作的几点体会》，《光明日报》1963年 4 月 16 日。

41. 敢峰：《谁说教育战线无战事》，《人民教育》1963 年第 10 期。

42. 社论：《正确贯彻教育方针，减轻学生学习负担》，《人民教育》1964 年第 2 期。

43. 红阳：《"智育第一"思想必须批判》，《人民教育》1965 年第 3 期。

44. 许宗实：《冒牌的马克思主义教学论》，《人民教育》1965 年第 2 期。

45. 卢逸民：《形而上学和繁琐哲学的大杂烩》，《人民教育》1965 年第 4 期。

46. 社论：《坚决做教学改革的促进派》，《人民教育》1965 年第 2 期。

47. 李放：《教学方法从繁琐哲学中解放出来》，《人民教育》1965 年第 5 期。

48. 吕沙：《关于教学改革的几个认识问题》，《人民教育》1965 年第 2 期。

49. 社论：《正确贯彻教育方针，减轻学生学习负担》，《人民教育》1964 年第 2 期。

50. 社论：《培养生动活泼的主动的学习风气》，《人民日报》1964年 4 月 11 日。

51. 张煦棠：《育才中学改进教学方法减轻学生负担》，《上海教育》1964 年第 4 期。

52. 敢峰：《在毛泽东思想指导下，改革我们的教学》，《人民日报》1965 年 2 月 5 日。

53. 车文博：《论少而精和启发式》，《文汇报》1965 年 6 月 2 日。

54. 上海市教育局、共青团上海市委调查组：《育才中学对减轻学生负担、改进学校工作的认识和做法》，《人民教育》1965 年第 9 期。

55. 陈沛霖：《教师座谈程序教学》，《心理科学通讯》1965 年第 3 期。

56. 万传文：《心理研究所程序教学座谈会纪要》，《心理科学通讯》1965 年第 3 期。

57. 陈立：《程序教学中的若干理论问题》，《心理科学通讯》1965 年第 2 期。

58. 陈沛霖：《关于程序教学的一些看法》，《心理科学通讯》1965 年第 2 期。

59. 宋玉鹏：《力争学习的主动权》，《光明日报》1966 年 1 月 8 日。

60. 张安国：《教师主导作用思想要重新评价》，《光明日报》1966 年 1 月 12 日。

61. 苏渭昌：《新的师生关系与教师主导作用》，《光明日报》1966 年 1 月 31 日。

62. 靳承翼：《把教师的主导作用发挥得更好》，《光明日报》1966 年 1 月 31 日。

63. 马言声：《取消教师主导作用将产生什么后果?》，《光明日报》1966 年 1 月 31 日。

64. 李豫生、张兴孟、蔡金发：《人民大学七位学生写信要求坚决彻底迅速地砸烂旧的教育制度：向党中央和毛主席建议实行崭新的文科大学学制》，《人民日报》1966 年 7 月 12 日。

65. 师延红：《打倒修正主义教育路线的总后台》，《人民日报》1967 年 7 月 18 日。

66. 中央教育科学研究所革命联合总部：《狠批中国赫鲁晓夫和陆定一的修正主义教育路线》，《人民日报》1967 年 12 月 6 日。

67. 社论：《小将上讲台——北京草地场中学在教育革命的一项创

举》，《光明日报》1969 年 11 月 18 日。

68. 社论：《教育革命的一条好经验》，《光明日报》1969 年 11 月 18 日。

69. 洪教史：《"教学阶段论"是赫尔巴特"形式阶段"论的翻版》，《文汇报》1970 年 3 月 23 日。

70. 洪教史：《"教师中心"论是资产阶级的黑货》，《文汇报》1970 年 3 月 16 日。

71. 上海革命大批判写作小组：《谁改造谁？——评凯洛夫的〈教育学〉》，《红旗》1970 年第 2 期。

72. 何欣：《这里也是课堂——记淮海中学直流电机修理厂》，《学习与批判》1974 年第 10 期。

73. 郭华：《从"克己复礼"看"师道尊严"的极端反动性》，《吉林教育》1974 年第 4 期。

74. 广东师院中文系二年级第三教学班大批判组：《评韩愈的〈师说〉》，《教育革命参考资料》1974 年第 6 期。

75. 教育部大批评组：《毛主席的教育方针岂容篡改》，《光明日报》1976 年 11 月 23 日。

76. 《光明日报》编者：《深入揭批"四人帮"，正确处理教育工作中的几个关系问题》，《光明日报》1977 年 3 月 14 日。

77. 邓小平：《在全国教育工作会议上的讲话》，《人民日报》1978 年 4 月 26 日。

78. 刘舒生：《学校要坚持以教学为主》，《人民日报》1978 年 6 月 24 日。

79. 韩作黎：《必须贯彻教学为主的原则》，《光明日报》1978 年 7 月 22 日。

80. 杨铭：《日本中学的启发式教学》，《日本问题研究》1980 年第 3 期。

81. 范杰：《近代教学方法及其发展趋势简介》（下），《内蒙教育》

1982 年第 2 期。

82. 刘宇庆：《自学学初探》，《江海学刊》1982 年第 1 期。

83. 江山野：《论教学过程和教学方式》，《教育研究》1983 年第 9 期。

84. 徐正贞：《漫谈培养学生的自学能力》，《人民教育》1983 年第 12 期。

85. 张小平：《从杜威到布鲁纳——看美国教学论思想的发展》，《华东师范大学学报》（教育科学版）1983 年第 1 期。

86. 郭令吾：《古代学校教育中的自学》，《人民教育》1984 年第 9 期。

87. 段力佩：《教改的回顾与前瞻》，《上海教育》1984 年第 10 期。

88. 万里：《教育改革的根本目的是多出人才，快出人才》，《人民日报》1984 年 2 月 12 日。

89. 瞿葆奎、丁证霖：《"道尔顿制"在中国》，《教育研究与实验》1985 年第 2 期。

90. 瞿葆奎、丁证霖：《"设计教学法"在中国》，《教育研究与实验》1985 年第 3 期。

91. 瞿葆奎、丁证霖：《"文纳特卡制"在中国》，《教育研究与实验》1986 年第 1 期。

92. 陈翰笙：《从道尔顿制教学法所想起的》，《群言》1986 年第 6 期。

93. 丁证霖：《中国近现代改革教学方法的历史与经验》，《教育评论》1986 年第 1 期。

94. 杨广让：《苏霍姆林斯基自我教育思想概述》，《教育理论与实践》1986 年第 1 期。

95. 陈昌岑：《奥苏贝尔的理论与教学》，《教育研究》1986 年第 7 期。

96. 王策三：《对近年我国教学实验的教学论思考》，《北京师范大学学报》（社会科学版）1987 年第 6 期。

97. 段力佩：《教海浮沉话甘苦》，《上海教育》（中学版）1989 年
　　第 3 期。

98. 安平：《"教育与人"研讨会综述》，《教育研究与实验》1989
　　年第 10 期。

99. 刘琪：《书院研究与学校教育改革——五四时期教育界的一个
　　热门话题》，《辽宁教育学院学报》（社会科学版）1991 年第
　　2 期。

100. 余文森：《试论讲授法的理论依据、功能及其局限》，《教育科
　　　学》1992 年第 2 期。

101. 张晓静：《自我教育——当代学校教育的主题》，《教育研究》
　　　1994 年第 10 期。

102. 胡德海：《论教育和自我教育》，《华东师范大学学报》（教育
　　　科学版）1998 年第 4 期。

103. 王道俊：《关于教育主体性问题的几点认识》，《教育研究与实
　　　验》1993 年第 1 期。

104. 北京师范大学教育系：《小学生主体性发展实验与指标体系的
　　　建立测评研究》，《教育研究》1994 年第 12 期。

105. 乔炳臣：《以学为本，因学论教——"学本论"的教学指导思
　　　想》，《黑龙江高教研究》1993 年第 3 期。

106. 杨平、唐文中：《试论"以学为本，因学论教"的教学思想》，
　　　《中国教育学刊》1994 年第 6 期。

107. 叶澜：《时代精神与新教育理想的构建——关于我国基础教育
　　　改革的跨世纪思考》，《教育研究》1994 年第 10 期。

108. 涂艳国：《主体教育理论研究的现状与趋势》，《教育研究与实
　　　验》1995 年第 3 期。

109. 刘良华：《我国学导式教学实验范式的形成和发展》，《教育科
　　　学》1995 年第 4 期。

110. 张天宝：《"学生主体论"质疑》，《上海教育科研》1995 年第
　　　10 期。

111. 许成人：《毛泽东早期对旧教育的批判》，《江西教育科研》
　　　1995 年第 3 期。

112. 杨小微：《现代化与主体性——基础教育实验选题的一个基本
　　　取向》，《教育研究》1996 年第 9 期。

113. 张玉昆、胡继渊、沈正元：《教会学生学习——教师指导下学
　　　生自学教学模式研究的实验报告》，《教育研究》1997 年第
　　　2 期。

114. 叶澜：《让课堂焕发出生命活力——论中小学教学改革的深
　　　化》，《教育研究》1997 年第 9 期。

115. 陈琦、张建伟：《建构主义学习观要义评析》，《华东师范大学
　　　学报》（教育科学版）1998 年第 1 期。

116. 卢仲衡：《三十三年自学辅导教学研究的回顾与展望》，《教育
　　　研究》1998 年第 10 期。

117. 郭文安：《小学主体性教学活动体系的实验研究》，《教育研究
　　　与实验》1998 年第 2 期。

118. 余文森：《让学生发挥自学潜能，让课堂焕发生命活力——福
　　　建省中小学"指导—自主学习"教改实验研究总结》，《教育
　　　研究》1999 年第 3 期。

119. 庞维国：《自主学习理论的新进展》，《华东师范大学学报》
　　　（教育科学版）1999 年第 3 期。

120. 陈桂生：《"制度化教育"评议》，《上海教育科研》2000 年第
　　　2 期。

121. 陈桂生：《终身教育的精义何在》，《上海教育科研》2000 年
　　　第 4 期。

122. 韩清林：《自主学习教改实验的若干基本问题》，《教育研究》
　　　2000 年第 5 期。

123. 郑若玲：《科举与自考：历史与现实的观照》，《清华大学教育研究》2000 年第 3 期。

124. 林良夫：《20 世纪前叶新教育中国化道路的回顾与反思》，《社会科学战线》2000 年第 5 期。

125. 庞维国：《论学生的自主学习》，《华东师范大学学报》（教育科学版）2001 年第 2 期。

126. 庞维国：《中国古代的自主学习思想探析》，《心理科学》2001 年第 1 期。

127. 张华：《论"研究性学习"课程的本质》，《教育发展研究》2001 年第 5 期。

128. 周建平：《从"科学认识论"到"生活认识论"——论教学的认识论基础的转换》，《教育研究与实验》2002 年第 1 期。

129. 叶澜：《重建课堂教学价值观》，《教育研究》2002 年第 5 期。

130. 叶澜：《重建课堂教学过程观》，《教育研究》2002 年第 10 期。

131. 董标：《学校教育的基本价值——古典学校教育批判的批判》，《南京师范大学学报》（社会科学版）2002 年第 1 期。

132. 任一明：《关于道尔顿制实验中国化历程的再认识》，《西南师范大学学报》（人文社会科学版）2002 年第 5 期。

133. 张德伟：《日本基于新学力观和生存能力观的教材观》，《外国教育研究》2002 年第 10 期。

134. 靳玉乐：《中国基础教育新课程的创新与教育观念转变》，《西南师范大学学报》（人文社会科学版）2002 年第 1 期。

135. 李亦菲、杨宝山：《探究学习与研究性学习的四个误区》，《中国教育学刊》2002 年第 6 期。

136. 葛新斌、郭齐家：《关于中国教育传统与现代化关系的理论思考》，《华东师范大学学报》（教育科学版）2003 年第 4 期。

137. ［日］佐藤学：《学校问题透视——形成学习共同体》，钟启泉译，《全球教育展望》2003 年第 7 期。

138. 陈恩伦：《论学习权》，《中国教育学刊》2003 年第 2 期。

139. 温正胞：《知识观的变化与主体性教育的发展》，《教育研究与实验》2003 年第 3 期。

140. 肖川：《知识观与教学》，《全球教育展望》2004 年第 11 期。

141. 张华、仲建维：《研究性学习的历史、现状与未来》，《教育科学研究》2004 年第 3 期。

142. 吴永军：《再论学习方式对于新课程的意义》，《教育科学》2004 年第 5 期。

143. 潘洪建：《当代知识观及其对基础教育改革的启示》，《教育研究》2004 年第 6 期。

144. 王策三：《认真对待"轻视知识"的教育思潮——再评由"应试教育"向素质教育转轨提法的讨论》，《北京大学教育评论》2004 年第 3 期。

145. 阙兆成：《对新课程实施中几个偏差问题的探析》，《中国教育学刊》2004 年第 4 期。

146. 钟启泉、有宝华：《发霉的奶酪——〈认真对待"轻视知识"的教育思潮〉读后感》，《全球教育展望》2004 年第 10 期。

147. 钟启泉：《概念重建与我国课程创新——与〈认真对待"轻视知识"的教育思潮〉作者商榷》，《北京大学教育评论》2005 年第 1 期。

148. 宋秋前：《新课程教学中应处理好的几个关系》，《教育研究》2005 年第 6 期。

149. 余文森：《新课程教学改革的成绩与问题反思》，《课程教材教法》2005 年第 5 期。

150. 张华：《试论教学认识的本质》，《全球教育展望》2005 年第 6 期。

151. 张济洲：《课程改革的"代价意识"》，《上海教育科研》2005 年第 8 期。

152. 郭思乐：《以生为本的教学观：教皈依学》，《课程教材教法》2005 年第 12 期。

153. 郭元祥：《新课程背景下课程知识观的转向》，《全球教育展望》2005 年第 4 期。

154. 钟启泉：《中国课程改革：挑战与反思》，《比较教育研究》2005 年第 12 期。

155. 刘硕：《"重建知识概念"辨》，《教育学报》2006 年第 1 期。

156. 陈金芳：《道尔顿教育的历史与现状》，《教育史研究》2006 年第 3 期。

157. 刘君、臧晓华：《告别偏误，执着前行——新课程带给我们的思考》，《中国教育学刊》2006 年第 7 期。

158. 朱开群：《新课程实施过程中教师主导作用的缺失》，《现代中小学教育》2006 年第 12 期。

159. 冯建军：《主体教育理论：从主体性到主体间性》，《华中师范大学学报》（人文社会科学版）2006 年第 1 期。

160. 王策三：《关于课程改革"方向"的争议》，《教育学报》2006 年第 2 期。

161. 张建伟、孙燕青：《从"做中学"到建构主义——探究学习的理论轨迹》，《教育理论与实践》2006 年第 7 期。

162. 孙振东：《学校知识的性质与基础教育改革的方向》，《教育学报》2006 年第 2 期。

163. 周谷平、叶志坚：《赫尔巴特教育学在中国：一个跨越世纪的回望》，《教育学报》2006 年第 5 期。

164. 练至高：《新课程改革背景下讲授法的反思与变革》，《教育发展研究》2007 年第 4 期。

165. 吕星宇：《讲授法怎么了？——讲授法辩护之辩证逻辑进路》，《当代教育科学》2007 年第 10 期。

166. 郭思乐：《从主要依靠教到主要依靠学：基础教育的根本改

革》,《教育研究》2007 年第 12 期。

167. 田正平：《蒙台梭利教育思想在近代中国》,《河北师范大学学报》（教育科学版）2007 年第 4 期。

168. 于述胜：《学术与人生——解读舒新城和他的道尔顿制研究》,《北京大学教育评论》2007 年第 4 期。

169. 陈桂生：《根据地教学改革中的教学法问题》,《河北师范大学学报》（教育科学版）2007 年第 5 期。

170. 刘如正：《要敢于对教育改革中不切实际的现象说"不"》,《中国教育学刊》2007 年第 9 期。

171. 刘继青：《近代中国社会转型中的师生关系嬗变》,《华东师范大学学报》（教育科学版）2008 年第 1 期。

172. 丛立新：《讲授法的合理与合法》,《教育研究》2008 年第 7 期。

173. 折延东：《知识论视野中的教学改革路向》,《全球教育展望》2008 年第 10 期。

174. 王策三：《"新课程理念""概念重建运动"与学习凯洛夫教育学》,《课程教材教法》2008 年第 7 期。

175. 钟启泉：《课堂转型：静悄悄的革命》,《上海教育科研》2009 年第 3 期。

176. 钟启泉：《新课程改革开启中国课程发展新纪元》,《中国社会科学报》2009 年 9 月 22 日。

177. 潘新民：《反思"知识建构论"的教学意蕴》,《教育学报》2009 年第 3 期。

178. 刘训华：《清末学潮与学生阶层的崛起》,《探索与争鸣》2009 年第 4 期。

179. 李江源、蒋映洪：《自由：教育的价值之维》,《社会科学战线》2009 年第 1 期。

180. 郝志军、田慧生：《中国教育实验 30 年》,《教育研究》2009

年第 2 期。

181. 刘秀峰：《倡导自学风气，建设学习型社会》，《成人教育》
　　 2009 年第 9 期。

182. 刘秀峰：《论孟子的自学思想》，《教育史研究》2009 年第
　　 5 期。

183. 刘秀峰：《弘扬社会教化传统，建设学习型社会》，《成人教
　　 育》2009 年第 12 期。

184. 袁慧芳、彭虹斌：《20 世纪中期美国科学课程改革及其成效》，
　　 《教育学报》2009 年第 5 期。

185. 徐学福：《论探究学习的失范与规范》，《教育学报》2009 年
　　 第 2 期。

186. 卿素兰：《中小学生学习方式的现状分析》，《教育科学研究》
　　 2009 年第 10 期。

187. 蒋艳：《语文课堂教学"表演"现象探因》，《中国教育学刊》
　　 2009 年第 11 期。

188. 冯建军：《向着人的解放迈进——改革开放 30 年我国教育价
　　 值取向的回顾》，《高等教育研究》2009 年第 1 期。

189. 刘秀峰：《我国古代自学风气形成原因探析》，《西北成人教育
　　 学报》2010 年第 3 期。

190. 刘秀峰：《论叶圣陶的自学思想》，《现代教育论丛》2010 年
　　 第 11 期。

191. 谢丽娜：《探究学习中"学生自由"的异化及合理化》，《教育
　　 发展研究》2010 年第 20 期。

192. 杜成宪：《以"学"为核心的教育话语体系——从语言文字的
　　 视角谈中国传统教育思想的重"学"现象》，《华东师范大学
　　 学报》（教育科学版）2010 年第 3 期。

193. 中国教育发展战略学会学术部：《终身学习的进展、发展趋势
　　 和制度建设——上海国际终身学习论坛综述》，《教育研究》

2010 年第 10 期。

194. 杨才林：《论民国时期学校教育的弊病》，《历史档案》2010
年第 1 期。

195. 王策三：《台湾教改与"我们的课改"》，《教育学报》2010 年
第 3 期。

196. 贡如云：《杜郎口模式的哲学反思》，《教育学报》2010 年第
3 期。

197. 钟启泉：《从课堂失范走向课堂规范——兼评〈学校的挑战：
创建学习共同体〉》，《全球教育展望》2011 年第 1 期。

198. 李兵：《批评与借鉴：民国学者对书院改制的反思》，《华南师
范大学学报》（社会科学版）2011 年第 6 期。

199. 郑刚：《民国时期书院研究述评》，《大学教育科学》2011 年
第 2 期。

200. 邓洪波：《晚清书院改制的新观察》，《湖南大学学报》（社会
科学版）2011 年第 6 期。

201. 杜成宪：《寻找到表达现代教育概念的方式——民国建立在教
育上的一项重要建树》，《河北师范大学学报》（教育科学版）
2011 年第 9 期。

202. 姚姿如、杨兆山：《"以人为本"教育理念的意蕴》，《教育研
究》2011 年第 3 期。

203. 张华：《研究性教学：教学改革的方向》，《基础教育课程》
2011 年第 12 期。

204. 刘秀峰：《论毛泽东的自学思想》，《教育史研究》2011 年第
3 期。

205. 张俊列：《生成性教学的兴起、失范与规范》，《中国教育学
刊》2011 年第 6 期。

206. 周钧：《建构主义在教育实践中不当应用分析》，《中国教育学
刊》2011 年第 10 期。

207. 刘永和：《课程改革本身也需要不断改革》，《教育科学研究》2011 年第 9 期。

208. 吴永军：《关于"导学案"的一些理性思考》，《教育发展研究》2011 年第 20 期。

209. 陈振华：《讲授法的危机与出路》，《中国教育学刊》2011 年第 6 期。

210. 刘永康：《"自主学习"的是与非》，《中国教育学刊》2011 年第 9 期。

211. 刘秀峰：《儿童读经是否引发儿童教育观之辩——与刘晓东先生商榷》，《中国教育学刊》2011 年第 7 期。

212. 张良：《反思我国教学实践变革中的简单性思维》，《中国教育学刊》2012 年第 9 期。

213. 中国教育科学研究院课程教学研究中心课题组：《基础教育课程改革十年：经验、问题与对策》，《教育科学研究》2012 年第 9 期。

214. 李本友、李红恩、余宏亮：《学生学习方式转变的影响因素、途径与发展趋势》，《教育研究》2012 年第 2 期。

215. 刘秀峰：《学校教育制度下的我们当如何学习？》，《教育科学研究》2012 年第 9 期。

216. 刘秀峰：《"教学相长"新解》，《教育科学研究》2013 年第 2 期。

217. 钟秉林：《自我教育是体现本质、真正生效的教育》，《中国教育学刊》2013 年第 1 期。

三 学位论文类

1. 高天明：《二十世纪我国教学方法变革研究》，博士学位论文，西北师范大学，2001 年。

2. 章小谦：《传承与嫁接：中国教育基本概念从传统到现代的转换》，博士学位论文，华东师范大学，2004 年。

3. 陈的非：《"文化大革命"期间中小学课堂与教学改革研究》，硕士学位论文，湖南师范大学，2005 年。

4. 杨一鸣：《走入民国的书院——书院复兴与近代学术传承》，硕士学位论文，台湾东吴大学，2006 年。

5. 杨大伟：《凯洛夫〈教育学〉在中国和苏联的命运之研究》，博士学位论文，华东师范大学，2008 年。

6. 韩永宏：《论自我教育》，博士学位论文，西北师范大学，2009 年。

7. 汪楚雄：《中国新教育运动研究（1912—1930）》，博士学位论文，华中师范大学，2009 年。

8. 何光全：《1949—1981 年中国教育批判研究》，博士学位论文，西南大学，2010 年。

9. 汪少华：《中国教育从以"学"为中心向以"教"为中心的转变》，硕士学位论文，江西师范大学，2011 年。

后　记

本书由我的博士学位论文修改而成，算是十年来求学思索的一点成果。在写作过程中曾困惑于题名"自学"与"自主学习"两词的选择上，徘徊一年有余，最后定名为"自学"，主要原因有：其一，自学为中国传统的一个简单、通俗的词汇，而自主学习是近年来才兴起的一个词汇；其二，自学更多地指一种独立自主的学习精神，是自主学习、自主探究等的上位概念，而自主学习是一个心理学上的概念，包含更多心理自主的成分，是一个较为理想且内涵狭窄的概念。论文写作之时，正值"杜郎口旋风"劲吹，"静悄悄的革命"风行之时。出版之际，新课改已进行了十余年，也许当前的课堂仍然是"穿新鞋走老路"，但毕竟经过一次轰轰烈烈课改的洗礼，人们的思想一定会有所转向。教育思想与教育实践不一定是同步的，教育思想总会引领风气之先。教育思想与理论的功用有时就在于形成一种浓重的风气，以浸润、涤荡人们的思想，至于实效如何，不必细究。就如同我们经常说的"素质教育喊得轰轰烈烈，应试教育搞得扎扎实实"一样，即使是这样，素质教育的口号，我们还是要喊，至少会使社会形成一种对美好教育的向往，我想这正是教育思想的价值所在。我们倡导学生自学，研究学生自学，未必会导致学生自学，但至少这样的呐喊会一点点推动学校教育制度的改革。

文章的写作离不开西南大学良好的治学环境，离不开导师廖其发先生的指导，更离不开父母亲人对我读书的支持。在本书付梓之际，对一直以来关心我学习、生活的人，致以诚挚谢意。

文章题目"学校自学"可能为"伪命题"，研究"学校自学思想的演进"这一问题将"伪上加伪"。但正如前文所讲，文章的写作只为能够造成一种重"自学"的氛围与风气。文章思想、逻辑、语句、用词可能有各种不妥之处，各种纰漏在所难免，还望学界前辈、同仁批评、指正。

笔　者

于蓉城

2014 年国庆